本书得到 2020 年国家社科基金重大项目"后扶贫时代中国城乡相对贫困统计测度与治理机制研究"（项目批准号：20&ZD132）、2023 年湖北省社科基金一般项目"共同富裕视域下农村低收入人口防返贫动态监测与帮扶机制研究"（立项号：HBSKJJ20233221）的资助。

彭玮 龚俊梅 著

共同富裕视阈下

农村低收入人口返贫预警机制构建

社会科学文献出版社
SOCIAL SCIENCES ACADEMIC PRESS (CHINA)

序　言

我国脱贫攻坚取得全面胜利后，党中央设立五年脱贫攻坚过渡期，明确其主要任务是实现巩固拓展脱贫攻坚成果同乡村振兴有效衔接。习近平总书记指出："党的十八大以来，党中央把握发展阶段新变化，把逐步实现全体人民共同富裕摆在更加重要的位置上，推动区域协调发展，采取有力措施保障和改善民生，打赢脱贫攻坚战，全面建成小康社会，为促进共同富裕创造了良好条件。现在，已经到了扎实推动共同富裕的历史阶段。"在迈向第二个百年奋斗目标的新征程上，开展"共同富裕视阈下农村低收入人口返贫预警机制"研究并成书出版，意义重大而紧迫。

《共同富裕视阈下农村低收入人口返贫预警机制构建》一书，体现了以下四个方面的特点。

一是主题鲜明，突出了时代性。习近平总书记指出："共同富裕是全体人民共同富裕，是人民群众物质生活和精神生活都富裕，不是少数人的富裕，也不是整齐划一的平均主义，要分阶段促进共同富裕。""促进共同富裕，最艰巨最繁重的任务仍然在农村。""要巩固拓展脱贫攻坚成果，对易返贫致贫人口要加强监测、及早干预，对脱贫县要扶上马送一程，确保不发生规模性返贫和新的致贫。"习近平总书记的重要论述，为扎实推动共同富裕提供了根本遵循。从理论维度看，在共同富裕视阈下，深刻理解和准确把握防止返贫与推进共同富裕的理论基础、历史逻辑、实践路径，对于坚决守住不发生规模性返贫底线、扎实推动共同富裕取得实质性进展具有重要的理论价值。从现实意义看，防止返贫与推进共同富裕是一个有机联系的整体，探索建立完善共同富裕视阈下农村低收入人口防返贫动态监测与帮扶机制，是防止返贫、巩固拓展脱贫攻坚成果、促进共同富裕取得实质性进展的基础和前提。

二是内容丰富，突出了系统性。本书共 11 章，内容可以归纳为三个板块。第一板块是本研究的理论及实践基础，由前五章组成。其中，第一章、第二章主要对研究背景、研究意义和研究方法进行相关说明，搭建了研究框架，通过文献梳理和理论阐述，为后文的研究确定了侧重点和突破口；第三章主要从马克思主义政治经济学的视角阐述了共同富裕的理论基础，从中国共产党推进共同富裕的百年历程阐述了共同富裕的历史逻辑，从要素、市场、制度等改革视角阐述了共同富裕的实践路径；第四章、第五章主要以时间为线索，将我国农村反贫困的历史进程划分为制度改革推动扶贫、大规模开发式扶贫、集中解决温饱的"八七"扶贫攻坚、巩固温饱成果的综合扶贫以及实现全面小康的精准扶贫五个发展阶段，同时对我国农村反贫困的主要成就进行了归纳总结，并对湖北农村地区的脱贫概况、防返贫工作推进现状和典型案例进行了总结梳理。第二板块是本研究的机理及实证分析，包括第六章至第九章。其中，第六章主要从影响生计能力和发展能力的角度出发，对农村低收入人口返贫现象的诱导因素进行了理论分析，同时对农村低收入人口返贫的演化过程和演变轨迹进行探讨。第七章、第八章主要阐述了共同富裕视阈下农村低收入人口返贫风险指标体系构建，利用主成分分析法、系统聚类法，对共同富裕视阈下农村低收入人口返贫风险进行了测度和类别划分。第九章主要阐述了共同富裕视阈下农村低收入人口返贫预警系统的框架构成和运行程序。第三板块是研究结论及政策建议，即第十章和第十一章。主要基于共同富裕视阈，阐述了如何构建农村低收入人口防返贫动态帮扶机制，总结了全书的主要研究结论，并提出了相关研究展望。

三是目标导向，突出了创新性。本书旨在通过分析共同富裕目标下农村低收入人口返贫现象的诱导因素和生成机理，指导构建农村低收入人口返贫风险评价指标体系，探索构建农村低收入人口动态监测与帮扶机制的优化路径，从源头防范返贫现象的发生，帮助降低贫困治理成本，牢牢守住防止规模性返贫的底线，为共同富裕视阈下的贫困治理提供新的思路。本书的创新体现在两个方面。一方面，研究方法的创新。利用主成分分析法和系统聚类法，对我国中西部农村地区返贫风险类别进行较为科学的划分，为相关政府部门制定分类帮扶措施提供了参考。另一方面，研究视角的创新。在设计农村低收入人口返贫风险预警指标体系时，从实现共同富裕的远景目标出发，结合共同富裕的内涵特征与数据的可获性，设置若干能够体现共同富裕"共享性""发展性"两个特征维度的指标，帮助对农村低收入人口的发展现状作出更全面的评估。

四是问题导向，突出了前沿性。脱贫攻坚战之后"三农"工作的首要任务就是坚决守住防止规模性返贫的底线，而健全防返贫动态监测与帮扶机制则是确保不发生规模性返贫的重要保障，也是带领包括农村低收入人口在内的全体人民走向共同富裕的有效途径。防止返贫与推进共同富裕是一个有机联系的整体。从本质上看，共同富裕是中国特色减贫道路的延续与升华，促进全体人民的共同富裕是一个系统过程，需要有系统性认识。已有研究对返贫的解释并不全面，研究对象大多为脱贫人口或贫困人口，研究内容往往局限于防返贫的具体范畴，缺乏系统性思维、整体性思维，更注重探讨返贫发生之后的治理研究。本书基于共同富裕视角，结合实地调研情况，综合应用宏观数据，以农村低收入人口为主要研究对象，通过文献分析、案例分析、计量分析、对比分析等多种方法刻画返贫特征，揭示了农村低收入人口返贫的诱导因素和生成机理。本书坚持系统观念指导，探索构建农村低收入人口防返贫动态监测与帮扶机制的优化路径，体现了从源头防范返贫现象发生的思维，具有理论与实践的前沿性特点。

2023 年中央一号文件《中共中央、国务院关于做好 2023 年全面推进乡村振兴重点工作的意见》明确要求："研究过渡期后农村低收入人口和欠发达地区常态化帮扶机制。"本书无疑是关于这一重大议题的研究成果之一。期待《共同富裕视阈下农村低收入人口返贫预警机制构建》的出版。希望本书能够为广大读者更深入理解农村低收入人口常态化帮扶机理及相关政策提供帮助，为各地牢牢守住不发生规模性返贫底线、抓好以乡村振兴为重心的"三农"工作提供参考。

黄承伟

农业农村部（国家乡村振兴局）

中国扶贫发展中心主任、研究员

2023 年 12 月，于北京

目　录

第一章　导论

一 研究背景和研究意义

1. 研究背景

2021 年 2 月 25 日，全国脱贫攻坚总结表彰大会召开，习近平总书记宣布我国脱贫攻坚战取得了全面胜利，现行标准下 9899 万农村贫困人口全部脱贫，832 个贫困县全部摘帽，12.8 万个贫困村全部出列，区域性整体贫困得到解决。[①] 但贫困人口脱贫摘帽并不意味着减贫工作的结束，随着经济社会的进步与发展，贫困的界定标准也在不断发生变化。消除绝对贫困以后，我国仍然存在数量庞大的低收入人口。2022 年，《中共中央国务院关于做好 2022 年全面推进乡村振兴重点工作的意见》强调"要牢牢守住不发生规模性返贫的底线，完善监测帮扶机制"。党的十九大提出共同富裕的目标。从本质来看，共同富裕是中国特色减贫道路的延续与升华，促进全体人民共同富裕则是一项长期任务。习近平总书记指出："共同富裕是全体人民共同富裕，是人民群众物质生活和精神生活都富裕，不是少数人的富裕，也不是整齐划一的平均主义。"

在当前阶段，实现共同富裕目标的重点是消除两极分化。农村低收入人口的生计脆弱性是共同富裕的最大短板，相较于"调高""扩中"，"提低"的基础性作用更为凸显。若规模庞大的农村低收入人口长期存在，将会影响全面小康社会的成色，并可能面临"中等收入陷阱"风险，如期实现共同富裕的目标也必然无法完成。由此可见，在共同富裕的道路上，最艰巨最繁重的任务在农村，而建立和完善农村低收入人口防返贫动态监测与帮扶机制则是从源头阻断返贫的必要手段，也是带领包括农村低收入人口在内的全体人民走向共同富裕的有效途径。

---

① 习近平：《在全国脱贫攻坚总结表彰大会的讲话》，《人民日报》2021 年 2 月 26 日。

2. 研究意义

从现实意义来看，农村低收入人口具有多维隐性贫困的特征，很容易受自然环境、意外灾祸等影响而收入骤降、生活质量下降，重陷贫困的泥潭。防止返贫与推进共同富裕是一个有机联系的整体。如果仅仅就防止返贫而把思想认知、政策设计、机制构建等局限在具体范畴内，是不全面的，容易进入就"防返贫"而简单地谈"防返贫"的误区，要以动态发展的眼光系统地开展防返贫工作，否则脱贫成果在很大程度上就只能维持在一个较低水平，脱贫成果的稳定性、抗逆性等将难以得到有效提升。因此，在未来一段时间内，最重要的是系统地认识并解决好防返贫工作面临的问题和困难。即在共同富裕视阈下探索、建立、完善农村低收入人口防返贫动态监测与帮扶机制，对防止返贫、巩固拓展脱贫攻坚成果、促进共同富裕取得实质性进展，具有极其重要的现实意义。

从理论意义来看，现有的关于防返贫的研究重在理论分析，研究对象集中在脱贫人口或贫困人口，研究内容局限于防返贫的具体范畴，缺乏系统性、整体性思维，且偏向于探讨返贫发生之后的治理研究，将理论与实证结合的文献数量相对较少。2022年2月，国务院印发的《"十四五"推进农业农村现代化规划》明确要求：实现巩固拓展脱贫攻坚成果同乡村振兴有效衔接，让脱贫群众过上更加美好的生活，逐步走上共同富裕道路。① 因此，在共同富裕视阈下，理解和把握好防止返贫与推进共同富裕的理论基础、历史逻辑、实践路径等方面的内容，对于坚决守住不发生规模性返贫底线，扎实推动共同富裕取得实质性进展具有重要的理论价值。

本研究旨在通过分析共同富裕目标下农村低收入人口返贫现象的诱导因素和生成机理，指导构建农村低收入人口返贫风险评价指标体系，利用

---

① 国务院：《"十四五"推进农业农村现代化规划》，《人民日报》2022年2月12日。

主成分分析法和系统聚类法划分返贫风险区间，探索构建农村低收入人口动态监测与帮扶机制的优化路径，从源头防范返贫现象的发生，降低贫困治理成本，牢牢守住防止规模性返贫的底线，为共同富裕视阈下的贫困治理提供新的思路。

二　关键概念界定

1. 低收入人口

低收入人口是发展经济学的总目标群体，指在一定时期内，某个国家或地区一部分收入水平、消费水平、生活质量、社会地位等各个方面低于某特定标准的人口，是需要支持和保护的对象。低收入人口是一个相对概念。在不同的参考系中，低收入人口的概念界定是不同的，国内外对低收入人口一直没有统一的划分标准。一般来说，收入、财产和消费等指标是国内外大部分学者通用的指标。以收入水平作为划分标准，也是确定低收入人口最简单的方式。在共享发展成果总体格局中，低收入人口需要实现收入的稳定较快增长，才能实现收入差距的缩小以及中等收入群体的扩大，逐步走向共同富裕。[1]

2. 贫困

贫困是人类社会的顽疾，是世界各国普遍存在的社会现象，其内涵丰富而复杂，许多国内外学者对其进行了解释与定义。起初，贫困被定义为缺乏获得参与社会经济活动等方面资源被相对剥夺的一种生存状态。[2] 随

---

[1] 檀学文、吴国宝、杨穗：《构建农村低收入人口收入稳定较快增长的长效机制》，《中国发展观察》2021 年第 8 期。

[2] Peter, Townsend, "A sociological approach to the measurement of poverty—a rejoinder to professor amartya sen," *Oxford Economic Papers*, 37(4), 1985: 659-668.

着时间的推移，经济学家 Amartya Sen 提出贫困是能力的剥夺和机会的丧失。[①] 一个人有价值的可行能力包括拥有食品、衣着、居住、行动、教育、健康、社会参与等各种功能性活动的能力，一旦这些基本可行能力被剥削，就会发生贫困。贫困线又称为贫困标准，为测度是否贫困的重要指标。目前，国际上通用的贫困标准主要有三种，分别按居民收入、人类发展指数和多维贫困指数进行划分。此外，不同国家往往有着不同的贫困标准，中国的脱贫标准是一个综合性的标准。从收入上看，高于世界银行制定的极端贫困标准。

3. 贫困脆弱性

"贫困脆弱性"最早由世界银行正式提出，可以用来度量家庭或个人遭受各种风险冲击导致福利下降的可能。[②] 自然灾害、生活环境、社会福利、健康状况、受教育程度、就业状态、工作性质、收入构成等都会影响贫困脆弱性。贫困脆弱性的分析有利于掌握家庭或个人动态贫困状态，从而有助于制定更加精准的满足贫困家庭特殊需要的帮扶政策。在很大程度上，对脆弱性的测量依赖于时间。低收入人口并不会在一瞬间或几天之内变成贫困群体，而往往是在遭遇几个月的外在冲击后重返贫困。在对贫困脆弱性进行测量时，主要是基于收入、支出或其他福利指标的变动性。例如，标准差、变异系数等。因此，相对于对贫困的测量，对贫困脆弱性进行测量更加复杂和困难。经济学界至今没有对脆弱性的定义、贫困脆弱性的测量等问题给出一致性的答案。

---

① Amartya, Sen, "Poverty: An Ordinal Approach to Measurement," *Econometrica*, 44 (2), 1976: 219–231.

② World Bank, "World development report 2000/2001: attacking poverty," *World Bank Publications*, 39(6), 2000: 1145–1161.

4. 返贫

返贫的实质是贫困，是一种"饱而复饥""暖而复寒"的现象，具有区域性、突发性、动态性、频繁性的特征，反映了家庭或个人贫困状态的变化。[①] 返贫现象的发生会破坏脱贫攻坚所取得的成果，也不利于推进共同富裕的进程。习近平总书记曾多次强调，要坚决守住不发生规模性返贫底线。返贫是由多种因素造成的，既包括自然环境、社会福利、经济发展、市场环境等外在因素，也包括个人受教育程度、思想观念、健康状况等内在因素。返贫有狭义和广义之分。狭义的返贫是指已经摆脱贫困的人，由于受到自然环境恶化、突发疾病、扶贫政策断供等因素的影响，经济收入状况恶化，再次陷入贫困。广义的返贫除了包含狭义的返贫以外，还包括非贫困人口初次陷入贫困的现象。

5. 风险

风险可以定义为不确定事件发生的可能性，在很大程度上会导致生产经营者遭受损失。特别是在农业生产经营方面，自然环境、社会环境及人文环境等因素的冲击容易增加农村低收入人口的返贫风险。因此，通过有效识别风险类别，可以提出相应的对策将损失程度降到最低。在风险识别阶段，最关键的内容是发现引起事故的主要影响因子。一方面可以借鉴历史经验进行较为感性的初步认知判断；另一方面也可以通过归纳、整理、分析相关资料及召开专家讨论会或座谈会，进一步找到风险中存在的潜在规律。对解决返贫问题而言，准确识别风险也至关重要。具体来说，风险识别不仅可以提高相应帮扶措施的实施效率，将损失降到最低，确保返贫群体的基本需求，还能够避免资源的浪费，将人力、物力投入真正遭受损失的地区。

---

① 段小力：《返贫的特征、成因及阻断》，《人民论坛》2020 年第 1 期。

6. 预警

预警是指在警情发生之前，运用各种技术和手段，对各种可能造成事故损害或伤害的潜在因素进行监测和观察，分析、判断、预测事物的发展方向，使预警主体能对危机有一个清晰的把握，帮助预警主体提前制定应对方案和措施，以此来防止危机的发生。[1] 在现代社会，预警已经被应用到生活中的各个方面。比如，天气预报、地震预警等，所用的方式也是多种多样，包括雷达、卫星等。本研究的返贫风险预警是指通过收集相关数据、文件资料等方面的信息，分析农村低收入人口在生计与发展方面面临的返贫风险，对返贫风险进行实证测度与等级划分，然后根据风险划分的结果向决策层发出预警信号，帮助其提前防范化解风险，降低治理成本。

三　研究思路、内容与方法

1. 研究思路

本研究聚焦解决"为什么、是什么、怎么做"的问题，聚焦我国中西部地区，以农村低收入人口为主要研究对象，通过定性研究方法分析农村低收入人口返贫现象的诱导因素和生成机理，利用 2018～2020 年《中国农村贫困监测报告》中的相关样本数据进行测算。在选择样本地区时，考虑到西藏自治区的特殊性，为了保证数据的一致性，本研究先将西藏自治区的数据剔除，计算、评估包括湖北、湖南、河北等 21 个中西部省区市农村地区的返贫风险。为了更进一步整体评估我国中西部地区 22 个省区市的返贫风险，将西藏自治区的数据也纳入样本中，并基于共同富裕视阈，从生计能力风险和发展能力风险两个维度设置 22 个返贫风险预警评价指标，运

---

[1]　余丛国、席酉民：《我国企业预警研究理论综述》，《预测》2003 年第 2 期。

用主成分分析法测度中西部地区农村低收入人口返贫风险，利用系统聚类法划分中西部地区农村低收入人口返贫风险类别，并就如何构建农村低收入人口返贫风险预警系统与帮扶机制进行了探讨。

2. 研究内容

本书的研究内容主要包括以下几个方面。

第一章为导论。包括研究背景和意义、概念界定、研究方法和思路、创新点和不足之处等，为本书研究内容搭建框架。

第二章为研究动态和相关理论。主要分为两个部分。第一部分为研究动态，主要对共同富裕、农村低收入人口、返贫等相关研究进行了文献梳理，并进行文献述评，为后文提供理论依据。第二部分为相关理论，主要阐述了能力贫困理论、事故致因理论、系统论理论等，为后文的研究确定侧重点和突破口。

第三章为共同富裕的理论基础、历史逻辑与实践路径。主要分为三个部分。第一部分为共同富裕的理论基础，主要从马克思政治经济学的视角展开阐述。第二部分为共同富裕的历史逻辑，主要阐述了中国共产党推进共同富裕的百年历程。第三部分为共同富裕的实践路径，主要从要素、市场、制度等改革视角展开具体论述。

第四章为共同富裕视阈下我国农村反贫困的历史进程与主要成就。主要分为两个部分。第一个部分为我国农村反贫困的历史进程，整理、归纳、分析了制度改革推动扶贫、大规模开发式扶贫、集中解决温饱的"八七"扶贫攻坚、巩固温饱成果的综合扶贫、实现全面小康的精准扶贫等内容。第二部分为我国农村反贫困的主要成就，包括绝对贫困历史性消除、困难群体最低生活保障得到解决、贫困区域基础设施和公共服务不断完善、贫困地区农民收入和消费水平显著提高、扶贫开发机制不断完善等内容。

第五章为共同富裕视阈下湖北农村地区防返贫工作现状。主要包括三个部分。第一部分为湖北省农村地区脱贫概况。第二部分为共同富裕视阈下湖北省农村地区防返贫工作推进的现状。第三部分为共同富裕视阈下湖北省农村地区防返贫工作的典型案例。

第六章为共同富裕视阈下农村低收入人口返贫的诱导因素与生成机理。主要分为两个部分。第一部分为农村低收入人口返贫现象的诱导因素分析，主要从影响生计能力和影响发展能力两个方面展开具体分析。第二部分为农村低收入人口返贫现象的生成机理分析，主要对农村低收入人口返贫的演化过程和演变轨迹展开具体论述。

第七章为基于系统聚类法的农村低收入人口返贫风险评价。主要分为两个部分。第一个部分为农村低收入人口返贫风险评价指标体系的初步构建，包括指标体系的初步思考、数据来源与标准化处理等内容。第二个部分为农村低收入人口返贫风险的初步评估，包括模型选择、返贫风险类别划分等内容。

第八章为共同富裕视阈下农村低收入人口返贫风险评价。主要分为三个部分。第一个部分阐述了共同富裕视阈下农村低收入人口返贫风险指标体系构建。第二部分利用主成分分析法对共同富裕视阈下农村低收入人口返贫风险进行了测度。第三部分基于系统聚类法对共同富裕视阈下农村低收入人口返贫风险类别进行划分。

第九章为共同富裕视阈下农村低收入人口返贫预警系统构建。主要分为两个部分。第一部分阐述了共同富裕视阈下农村低收入人口返贫预警系统的框架构成。第二部分阐述了共同富裕视阈下农村低收入人口返贫预警系统的运行程序。

第十章为共同富裕视阈下农村低收入人口动态帮扶机制构建。主要分为五个部分。第一部分提出要着眼"前端"，主动发现潜在风险。第二部分提出要立足"中端"，优化动态监测机制。第三部分提出要围绕"末端"，完善分层分类帮扶。第四部分提出要贯穿"系统"，强化监督反馈功能。第五部分提出要紧扣"主线"，落实增产增收目标。

第十一章为研究结论与展望。

3. 研究方法

（1）文献研究法

以"共同富裕""农村低收入人口""返贫"等关键词为索引，在中国知网、万方、维普、Web of Science 等网站收集大量与本研究相关的国内外文献，对参考文献进行归纳总结，形成本研究的理论基础。

（2）实证研究法

以 2018～2020 年《中国农村贫困监测报告》的相关数据为样本，运用主成分分析法测度各地区返贫风险指数，将系统聚类分析法作为划分返贫风险类别的手段，从而科学地对农村低收入人口返贫风险进行评价。

（3）定性分析法

对中西部地区农村低收入人口返贫诱因与生成机理进行定性分析，为制定更加客观有效的风险预警指标体系奠定基础。

（4）对比分析法

通过对比分析 2017～2020 年我国中西部 22 个省区市返贫风险演变特点，找出脱贫不稳定的省区市，为各级政府制定相关贫困治理政策措施提供方向。

四 研究创新与不足之处

1. 创新点

本研究的创新主要体现在以下两个方面。一是研究方法的创新，利用主成分分析法和系统聚类分析法，对我国中西部农村地区返贫风险类别进行较为科学的划分，帮助指导相关政府部门制定分类帮扶措施。二是研究视角的创新，在设计农村低收入人口返贫风险预警指标体系时，从实现共同富裕的远景目标出发，结合共同富裕的内涵特征与数据的可获性，设置若干能够体现共同富裕"共享性""发展性"两个特征维度的指标，对农村低收入人口的发展现状作出更全面的评估。

2. 不足之处

首先，本研究所选用的样本数据均为宏观层面的数据，缺乏微观层面的深度分析。其次，本研究在进行实证分析时，选择了主成分分析法，故无法避免该研究方法客观存在的缺陷，即无法具体解释每个公共因子从哪些方面对农村低收入人口的生计与发展产生了多大的影响。

第二章　研究动态和相关理论

一　研究动态

1. 关于共同富裕的相关研究

（1）共同富裕的基本内涵研究

实现共同富裕是长期动态发展的过程。自新中国成立以来，中国共产党历代领导人都对共同富裕进行了思考，共同富裕的内涵也变得更加丰富且深刻。毛泽东同志认识到实现共同富裕必须以社会主义为前提条件；邓小平同志认为共同富裕是社会主义本质的核心，解放和发展生产力、消灭剥削、消除两极分化是基础和前提，最终的共同富裕是目的和结果；江泽民同志提出兼顾效率与公平，强调在社会主义现代化建设的每一个阶段都必须让广大人民群众共享改革发展的成果；胡锦涛同志坚持以人为本，科学发展，更加注重社会公平；习近平同志指出消除贫困、改善民生、实现共同富裕，是社会主义的本质要求，是我们党的重要使命。

在共同富裕这个概念中，"富裕"反映了社会对财富的拥有，是社会生产力发展水平的集中体现；"共同"则反映了社会成员对财富的占有方式，是社会生产关系性质的集中体现。"共同"和"富裕"是相辅相成的，富裕提供了更高层次的共享水平，而共同是为了更可持续的富裕。共同富裕包含着生产力与生产关系两方面的特质，从质的规定性上确定了共同富裕的社会理想地位，使之成为社会主义的本质规定和奋斗目标。共同富裕必须以物质财富的极大丰富为前提，其经济基础是生产力的高度发展[1]，制度保障是生产资料公有制[2]。一个共同富裕的社会，是一个所有社会成

---

[1]　汪彬：《探索共同富裕的实现路径》，《中国金融》2021年第20期。

[2]　王秀华、张道胜：《历史合力论视阈下共同富裕的实现路径》，《中共成都市委党校学报》2021年第2期。

员都摆脱绝对贫困状态、过上富裕生活的社会。

（2）共同富裕的评价指标体系研究

在全面开启推动共同富裕新征程的新阶段，只有准确地测量共同富裕，才能客观地评价共同富裕的进展。构建测量指标的重要前提是全面理解和厘清共同富裕的内涵、范畴和特征。国内学者对于如何构建共同富裕评价指标体系持有不同的观点，尚未形成统一的标准，主要分三类研究。

第一类是从物质维度对共同富裕构建指标体系。如陈正伟和张南林从收入分配角度将共同富裕分解为富裕度和共同度，以基于购买力平价的当期收入和人均储蓄及其离散系数对全国 31 个省区市进行了实证分析与比较[1]；万海远和陈基平从方法构建的技术框架出发，根据"发展"和"共享"两个维度构造了具有中国特色且能广泛可比的共同富裕量化方法。[2]

第二类是从多个角度构建共同富裕评价指标体系。如宋群构建的共同富裕的指标体系包括反映我国发展总体水平的基础指标、差距存在与消除的核心指标和与国际水平比较的辅助指标三个维度[3]；申云和李京蓉基于全面建成小康社会的视角，以农村居民生活富裕为评价对象，设计了物质和精神两个维度的评价指标体系[4]；陈丽君等认为共同富裕具有发展性、共享性和可持续性三大特征，基于此构建了共同富裕指数模型。[5]

第三类是构建贫困的测量指标。如陈宗胜等、唐钧等学者构造的贫困测量指标包括获得能够满足最低住房标准的住房，获得保证最低卫生

---

① 陈正伟、张南林：《基于购买力平价下共同富裕测算模型及实证分析》，《重庆工商大学学报》（自然科学版）2013 年第 6 期。

② 万海远、陈基平：《共同富裕的理论内涵与量化方法》，《财贸经济》2021 年第 12 期。

③ 宋群：《我国共同富裕的内涵、特征及评价指标初探》，《全球化》2014 年第 1 期。

④ 申云、李京蓉：《我国农村居民生活富裕评价指标体系研究——基于全面建成小康社会的视角》，《调研世界》2020 年第 1 期。

⑤ 陈丽君、郁建兴、徐铱娜：《共同富裕指数模型的构建》，《治理研究》2021 年第 4 期。

条件的基本服务，获得基本教育及实现最低消费水平的经济能力四大维度。[①]

（3）共同富裕的实现路径研究

优化生产要素、完善收入分配是实现共同富裕的路径。学者在优化生产要素方面的论述有以下两点。一是深化市场经济改革，推动经济高质量发展。汪彬认为始终坚持以发展生产力为核心是扎实推动实现共同富裕的有效路径。[②] 我国处于社会主义初级阶段的基本国情没有变，生产发展水平仍处于不发达的阶段，要坚持以发展生产力，以经济建设为中心，深化市场经济改革，鼓励各类市场主体进行科技研发、创新创业、激发市场活力，为社会创造更多财富。二是发展生产力的同时必须坚持社会主义生产资料公有制主体地位。在"两个一百年"交汇的重要时期，关键在于发展和巩固公有制经济作为实现共同富裕的制度保障和重要条件，进一步充分发挥公有制国有经济的主导作用，持续推动公有制经济改革，使其更加适应我国市场经济的发展，建设社会主义现代化经济体系，最终实现共同富裕的伟大目标。[③]

在完善收入分配方面，由于所处时代不同，我国面临的主要矛盾和重大课题也有所变化，不断改革和完善分配体系是实现共同富裕的核心问题。一般认为初次分配的主体是市场，再分配的主体是政府。从宏观层面看，通过初次分配提高居民收入有三个途径：一是需要大力发展生产力，加快经济建设；二是需要协调区域经济发展，加强宏观调控；三是需要严格运用法治，贯彻扶贫济困政策。[④] 从微观层面看，孙居涛提出通过加快

---

① 陈宗胜、黄云、周云波：《多维贫困理论及测度方法在中国的应用研究与治理实践》，《国外社会科学》2020 年第 6 期；唐钧：《度量贫困的绝对方法和相对方法》，《中国人力资源社会保障》2021 年第 1 期。

② 汪彬：《探索共同富裕的实现路径》，《中国金融》2021 年第 20 期。

③ 王秀华、张道胜：《历史合力论视阈下共同富裕的实现路径》，《中共成都市委党校学报》2021 年第 2 期。

④ 高延春、冯菊香：《论共同富裕实现过程中的收入差距》，《特区经济》2007 年第 2 期。

城市化进程，发展中小城市，建立现代农业，从而提高低收入者水平；通过提高国民的受教育程度和从业技能，提升低收入者人力资本竞争能力，扩大中等收入者比重；另外必须建立起能够覆盖社会大多数人口的社会保障制度。① 再分配遵循公平原则，政府通过征税、收费等强制、无偿、固定比率的方式集聚社会财富，并通过财政支出、转移支付等方式进行调节，优化共同富裕供给，从而不断消除地区之间、城乡之间、不同所有制之间公民的收入差距。

2. 关于农村低收入人口的相关研究

（1）农村低收入人口识别标准研究

从国际标准来看，大部分国外学者将居民人均可支配收入的中位数或平均收入的一定比例视为相对贫困的衡量标准。比如，有学者提出将居民收入中位数的40%和50%作为衡量相对贫困的标准②，欧盟在2010年将收入中位数的60%作为相对贫困标准。一般而言，使用相对贫困线的国家经济发展水平都比较高，故相对贫困线也被称为"富裕国家确定贫困率最有效的方法"。③ 从国内标准来看，低收入人口的衡量标准仍以收入为核心。④《中央农村工作领导小组关于健全防止返贫动态监测和帮扶机制的指导意见》规定，以脱贫攻坚期国家标准的1.5倍为底线确定监测对象。值得注意的是，在绝对贫困治理时期，贫困治理的聚焦点主要集中在帮扶对象的收入增长问题；但是在进入低收入人口帮扶治理阶段，贫困治理将会指向

---

① 孙居涛：《合理调整分配格局逐步实现共同富裕》，《武汉大学学报》（人文科学版）2005年第3期。

② Olaf Van Vliet, Chen Wang , "Social Investment and Poverty Reduction: A Comparative Analysis across Fifteen European Countries,"*Journal of Social Policy*, 44(3), 2015: 611–638.

③ 董帅兵、郝亚光：《后扶贫时代的相对贫困及其治理》，《西北农林科技大学学报》（社会科学版）2020年第6期。

④ 张文：《关于建立相对贫困治理长效机制的制度性思考》，《中国发展观察》2020年第24期；程国强、吴小红：《抓紧做好农村低收入人口识别工作》，《中国发展观察》2021年第Z1期。

脱贫群体的"美好生活向往之质"维度。人民美好生活需要是多方面的，不能只重视农村低收入人口收入水平的变化，更要重视其消费水平、社会福利水平等多方面的变化。

（2）农村低收入人口监测预警研究

生计系统的脆弱性、生产要素与资源配置转换的受限性、自然环境的复杂性以及政治经济和社会文化环境的低交互性①，导致农村低收入人口的显性和隐性负担过重②，徘徊在贫困边缘，成为新生贫困人口。因此，一些学者提出要构建低收入人口监测机制，为低收入人口帮扶提供决策依据。③ 在监测方法的选择上，由于大数据计算不受限于传统思维模式和特定领域里隐含的固有偏见，可以利用其对致贫因子进行监测。④ 此外，许多学者针对返贫预警展开了相关研究。⑤ 从长期和全局来看，构建事前防范、事中控制和事后监测的返贫动态预警机制，有助于有效化解返贫风险⑥，从而避免"扶贫—脱贫—返贫"的恶性循环。⑦

（3）农村低收入人口帮扶机制研究

党的十九届五中全会明确要求"建立农村低收入人口和欠发达地区帮扶机制"。学术界相关研究主要集中在解决农村低收入人口增收问题。如

---

① 左停、徐卫周：《综合保障性扶贫：中国脱贫攻坚的新旨向与新探索》，《内蒙古社会科学》（汉文版）2019 年第 3 期。

② 万兰芳、向德平：《精准扶贫方略下的农村弱势群体减贫研究》，《中国农业大学学报》（社会科学版）2016 年第 5 期。

③ 苗红萍、田聪华：《新疆农村低收入人口识别标准及规模初探》，《农业展望》2021 年第 6 期；唐文浩、张震：《共同富裕导向下低收入人口帮扶的长效治理：理论逻辑与实践路径》，《江苏社会科学》2022 年第 1 期。

④ Vittorio Daniele, "Socioeconomic inequality and regional disparities in educational achievement: The role of relative poverty," *Intelligence*, 84, 2021: 1–14.

⑤ 包国宪、杨瑚：《我国返贫问题及其预警机制研究》，《兰州大学学报》（社会科学版）2018 年第 6 期；范和生：《返贫预警机制构建探究》，《中国特色社会主义研究》2018 年第 1 期。

⑥ 彭玮、龚俊梅：《基于系统聚类法的返贫风险预警机制分析》，《江汉论坛》2021 年第 12 期。

⑦ 黄承伟：《新中国扶贫 70 年：战略演变、伟大成就与基本经验》，《南京农业大学学报》（社会科学版）2019 年第 6 期。

黄征学等基于家庭收入结构视角，提出通过以发展产业、改善营商环境、推进产权制度改革为主，以转移支付为补充，分别提高工资性净收入、经营性净收入和财产性净收入。① 更进一步，有学者提出低收入人口需要实现分层增收目标，认为并非所有低收入人口都将追求进入中等收入群体。② 此外，许多学者对农村低收入人口帮扶机制的主客体进行了研究。如郭玉辉认为国家是首要帮扶责任主体，社会力量起重要的补充作用，家庭负有自我救助的义务。③ 也有许多学者认为帮扶责任应该落实到较为微观主体上，如可以将县政府、乡村干部、乡镇基层组织和县直行业部门作为责任主体。④

3. 关于返贫的相关研究

（1）返贫诱因研究

学界关于返贫诱因的研究主要集中在两个方面：一是内因视角，即返贫人口的自身因素；二是外因视角，即返贫人口所处的外部环境因素。其中，返贫人口的自身因素主要包括贫困人口的健康状况、受教育程度、收入消费水平等。首先，农村人口身体健康程度与贫困发生率呈负相关。⑤ 由于脱贫人口具有较强的脆弱性，突发性疾病、劳动力意外事故等都会致使脱贫户重入贫困陷阱。其次，脱贫地区人口受教育程度较低。一般来说，"初中教育"是外出务工者的最高水平，受教育程度低会造成外出务工者的就业渠道狭窄，无法获得较高的劳动收入。⑥ 返贫人口所处的外部

---

① 黄征学、潘彪、滕飞：《建立低收入群体长效增收机制的着力点、路径与建议》，《经济纵横》2021 年第 2 期。

② 檀学文、吴国宝、杨穗：《构建农村低收入人口收入稳定较快增长的长效机制》，《中国发展观察》2021 年第 8 期。

③ 郭玉辉：《福建省农村低收入人口常态化分类帮扶机制探索》，《中共福建省委党校（福建行政学院）学报》2021 年第 4 期。

④ 杨丹丹：《乡村防返贫长效监测预警与帮扶机制研究》，《合作经济与科技》2021 年第 20 期。

⑤ 邓大松、张晴晴：《农村贫困地区返贫成因及对策探析》，《决策与信息》2020 年第 6 期。

⑥ 包国宪、杨瑚：《我国返贫问题及其预警机制研究》，《兰州大学学报》（社会科学版）2018 年第 6 期。

环境因素包括各个地区经济环境、生态环境、社会环境等。首先，外部经济环境的衰弱必然会影响脱贫人口。脱贫人口自身的脆弱性使得其更难对外部环境的变化积极有效地作出反应。比如，物价上涨和补贴减少等外部原因可造成返贫现象的发生。[①] 同时，贫困地区生态环境会影响脱贫人口的返贫问题。普遍而言，农户发生持续性贫困的原因是自然条件恶劣、人力资本不足以及相关制度的不完善。[②] 其次，社会环境也对返贫产生影响。在脱贫攻坚战中，国家加大了对农村地区基础设施的投入与建设。但是，农村地区依旧在社会经济发展和现代建设中有着明显的短板，这是产生返贫现象的根源。[③] 最后，贫困地区缺少对基础设施进行相应完善的措施，加之缺乏对基础设施的保护意识，从而加快了基础设施的毁坏速度，这不仅对脱贫带来了一定的阻碍，同时又面临着新的返贫问题。[④]

（2）返贫治理研究

针对返贫诱因，学者们进一步提出了返贫治理的举措。治理是指由政府但不限于政府的一系列机构和行动者为社会秩序与集体行动创造条件的过程。[⑤] 世界开发银行认为，治理质量在减贫工作中起着非常重要的作用，良治能够有效促进全社会参与国家事务，应出台有利于贫困人口的政策并健全经济管理制度。[⑥] 返贫治理包括返贫发生前的防返贫治理和返贫发生后的扶贫治理。当前，我国建档立卡脱贫人口中返贫的数量并不大，且总体呈现逐步减少趋势，返贫治理以防止返贫为主。[⑦] 要防止返贫现象发生，

---

① 张遇哲：《"政策性返贫"呼唤生态补偿立法》，《环境保护》2011 年第 21 期。
② 陈全功、李忠斌：《少数民族地区农户持续性贫困探究》，《中国农村观察》2009 年第 5 期。
③ 黄海棠、蔡创能、滕剑仑：《乡村振兴背景下的返贫风险评估及防范长效机制研究》，《洛阳理工学院学报》（社会科学版）2019 年第 3 期。
④ 杨晓莉：《基于精准扶贫的农村返贫抑制问题分析》，《公共管理》2019 年第 8 期。
⑤ Stoker Gerry, "Governance as theory: five propositions," *International Social Science Journal*, 50 (155), 2010: 17–28.
⑥ Asian Development Bank , "Fighting Poverty in Asia and the Pacific: The Poverty Reduction Strategy," 1999。
⑦ 覃志敏、黄丽珠：《乡村振兴与返贫治理》，《中国国情国力》2019 年第 8 期。

必须改善农村建设、加强机制创新、强化产业扶贫和提高农户脱贫能力。[①]
从宏观层面来看，首先，国家要建立健全保障机制。[②] 比如，对已摘帽的
深度贫困县、相对落后的农村地区以及相对贫困地区加大政策扶持和财政
转移支付力度，着力巩固农村脱贫攻坚和全面小康的成果。[③] 其次，要完
善政府主导下的多元参与格局和贯彻创新发展理念的价值导向，这是治理
返贫的突破路径。[④] 同时，可以跟脱贫攻坚一样，构建多元主体协同治理
的模式，让多个主体合作共治返贫。[⑤] 从微观层面来看，贫困治理涉及贫
困的识别、分析、监测和评估等过程[⑥]，这些也是返贫预警中的重要环节。

二　理论基础

1. 能力贫困理论

阿玛蒂亚·森基于"能力"视角，对传统的贫困理论提出质疑，并提
出了"可行能力缺失论"。阿玛蒂亚·森认为，收入只是我们追求更高质
量生活目标的一种工具，实现自我的发展才是我们最高层次的目的。按照
此观点，个体陷入贫困的原因是其在获取或享有某种（些）正常生活方
面，或多或少缺乏一定的可行能力。其中，"可行能力"既包括避免忍饥

---

① 谢丽君：《西充县政府"四轮驱动四个同步"精准扶贫案例研究》，电子科技大学硕士学
位论文，2018。
② 韩广富：《论我国农村扶贫开发机制的创建》，《东北师大学报》（哲学社会科学版）2007
年第 6 期。
③ 魏后凯：《"十四五"时期中国农村发展若干重大问题》，《中国农村经济》2020 年第 1 期。
④ 莫光辉：《精准扶贫：中国扶贫开发模式的内生变革与治理突破》，《中国特色社会主义研
究》2016 年第 2 期。
⑤ 陈凌霄：《我国农村扶贫开发政策中的多元执行主体研究》，南京大学硕士学位论文，2017。
⑥ 王小林：《改革开放 40 年：全球贫困治理视角下的中国实践》，《社会科学战线》2018 年
第 5 期。

挨饿、营养不良等人类最基本意义上的可行能力，还包括享受教育、政治参与等方面的权利。能力贫困理论突破了传统福利理论的局限性，探索出了一个新的研究视角。因此，本研究将以阿玛蒂亚·森的理论为依据，对农村低收入人口返贫现象的诱发因素进行深入分析。

2. 事故致因理论

"事故致因理论"是通过分析大量典型事故的本质原因，经总结提炼的一种解释事故发生原因的理论，能为事故的定量分析、预防预测等提供重要依据。其中，海因里希认为事故的发生是多种因素共同作用的结果，并将其归结为遗传因素和社会环境的原因；博德认为人与物的不安全只是一种表象，其根本是管理失误；轨迹交叉论者认为，事故的发生是因为不安全的人或物在一定的时空发生了接触或交叉；事故致因的突变模型认为，人和物的共同作用是事故发生的原因，人的因素包括心理状态、安全意识、教育水平等方面，物的因素包括工作条件、保护装置等方面。因此，本书将以事故因果理论为依据，对农村低收入人口返贫现象的生成机理进行深入分析。

3. 系统论

20 世纪 30 年代初，生物学家贝塔朗菲提出"开放系统理论"。他强调，一个复杂的系统并不是简单地由各个部分直接相加而成的，各部分之间有着相互作用、协调互补的关系，要从整体性和系统性的角度分析生命现象。同时，贝塔朗菲并不赞同"系统中的一个或多个部分呈现较好的势态，则整体发展就一定好"的观点。贝塔朗菲认为，没有一个部分是孤立地存在于系统中的，每一部分之间存在不同程度的相互关联性，是不可分割的，并且只有将其放在系统中的特定位置才能发挥最有效的作用。从理论上来说，系统论可以帮助我们厘清因果关系，特别是对于解释复杂的事物来说更具指导价值。因此，本书将以系统论为理论指导，深入分析农村低收入人口返贫成因，并且建立完善农村低收入人口防返贫动态监测与帮扶体系。

4. 贫困代际传递理论

"贫困代际传递"这一概念是从社会学阶层继承和地位获得的研究范式中发展出来的。20 世纪 60 年代，美国经济学家在研究贫困阶层长期性贫困的过程中，发现了家庭贫困呈现代际传承现象，并提出了"贫困代际传递"概念。贫困代际传递理论是指贫困及致贫因素等相关条件，会在家庭或群体内部传递下去。即出现由父母传给儿女、儿女传给孙代，后代重复上代的贫困境遇的现象。虽然随着社会变迁与经济发展，不同代人面对的社会、文化、经济环境大相径庭，导致其在价值观、行为方式等方面存在一定的差异。但与此同时，由于父辈和子辈共处时间较长，前代人的某些思想观念、行为方式等会在潜移默化中影响后代，即具有明显的传承性。如此代代相传，即产生贫困的代际传递现象。总的来说，影响家庭贫困代际传递的因素可以分为内部与外部两大类。其中，家庭内部因素包括收入、性别、基因遗传、父辈受教育程度等；家庭外部因素包括社会政策、经济结构、民族信仰等。

5. 贫困生命周期理论

贫困生命周期理论最早由英国学者 Rowntree 提出，指一个家庭从建立到衰亡的整个过程，可以划分为几个具有明确标志的阶段。在童年阶段，如果父母获取收入能力较低，那么儿童将有较大的可能性陷入贫困，这种状况将一直持续到本人或家庭中其他成员开始赚钱为止。儿童长大成人，成为劳动者，当其收入超过支出时，就拥有了储蓄的机会，可能进入家庭的第一个小康时期。当劳动者结婚并养育孩子后，可能再次陷入贫困，这个时期的贫困可能持续十年左右。如果劳动者的孩子数量较多，则贫困时间可能会持续更久。当劳动者的子女开始工作赚钱，并且未因结婚而脱离家庭，则该家庭将进入第二个小康时期。当劳动者的孩子结婚后离家重建家庭，而劳动者也因年老而无法工作时，则可能再次陷入贫困。

6. 空间贫困理论

空间贫困理论认为，相同特征的家庭，如果居住在"空间环境"好的地区，最终有可能脱离贫困；如果居住在"空间环境"差的地区，即使是面临相同的经济环境，仍将不可避免地陷入贫困。大多数发展中国家，在经济持续增长的同时，往往也伴随着大量的持久性贫困。"空间"对农村贫困的影响主要体现为地理区位和自然环境两个方面。首先，地理位置会影响经济增长的减贫效率和农村公共物品的减贫效率。在偏远农村，路途遥远会限制私人资本投资，不利于发展本地经济。同时，农村公共物品供给的成本相对较高，因此教育、医疗等公共资源通常不足，会增加"因病致贫""因学返贫"的概率。其次，在大多数农业型地区，农业生产能力决定了农户的收入水平，而农业生产能力又与气候、水土、地形等自然条件密切相关。因此，自然条件的好坏就直接反映了农村贫困状况。很显然，自然条件恶劣是导致我国"三区三州"地区贫困的重要原因之一。

第三章 共同富裕的理论基础、历史逻辑与实践路径

共同富裕是人类社会发展的必然趋势，是社会全面发展的必要基础。马克思指出，共同富裕必须建立在生产资料公有制的基础上，兼顾生产力和生产关系，现在来看，该理论仍然具有时代内涵。虽然西方经济学中的涓滴理论、市场经济理论以及政府调控理论对缩小贫富差距有一定的价值，但这些理论并不能解决中国的共同富裕问题。这是因为资本主义生产方式的剥削本质使得其所采用的收入分配手段都只具有延缓贫富差距扩大的作用，并不能实现真正的共同富裕。在对马克思共同富裕理论继承和创新的基础上，中国共产党自成立之日起就对共同富裕开始了理论和实践探索，并走出具有中国特色的共同富裕之路，深刻展示了社会主义公有制经济在推进共同富裕方面的制度优势。本章分析了经济学主要理论中关于共同富裕的理论观点，并在理论探索的基础上，结合中国实际提出如何在高质量发展中实现共同富裕的实践路径。

一 共同富裕的理论基础

1. 马克思主义政治经济学视角下的共同富裕理论

马克思、恩格斯对共同富裕理论的最大贡献就是将其建立在生产资料公有制的基础上，认为共同富裕是社会生产力水平跃升到一定阶段之后的产物。习近平总书记在党的十九大报告中强调，经过长期努力，中国特色社会主义进入了新时代。共同富裕是当代中国特色社会主义发展的必然要求，是对马克思共同富裕思想的传承延续，也是对其的发展创新。①

（1）马克思主义政治经济学视角下共同富裕理论的当代价值

习近平总书记指出："共同富裕是社会主义的本质要求，是中国式现代化的重要特征。我们说的共同富裕是全体人民共同富裕，是人民群众物质生活和精神生活都富裕，不是少数人的富裕，也不是整齐划一的平均主义。"② 因此，新时期马克思主义共同富裕观有丰富的内涵。

一是新时代共同富裕观强调高质量的共同富裕，不是整齐划一的平均主义，而是普遍富裕基础上的差别富裕。两者的区别在于前者更容易出现高福利国家"养懒汉""躺平""不劳而获"等现象，而后者更倾向于通过勤劳创新致富，追求更高水平的共同富裕。理解新时代共同富裕观需要科学地理解"共同"，不能等同于"同等""同步""同地"，"富裕"是要做大蛋糕、分好蛋糕，让劳动者公平公正地享受经济发展的红利。提倡和鼓励勤劳创新致富，提高知识技能水平和创新创业能力，增强致富本领。要认识到共同富裕是要通过奋斗实现的，差别富裕是提升个人致富积极性的关键，要合理有序推进共同富裕。

二是新时代始终坚持以公有制为主体、多种所有制经济共同发展的基本经济制度。马克思认为，私有制是造成剥削的源头，因此社会主义要消灭私有制，发展公有制经济以达到实现共同富裕的目的。新时代基本经济制度应立足当下，结合中国国情，强调生产力与生产关系相适应，支持和引导非公有制经济发展，紧抓经济发展主旋律，大力发挥公有制经济促进共同富裕的作用；结合按劳分配为主体、多种分配方式并存的收入分配制度，为实现共同富裕奠定坚实的物质基础和条件。

三是新时代的共同富裕指的是全体人民的共同富裕，不是少数人、一部分人甚至是大多数人的共同富裕，而是包括全社会各阶层在内的人民的

---

① 潘斌：《马克思共同富裕思想的哲学逻辑及其当代价值》，《南京师大学报》（社会科学版）2022年第2期。

② 习近平：《扎实推动共同富裕》，《求是》2021年第20期。

共同富裕。尽管各个阶层财富拥有量不同，在实现共同富裕过程中所贡献的力量也有差异，但推进全民共富，实现"提低，扩中和拔高"目标，他们都是可以协同的力量。① 马克思在《哥达纲领批判》中对共产主义社会提出了"各尽所能，各取所需"的分配原则，社会成员不受阶级、职业、政治立场的束缚，无差别地享受"按需分配"的权力，这是马克思基于共产主义本质对人的全面自由发展提出的美好蓝图。但是马克思对共产主义的期望并不能立刻落实，至少现在还无法实现无差别的共同富裕，只有深刻践行马克思主义的历史观和价值观，坚持脚踏实地、循序渐进、久久为功，才能带领全体人民进入共同富裕新征程。

（2）共同富裕的客观前提是生产力的普遍发展

"一切重要历史事件的终极原因和伟大动力是社会的经济发展。"② 这表明，社会发展归根结底是由社会生产力推动的。马克思在《政治经济学批判》中提到未来社会的生产将以所有人的富裕为目的，不再以某一阶级利益为出发点。恩格斯在《反杜林论》中对马克思观点表达了赞同并再次明确指出，社会大生产是在保证富足的物质生活的同时，公民的体力和智力可以得到全面而自由的发展。③ 这充分表明了发达的生产力是实现共同富裕的前提。因为没有高质量的生产力发展，共同富裕最终会沦为低水平的平均分配。而低水平的平均主义只会阻碍社会创新和生产积极性，最终导致普遍性的贫穷和落后，这也正是空想主义的缺陷所在。在超越空想主义的基础上，马克思和恩格斯从历史唯物主义的角度揭示了社会生产力不断发展是人类社会从贫穷走向共同富裕的前提。不同于其他理论，历史唯物主义揭示了生产的目的，即"怎样生产，为谁生产"，将人类的生产活动看作是最基础最重要的实践活动，而人类生产活动就是在不断的发展社

---

① 程恩富、伍山林：《促进社会各阶层共同富裕的若干政策思路》，《政治经济学研究》2021年第2期。

② 《马克思恩格斯选集》第三卷，人民出版社，2012，第760页。

③ 恩格斯：《反杜林论》，人民出版社，2018，第305~306页。

会生产力，这表明人类从事物质生产活动的目的是为了获得物质利益。

马克思还从三个方面论述了为什么生产力的发展是共同富裕的前提。一是从生产力与生产关系角度，共同富裕中的"富裕"属于生产力范畴，"共同"属于生产关系范畴，生产力决定生产关系，生产关系依赖于社会生产的产品数量，并随着社会组织方式和生产力水平的发展而变化。也就是说，分配方式促进共同富裕，而分配方式又取决于生产力水平和所属的社会形态。二是生产力的高度发展消除了极端贫困，这为共同富裕创造了物质前提。基于此，马克思、恩格斯非常强调生产力高度发展的绝对必要性："因为如果没有这种发展，那就只会有贫穷、极端贫困的普遍化。"①三是生产力的高度发展推动世界文明的发展。生产力的高度发展推动个体文明从孤立发展走向更密切地交流互动，个体文明发展程度决定不同文明在交往过程中的关系。人的实践活动表明，社会生产力的不断发展，促进各国文明不断突破地域限制而增进物质文化交流，充分体现了各国追求物质福利的阶级性和历史性。由此可见，马克思和恩格斯关于生产力的准确认识，避免了空想主义的弊端，使共同富裕成为可能。

除此之外，马克思还认为资本主义的财富增长不可持续，不能实现共同富裕，并从三个方面论述了这一观点：一是生产力的无限扩大和消费者购买力不断缩小的矛盾；二是生产资料私人占有与生产社会化之间的矛盾；三是始终存在的阶级矛盾。这三个矛盾就决定了资本主义的发展不可持续，最终会走向灭亡，共同富裕也就无从谈起。只有工人阶级联合起来推翻资产阶级统治，确定劳动主体的地位和生产资料公有制的分配制度，以可持续方式发展生产力，才能最终走向共同富裕。

中国共产党在推动经济建设的过程，也充分体现着对共同富裕物质基础的重视。中国共产党在充分考量当前社会主义所处阶段、生产力与生产关系以及经济发展困境的基础上，提出扎实推动共同富裕的宏大命

---

① 《马克思恩格斯选集》第一卷，人民出版社，2012，第166页。

题，彰显了中国共产党对马克思主义政治经济学基本理论的根本遵循，折射出我党始终坚持辩证唯物主义的历史观和方法论。[1] 改革开放以来，我国始终坚持以经济建设为中心，1992 年初在南方谈话中，邓小平同志扩展了社会主义本质内涵，将"共同富裕"纳入其中，指出"解放和发展生产力"是共同富裕的实现前提，明确"消灭剥削和消除两极分化"是共同富裕本质，创造"让一部分人先富，先富带动后富"的共同富裕实现路径。江泽民同志指出，要在经济发展的基础上普遍提高居民收入水平，要努力使工人、农民、知识分子和其他群众共享经济社会发展的成果[2]，胡锦涛同志也指出经济建设是兴国之要，必须坚持改革开放，要让全体人民共享改革发展成果，从而推动全体人民走向共同富裕。进入新时代，以习近平同志为核心的党中央将扎实推进共同富裕提上重要议程，指出推进共同富裕就是要坚持基本经济制度，把保障和改善民生建立在经济发展和财力可持续的基础之上，满足人民日益增长的美好需要，兼顾效率与公平，实现全体人民在物质生活和精神生活方面的共同富裕。毫无疑问，实现人民日益增长的美好生活需要、包括对公平正义的追求、机会公平以及人的全面发展等离不开生产力的发展，只有推动经济增长，共同富裕才能取得实质性的进展。经济基础决定上层建筑，共同富裕的前提是生产力普遍发展，中国共产党始终坚持以经济建设为中心，中国特色社会主义共同富裕观充分彰显了对马克思历史唯物主义生产力普遍发展理论的认可和践行。

（3）共同富裕必须建立在生产资料公有制的基础上

西方改良资本主义过去通过高效的市场分配制度，以及全面的二次分配社会福利，展现了缓解贫富差距的另一种可能，更有北欧发达资本主义国家被称之为"小社会主义"。利用马克思主义对西方所谓的福利制度进

---

① 贺立龙、刘丸源：《决战脱贫攻坚、决胜全面小康的政治经济学研究》，《政治经济学评论》2021 年第 3 期。

② 《江泽民文选》第二卷，人民出版社，2006，第 262 页。

行深度分析可以发现，私有制下的转移支付无法弥补巨大的贫富差距。从共同富裕本身的概念出发，公有制是共同富裕的必然基础。

①从共同富裕概念探究其制度基础。依据现代汉语词典的解释："共同富裕是指全体人民通过辛勤劳动和相互帮助最终达到丰衣足食的生活水平。"从马克思主义政治经济学出发，共同富裕概念可以分别从"共同"和"富裕"两点来分析。

从"富裕"角度分析，共同富裕是一个生产力概念。依照马克思的科学社会主义理论，从原始社会到共产主义社会，其生产力和生产关系呈现不断递进的关系。原始社会由于生产力水平低下，不能实现共同富裕。之后的三个社会形态虽然由于科学技术发展和生产关系变动，生产力不断提升，尤其是资本主义社会形态，摆脱了封建社会以家庭为单位的旧生产关系，采取了社会化大生产的新生产关系，生产力获得突飞猛进的发展，但社会化生产与生产资料私有制的矛盾，使生产力发展无法进一步突破。而生产资料公有制极大地促进了劳动者的积极性。所以，生产资料公有制是实现共同富裕的制度基础。

从"共同"角度分析，共同富裕是一个生产关系概念，共同富裕强调的是全体人民共同受益、共同致富。"共同"代表着在最后的生产分配中，要消灭剥削，按照每个人在生产中的贡献进行分配。而在生产资料私有制的情况下，生产资料所有者在分配上相对于实际的劳动者往往有着天然的优势，生产资料所有者可以无视劳动者的实际劳动，所得最多，而大部分人则无法获得其应得的部分。而在生产资料公有制的情况下，生产资料归集体所有，最终的生产分配则按照每个人在生产中的实际贡献来进行，依据马克思主义政治经济学，正是劳动者的劳动在生产中创造了新价值。在生产资料私人所有制中，这部分新价值因生产资料所有者强行拿走，形成剩余价值。而生产资料公有制则会将这些新价值按照其创造要素（也就是劳动要素）公平地分配给劳动者们。

综上，共同富裕强调发达生产力和生产关系相适应。在生产资料私有制的情况下，由于剥削性质生产关系的存在，只有少部分人可以实现富裕。而共同富裕所需的解放生产力则需要以社会主义公有制作为支撑，遵循生产力和生产关系相匹配的原则。

②西方福利社会的制度缺陷。西方国家在二战后实行的福利政策，涵盖了个人最基本的吃穿住行等方面，从个人生活消费到固定资产消费都有所涉及。在福利社会中，西方国家人民的实际生活水平较高。但是，通过转移支付等二次分配缩小贫富差距的西方福利方式，由于受到私有制的制约，必然会发生社会资源的集聚，通过二次分配手段无法缩小贫富差距。

由于基本国情和根本社会制度不同，不能将西方福利社会制度简单照搬到我国的经济政策中。事实上，在深度分析西方福利社会制度的运作方式后，我们可以发现，单纯靠高税收支撑的福利社会并无长期运行的可能性。例如，北欧国家采用了较高标准的累进所得税，通过向富人征收高额税收维持其福利体系。但资本持有者因极高的个人所得税而压抑了投资欲望，使整个社会的私人投资处于萎靡的状态。一旦发生经济危机，整体经济运行都会受到极大影响。因而，现代北欧福利政策更多的是同欧美一样，借助于跨国公司和垄断企业，利用形成代差的高新技术以及金融霸权，在西方社会的军事霸权和新自由主义的经济理念渗透下，在全世界范围内对发展中国家实行经济剥削。[①] 这种福利社会运行机制本身是带有剥削和压迫性质的，其本身同社会主义下的共同富裕理念背道而驰。因而，必须要采取生产资料公有制作为基本经济制度。

（4）共同富裕兼顾生产力和生产关系两个方面的内容

共同富裕是只有在生产资料公有制基础上，以解放生产力、发展生产关系为条件才能达到的目标，包含了生产力和生产关系两方面的内容。

①更高的生产力发展是实现共同富裕的必要条件。共同富裕，顾名思义，首先就是要保证全民富裕，每个人通过辛勤劳动后都能丰衣足食。这

---

① 何干强、蔡万焕：《论公有制是共同富裕的经济基础》，《社会科学辑刊》2013 年第 2 期。

里的"富裕"并不是指代一个人拥有的财产多寡，而是指一个更高的生产力水平。因此，"富裕"理念对生产力水平的要求更高，这种更高的要求主要体现在：为了实现社会主义的根本目标，社会主义社会要在生产力的量和质的发展上超越资本主义社会。① 具体来讲，就是社会主义社会要有更高的生产力发展水平以及更高的生产力发展效率。社会主义社会是资本主义社会生产力发展到极致后转化的更高级的社会形态，其解决了资本主义社会关于社会大生产和生产资料私人所有的根本矛盾，在生产力和生产关系层面全面超越了资本主义社会。在社会主义社会，生产力和人本身都得到解放，推动技术进步的主客观因素相较于资本主义社会都更加广泛和活跃，社会主义社会技术进步会更迅速。实现共同富裕必须坚持以经济建设为中心，坚持以生产资料公有制作为基本经济制度，坚持社会主义市场经济，保证核心技术独立，优化国内创新环境，实现高质量发展。

②共同富裕包含生产力和生产关系两方面内容，更高的生产力是社会主义社会的优势，是实现共同富裕的基础条件。然而，生产力高度发达但两极分化严重并不是社会主义，社会主义是追求高水平的生产力与生产关系相适应。由于社会主义实行生产资料公有制，其分配制度由生产资料私有制的资本土地要素分配制度变为按劳动者在生产中劳动贡献份额分配制度，解决了生产社会化和生产资料私人所有的矛盾，增强了劳动者的生产积极性，极大地促进了生产力的提高。社会主义共同富裕的范围涵盖了所有的劳动人民，在社会大生产中依据对生产的贡献度进行分配。由于是按劳分配，而个人之间的劳动要素存在差异。所以，共同富裕要求的共有共享并不是平均主义的共有共享，而是允许存在有时间先后和一定差距的共有共享。此外，社会主义社会在实现了解放生产力的同时，也打破了无产者身上的枷锁，实现了人的解放，为人的全面发展创造了充足的条件。因

---

① 黄泰岩、刘宇楷：《共同富裕的理论逻辑与价值取向》，《光明日报》2021 年 9 月 14 日。

此，共同富裕实现的并非仅是物质的共享，而是从物质到精神的全面的共享，是人的全面发展。

③共同富裕是生产力和生产关系的协调统一。共同富裕兼顾生产力和生产关系两方面的内容，实现共同富裕，需要我们统筹生产力和生产关系的协调发展。共同富裕是社会主义的根本目标，其最终目的是人和社会的全面发展，而人和社会的全面发展需要生产力和生产关系相适应。实现共同富裕不能厚此薄彼，必须要实现生产力和生产关系辩证统一，在生产关系适应生产力水平、生产力促进生产关系变革的情况下谋求发展。

2. 西方经济学分配理论

对于以私有制为基本经济制度的西方社会而言，共同富裕概念并未得到其认可，也并不是其经济研究的重点方向。但是在收入分配领域，西方经济学也在资本主义框架下进行了大量研究，提出了一系列收入理论。但资本主义制度的剥削实质使大多数的西方收入分配理论在实际执行过程中多以失败告终。因此，本章着重介绍具有代表性的西方分配理论，以及现代改良资本主义的困境，进一步从侧面揭示实现共同富裕所缺乏的制度环境。

（1）涓滴经济学——美好的理论，残酷的现实

①涓滴理论溯源。"trickle down"，涓滴的英文原词可最早追溯到作家 Will Rogers 于 1932 年发表的文章。而在现代语境中，"涓滴"概念源自 20 世纪 80 年代美国总统里根为重振经济而采取的经济改革措施。20 世纪 70 年代在"第一次石油危机"期间，传统的财政和货币调整手段在面对经济滞胀问题时难以达到预期效果，西方经济学界因而产生了对凯恩斯主义的思考与批判，供给学派和货币学派等新古典经济学派走上舞台，发达资本主义国家的政府也迫切地寻求可以让经济重新焕发生机的新政策。1981年，在供给学派的建言下，里根政府出台了新的经济政策，着重通过削减政府开支来减少社会福利规模，控制货币供给从而抑制通货膨胀，大规模

削减个人以及企业所得税来促进投资，同时放开政府对企业的规章管理限制，以减少企业的生产成本。这些减税政策，以及在其背后蕴含的通过减税来让经济得到发展、让财富从富人流向穷人的思想，就是涓滴经济学的来源。

②涓滴经济学理论框架。从具体角度来看，涓滴经济学代表的是由供给学派提出的一系列经济扩张政策，强调通过减少征收个人和企业的所得税来促进资本所有者更多地去投资实体产业和公共基础设施，从而带动经济发展，创造更多的工作岗位，最终让民众获益。涓滴经济学大致遵循这样的一个逻辑：政府实行减税政策，主要面向大公司和富人群体；在减税的刺激下，资本持有者加大对公共基础设施等实体产业的投资；在充裕投资的刺激下，经济得到发展，并创造更多的就业岗位，普通工作者的收入得到提高，最终使民众在投资刺激下多方位获益。

在一个更加现代的含义中，涓滴经济学逐渐演化成了涓滴效应，其应用范围更加广泛，指代一系列通过让优先发展起来的地区利用消费和就业等方式提高低收入人群生活水平的思想理念。然而，从本质上来说，涓滴经济学和涓滴效应更多体现的是一种经济思想，而非一门有具体可行理论的经济学派。历史上，涓滴经济学的诞生伴随着强烈的政治性。[1] 从里根时代的经济政策变动到特朗普时代的减税政策都带有涓滴经济学色彩，其目的是通过削减上层资本持有者的税负，从而促进公共基础设施投资，保证民众也能借此获益。自 20 世纪 80 年代以来，美国政府一直在其经济政策中延续涓滴经济学的思路。

③涓滴经济学的破产及其背后的原因。20 世纪 80 年代，美国总统里根实施的一系列减税政策促进了美国经济的增长，但贫富差距却进一步扩大了。根据《21 世纪资本论》中的数据，1870 年电器革命后，美国社会生产力飞速提高，工人受剥削情况进一步加重，社会贫富差距扩大并于

---

① 赵隽杨：《涓滴经济学之争》，《21 世纪商业评论》2018 年第 1 期。

1910 年达到顶峰，超过 80% 的社会总资产被前 10% 人口占有。而 1950～1978 年，美国的贫富差距处于大幅缩小阶段，前 1% 最富有的人群占有社会总财富低于 30%，低收入和中产阶层的收入增长收益几乎同富人阶级一样，实际收入增长了 1 倍。1979 年后，也就是"里根经济学"开始的时代，美国的贫富差距重新扩大。1979～1992 年，前 10% 人群拥有财富开始不断增长。1992 年，美国前 1% 人群拥有社会总财富再度超过 30%，2010 年，美国前 10% 拥有私人财富达到社会占比 70%，前 1% 最富有人群拥有社会私人财富的 35%（见图 3-1）。[①]

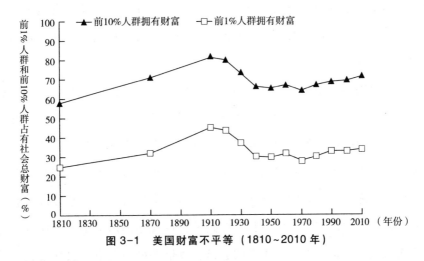

图 3-1　美国财富不平等（1810～2010 年）

数据来源：http：//piketty. pse. ens. fr/fr/capital21c。

如图 3-1 所示，从 1970 年后"第一次石油危机"的爆发，到 1980 年以后里根总统上台，新自由主义的减税政策出台，美国的贫富差距进一步扩大。虽然里根的经济政策的确让各个阶层的收入都有所增加，缓解了美国绝对贫困状况，但由于在里根执政期间，美国的贫富差距扩大趋势没有减缓，对于民众来说，其相对贫困程度更为严重。从这一点来考虑，被誉为涓滴经济学范本的"里根经济学"并没有达到涓滴理论支持者预期的目

---

① 托马斯·皮凯蒂：《21 世纪资本论》，巴曙松等译，中信出版社，2014，第 357～358 页。

标。主要原因是涓滴理论依赖于受刺激对象的投资行为，而资本投资者往往并不会按设想的那样选择投资活动。最为明显的一点，"涓滴"理论希望资本持有者能在减税后将资本投入实体产业或者公共基础设施建设，这样会给民众带来好处。但依据理性人原则，资本更有可能会被投入具有更高回报率的市场，如金融、股票以及房地产等相较于实体产业更具有诱惑力的行业，而在这些虚拟产业投资所获得的收益往往并不能使民众的生活变得更好。沃顿商学院的一项研究显示，减税效果往往在短期具有很好的作用，但在长期，强劲的经济增长势头并不能保持。降低税率带来的GDP提升并不足以弥补减税政策导致的税收减少。也就是说，减税政策更多的是一种短期刺激政策，对于持续性的经济增长来说，税负减免并不是一个足够有效的选择。

④从政治经济学角度出发看待涓滴经济理论失败的必然性。从马克思政治经济学角度出发，涓滴经济学及其一系列的西方收入分配理论，都是治标不治本的改良政策。西方社会只要维持其资本主义的社会形态，采用雇佣制这种生产关系，就必然导致资本家对劳动者自上而下的剥削，财富的不公平分配是这种剥削的必然结果。资本主义社会的经济基础以私有制为基础，私有财产神圣不可侵犯。在这种价值观念的影响下，任何改良资本主义的做法都是一次边际主义的尝试，改革者试图在下一次社会生产的分配中调整分配双方的平衡，对极富者却无任何调整手段。

综上所述，涓滴经济学在20世纪的提出有其必然性和合理性，然而涓滴理论的支持者忽视了美国去工业化的特殊现实，高度成熟和发达的金融股票市场无疑转移了资本持有者的投资方向，使涓滴经济理论中的溢出效应无法有效完成。最终，原本计划缩小贫富差距的减税政策反而极有可能扩大贫富差距。而从马克思主义政治经济学的角度出发，资本主义生产方式的剥削本质使一切收入分配改良手段在根本上都只具有延缓贫富差距扩大的作用，并不能达成真正的共同富裕。

（2）自由竞争与寻租——资本主义市场经济的内部矛盾

亚当·斯密称市场为"看不见的手"，市场以一种人类难以察觉却又充满秩序的方式，合乎逻辑地在生产者中分配资源。市场一度被认为是人类经济发展的最终形式，是充满魔力的、最完美的存在。然而，寻租行为就是在自然状态下市场内部产生同市场经济目标相悖的一种矛盾。

①寻租的概念及其危害。寻租行为，意指企业在经济生产中寻求经济租金的行为。根据平狄克的定义，经济租金可定义为厂商对某生产要素的支付超过该生产要素目前所得报酬的部分。[①] 经济租金是在利用不同市场中存在的价格之差而赚取的利润差额，寻租行为就是企业或者厂商为了寻求这种价格差额而采取的包括但不限于企业游说政府等方式，从而获得特许经营权。

寻租行为寻求的利润类似于自然垄断厂商寻求的垄断利润，其相同点是都造成了社会总剩余的损失，降低了社会效率。但就严重性而言，寻租行为所带来的后果远远大于垄断经济对于国民经济带来的伤害：自然垄断行为本质上是自由竞争下市场的自然表现，虽然会有社会总剩余的损失，但垄断行为本质上是生产活动，意味着有投入就有实质性的产出。但寻租行为是非生产性质的活动，企业需要竭尽全力将资源投入聘请人才、游说政府的活动，甚至要采用贿赂等方式，而这些活动本身却没有带来任何实质性的产出。寻租行为如果最终导致了政治性垄断，会对经济生产造成巨大的破坏。事实上，寻租行为最大的危害是非生产性质的活动没有实质性产出，将原本用于生产的资源用于获取垄断利润，造成了社会资源的完全浪费。

寻租行为本身蕴含着资本主义市场经济的两条相悖的逻辑。如果市场经济肯定个人寻求利益最大化的行为，那么合法的寻租理论就是正常合理

---

① 罗伯特·S. 平狄克、丹尼尔·L. 鲁宾菲尔德：《微观经济学》（第七版），高远、朱海洋、范子英、张弘译，中国人民大学出版社，2009，第 274 页。

的，企业的寻租行为带来了垄断利润。

②从静态博弈的角度讨论寻租行为产生的必然性。本研究用约翰·纳什的博弈理论来对这一问题进行分析，为了方便理解以及模拟，本研究采用简单不完全信息静态博弈模型进行分析。假设市场上存在两家企业 A 和企业 B，两家企业生产同质商品，企业规模相差不多，企业对于市场都有相同的信息了解。企业 A 和企业 B 为了能在竞争中获取利润，有两种选择：一种是正常的进行生产活动；另一种是利用要素产权不明晰等问题来游说政府获得特许经营权从而获得垄断利润。本研究采用序数效用来表示企业各自行为获得的效用。假设企业 A 和企业 B 都试图以寻租方式获得超额利润，如图 3-2 所示。

	企业 B	
企业 A	(a, a)	(b, c)
	(c, b)	(e, f)

图 3-2　企业 A 与企业 B 博弈过程

考虑现实情况，则会有以下关系：a>c，b<e，b<f。在这样的条件下，会有两个混合策略纳什均衡，决策人的选择概率取决于纳什均衡（a, a），(e, f) 对各自的效用。但是，只要概率不为零，那么在现实的市场经济运作中就必然会在这样的博弈中产生寻租行为，而且有可能会派生出其他层级的寻租，产生规模更大，影响更广的资源浪费。这也是资本主义市场经济本身主要的矛盾之一：资本主义市场经济的内部，本身就蕴藏着反对自身的种子。市场的自由竞争本身就建立在企业之间博弈的基础上，但是，在完全自由的状态下，人的自利本性会驱使他们在考虑隐性成本和对手反应的情况下采用诸如寻租等更加多元但反市场规则的行为，这些行为同样

会引起来自竞争对手的反制，最终会降低社会效率，加重市场的混乱程度，影响正常的社会生产。这也意味着，对于资本主义市场经济来说，企业的正常竞争和寻租之间存在博弈，这样的博弈是市场的正常行为，但是它最终会引起社会总效率的降低，进而影响社会总收入。因此，资本主义市场经济中的寻租逻辑并不利于缩小贫富差距。

③经济增长同生产分配的矛盾。寻租行为是资本主义市场经济中的无效经济行为，寻租行为发生时，并没有实质性的社会生产发生，反而因为企业和管理者需要花费精力和资源去处理寻租带来的一系列衍生活动，导致更多的资源浪费。资本主义的市场经济在技术大发展、生产力跃进的同时，自动匹配了供给与需求，最高效率地保证了生产资料的分配。但同时，资本主义市场经济以生产资料私有制为基础，这就决定了生产资料的所有者不仅在最后的产品分配时占有绝对地位，同时在日常的生产中也起到决定作用。正是因为对企业的生产决策拥有绝对的控制权，生产资料所有者就拥有了实行寻租行为的资源。从博弈的角度分析，在符合寻租条件和寻租能力的情况下，生产资料所有者必定会选择寻租的行为，这既加重了市场上的分配不平等情况，同时由于寻租行为的市场无效性，反过来又对正常的工业生产起到了抑制作用，使得经济增长和生产分配都受到了影响。

综上所述，资本主义市场经济似乎是一种同社会化大生产相结合的高效的资源分配模式。然而，生产资料私有制的存在，使得在正常的生产环节中必然产生寻租行为，在破坏了产品分配、加剧了社会不平等的同时，又严重影响了社会的生产效率。寻租行为的产生机理意味着资本主义市场经济是极为矛盾的，它既存在促进经济发展和资源合理分配的积极因素，同时又存在阻抑经济规模扩大和生产公平分配的消极因素。

3. 资本主义经济调控的高昂代价

凯恩斯主义主张的经济调控理论弥补了西方经济学中关于经济干涉

有效性问题的缺失。二战后 30 年中，欧美发达资本主义国家以强有力的政府干涉为特征的国家垄断资本主义经济模式，带来了一个繁荣的经济上升期。然而，20 世纪 70 年代以后，凯恩斯的经济调控政策失灵，虽然新自由主义经济理论为凯恩斯主义的不足之处找到了一些新的解释，但从 20 世纪 90 年代末日本扩张经济政策的无效等情况来看，资本主义的经济调控政策的弊病不断显现，维持一个较好经济前景的代价越来越"高昂"。

（1）实行扩张财政政策引发的政府严重财政赤字

对国民经济采取财政政策加以干涉使得经济收入达到目标状态是凯恩斯主义的重要结论，也是现在各国政府普遍运用的经济手段。在尊重市场规律、维护市场秩序的前提下，政府作为市场的参与者参与市场活动，执行政府购买政策，同时在企业和个人层面实行税收减免，加大政府对企业和个人的转移支付，最终促进总需求增长。

实行扩张性财政政策需要以政府的收入作为基础。针对国民和企业收取的税收是政府最重要的收入来源，除此之外，还有国营资本的营利性收入、针对大型行政事业收取的费用等。采用扩张性财政政策，本质上是增加政府支出，财政赤字就是政府的年度财政支出大于其财政收入的结果，是短期内拉动国民经济内需、激发国民经济活力的必要措施，但如果长期维持财政赤字的状况，将会对国民经济更为不利。

一是长期维持财政赤字，会导致政府信用受损。一旦政府财政收支情况发生异常，政府就会想办法寻求其他方式来缓解财政压力。其中，比较普遍的一种方式是政府在市场上出售国债，以国家的信用作为担保出售金融债券进行融资，缓解资金压力。相比企业债券，国债具有更低的收益率，但由于国债的发行主体为国家，所以国债有国家信用做担保，为国债持有者提供最稳定的收益保障。在短期财政赤字情况下，政府发行债券可以缓解财政紧张，政府短期负债的信用损失并不明显，债券持有者以及普通国民依然对国家信用抱有极大的信心。然而，如果财政赤字长期存在，政府为了弥补收不抵支带来的巨大亏空，采取大量持续性发行国债的方式，将会严重损害政府信用。如果政府长时间无法弥补负债，更将会爆发财政危机，国家的正常运行将难以为继。若出现发行政府债券也无法弥补的巨大财政赤字，政府可能会采用通过中央银行增发货币的方式，也就是通过财政赤字货币化来弥补债务，这很可能会引发严重的通货膨胀。

二是长期财政赤字导致财政赤字货币化，有可能会引发严重通货膨胀。财政赤字货币化是政府为了减少政府负债而采用的一种政策，由政府直接作为债券购买者购买政府债券，其资金来源于中央银行增发的货币，其政策行为实质上增加了市场的货币流通量。短期内，由于财政赤字往往伴随着扩张性财政政策的使用，所以即便采取了财政赤字货币化政策，新增的实际货币供给也会被激发活力的社会总需求消化。但一般来说，短期内的财政赤字往往优先采用政府债券融资的方式，财政赤字货币化政策往往针对处于长期的、难以消化的财政赤字情况。此时，增印货币带来了基础货币量的增加，却并没有与之匹配的社会总需求水平，其后果就是出现严重通货膨胀，同时还会出现政府信用的崩塌，如津巴布韦，整个国家的货币和金融体系彻底坍塌。

（2）西方传统财政政策实际效果负面影响——以 20 世纪 90 年代日本经济危机为例

20 世纪 70 年代发生的第一次石油危机表明，凯恩斯主义精准而有效的调控模式走到了尽头。虽然在 20 世纪 70 年代后，一些国家依然会采纳凯恩斯主义理论来调整经济，凯恩斯主义理论依然对经济有一定的影响，但制定更加符合国情、具有精准效用的经济政策，需要更加准确详尽的数据，实行政策的成本越来越大，政策实际效果产生的负面影响也越来越凸显。

20 世纪 90 年代，由于房地产泡沫崩塌，日本经济严重衰退，爆发了一场持续将近十年的经济危机，极大地影响了日本的经济格局。面对这场严重的经济衰退，日本政府出台了多项扩张性政策试图刺激经济，但是效果并不理想。

为了能重新刺激经济活力，1992～1995 年日本政府出台了六轮经济扩张政策以促进公共投资增加。从规模上看，公共投资比重在这六轮经济对策中达到了 73.6%，1992～1995 年公共投资实际增速分别为 14.3%、12.9%、1.3%、0.7%。对公共投资的财政政策为缓解经济负增长起到了一定的作用，1992～1994 年公共投资带来的收入增长分别占当年日本经济增长的 0.9%、0.9%、0.1%，扣除公共投资带来的经济增长，当年的实际经济增长速度分别为 0.1%、-0.7%、1.0%。不过，考虑到实行财政政策后的经济增速依然呈现增速度长疲乏的局面，日本的扩张性财政政策依然没有达到预期的拉动经济活力的效果。

20 世纪 90 年代初，日本扩张性财政政策失效的原因主要有以下三点。一是长期使用扩张性财政政策使财政政策调控能力下降。由于长期使用扩张性财政政策，日本政府持有巨大的财政赤字比重，1994 年达到 3.8%，2002 年一度达到 7.9%①，为了弥补巨大的财政缺口，日本政府发行大量国债，使债务持有率常年处于较高水平，1992～1995 年从 66.64% 上升到 92.53%，在 20 世纪 90 年代末亚洲金融危机和 2008 年金融危机的影响下更是一路飙升至 2008 年的 180.72%②。1991～2000 年日本国债费率基本保持在 20% 以上，在种种因素影响下，日本形成了财政赤字刚性的局面，过度依赖国债弥补赤字的策略使日本将大量资金用于还债，用于刺激总需求的资金有限，财政宏观调控能力也因而有限。二是扩张性财政政策大量投资于公共基础设施，而公共基础设施由于较小的产业链和经济关联性，无法提供较大的财政政策乘数，政策效果不明显。③ 此外，日本政府采用了长达 40 年的公共投资增加政策，使得公共投资边际效应过小，到 20 世纪 90 年代，大量的公共投资产生的边际收益不足以支撑经济复苏。三是

---

① 日本：日本政府预算赤字，https://countryeconomy.com/deficit/japan，2002 年。

② 日本：日本国债，https://countryeconomy.com/national-debt/japan，2008 年。

③ 王艳辉：《日本扩张性财政政策失效原因探析》，《财政研究》2009 年第 10 期。

企业投资战略保守化。在 20 世纪 90 年代经济大衰退之前，日本国内股票和房地产等行业的"高杠杆"形成的虚假繁荣极大地推动了投机需求。经济危机爆发后，企业过度投机背负的债务数额庞大，即便进入正常营业状态，也仍需将大量利润用于偿还债务。在这种情况下，日本企业的投资行为进入保守阶段，日本政府的公共投资扩大政策无法拉动企业进行更多投资。

日本的经济衰退的原因，一方面，多次使用扩张性财政政策造成了严重财政赤字的局面，大大降低了日本政府的财政政策使用能力；另一方面，由于持续性的公共投资增加，在公共投资方面继续加大财政投入已经没有太多效用。日本经济大衰退本身是因为股票、土地投机泡沫的崩塌，但日本政府也因过度使用财政政策的行为在大衰退中付出了巨大的代价。

综上所述，资本主义经济调控政策在现代经济危机中变得越来越难发挥作用。随着各国经济构成和市场的复杂化，政府像以前那样滥用财政政策、常年保持财政赤字的方法，所引发的负面影响也越来越大。凯恩斯主义并无法掩盖资本主义的根本性矛盾，当改良主义对现代资本主义的边际效用越来越小时，经济调控政策的恶果被彻底释放出来了。

二　共同富裕的历史逻辑

中国共产党的百年历史可以划分为四个历史时期：1921 年 7 月至 1949 年 10 月新民主主义革命时期，以工农联盟为基础，带领人民推翻"三座大山"；1949 年 10 月至 1978 年 12 月，社会主义革命和建设时期，以农业组织化为重点，推动农业生产力发展生产关系变革；1978 年 12 月至 2012 年 11 月，改革开放和社会主义现代化建设新时期，以改革为动力，激发"三农"发展活力；2012 年 11 月至今，中国特色社会主义新时代，以农业农村现代化建设为目标，实现乡村全面振兴。① 伟大的建党与发展过程，归结起来是共同富裕的点滴探索与步步推动过程。中国共产党百年奋进历程历经的四个重要时期，也代表着中国共产党的共同富裕实践之路经历的四个重要递进阶段。从新民主主义革命时期到社会主义革命和建设时期，到改革开放和社会主义现代化建设时期，再到走进新时代中国特色社会主义时期，中国共产党矢志不渝地探索着共同富裕之路，并取得了阶段性成就。因此，探析中国共产党推进共同富裕的百年历程，对于守住不发生规模性返贫底线、扎实推进共同富裕取得实质性进展、加快实现中国式现代化具有重大意义。

1. 新民主主义革命时期：思想萌芽阶段

俄国的十月革命使马克思列宁主义传遍世界，也为中国人民追求的共同富裕目标提供了理论支撑。在汲取马克思主义理论精华的基础上，具有中国特色的共同富裕思想开始萌发。在这一时期，中国共产党面临较为复杂的战争局势，所以没有进行较为系统的改革来促进共同富裕。但是，中国共产党深刻地认识到了中国的贫富状况，并通过土地革命积累了宝贵经验，为中国计划经济体制的形成与探索共同富裕奠定了良好的理论与实践基础。

（1）解决土地问题，实现耕者有其田

新民主主义革命时期的中国处在半殖民地半封建社会，"三座大山"将中国人民压得喘不过气来。在救亡图存的斗争中，一些朴素的共同主义思想被提出。如"恍然于贫富之度过差，决非社会之福"②，"社会主义不是使人净富或皆贫，而是使生产、消费、分配适合的发展"③。因此，"共

---

① 彭玮、龚俊梅：《百年大党"三农"工作重心转移与政策变迁》，《学习与实践》2021年第12期。
② 《陈独秀文集》第一卷，人民出版社，2013，第9页。
③ 《李大钊全集》第四卷，人民出版社，2013，第246页。

同富裕"被中国共产党作为一项重要的革命任务。在半殖民地半封建社会，地主土地所有制占主导地位，土地等生产资料占有极不平均[①]，无地、少地农民挣扎在贫困的泥潭中，最基本的温饱问题都难以解决。毛泽东在考察湖南农民运动以后，深刻意识到了解决土地问题的急迫性，"打土豪、分田地"成为实现全体人民共同富裕的重要手段。1928 年 12 月，我国历史上第一个土地法——《井冈山土地法》，以法律的形式保障了农民分得和使用土地的神圣权利，改变了几千年来土地与农户的关系。广大农民群众得到土地后，积极从事农业生产活动，农村生产力得到了解放，农民的生活得到了改善，革命力量也迅速壮大。

（2）开展大生产运动，实现自给自足

抗日战争进入战略相持阶段后，日本侵略者对革命根据地反复扫荡，实行了残酷的"三光"政策，国民党顽固派又掀起了反共高潮，加之华北地区连年的自然灾害，革命根据地人民面临严重的经济困难。面对国民党严重的经济封锁，中国共产党提出"发展经济，保障供给"的口号，解放军积极开展大规模的生产运动，保障军队供给，减轻人民负担，改善了解放区的经济状况。[②] 1941 年，党中央再次强调必须走"自产自救"的道路，逐步带领解放区人民依靠自身力量摆脱贫困。同年，八路军三五九旅自力更生、艰苦奋斗，对南泥湾进行军垦屯田，使昔日荒凉的南泥湾变成"陕北的好江南"。在开展大生产运动后，陕北宁边区和敌后抗日根据地的农业生产得到了恢复和发展，群众生活质量得到了改善，成为新中国成立前党带领人民进行反贫困斗争的成功范例，是把马克思主义共同富裕观付诸实践的伟大尝试。

2. 社会主义革命和建设时期：初步探索阶段

新中国的成立使中国人民成功摆脱了半殖民地半封建社会，社会主义

---

① 杜润生：《中国的土地改革》，当代中国出版社，1996，第 4 页。
② 逄先知：《毛泽东年谱（1893—1949）》中卷，中央文献出版社，2005，第 110 页。

的基本制度得以完全确立，这是几千年中华民族历史上最浓墨重彩的一笔。然而，刚刚成立的新中国，几乎一穷二白，"人口多、底子薄"。彻底消灭私有制，巩固完善社会主义根本制度，恢复生产，发展社会主义经济，改变贫穷与落后的面貌，是社会主义革命与建设时期的社会主旋律。但是在这一时期，由于对共同富裕的理解存在一定的误区，如将平均分配当作按劳分配，加之对中国经济发展状况缺乏清醒的认识，经济生产在很长一段时间内陷入了低效率发展。

（1）完成土地改革，恢复和发展农业生产

新中国成立后，随着解放区不断扩大，土地改革的范围开始从老区向半老区、新区扩大。保护来之不易的土地改革成果，就需要不断拓宽与深化土地改革。[①] 1949 年 9 月，《共同纲领》明确规定：凡已实行土地改革地区，必须保护农民已得土地的所有权。[②] 与此同时，在新解放区实行土地制度改革成为恢复和发展农业生产的"三农"重点工作之一。1950 年 6 月，中央人民政府公布《中华人民共和国土地改革法》，提出要限制没收地主财产，分给无地或少地的农民。同时要保存富农经济，保护中农土地，以减少土地改革阻力。1953 年底，除了中央决定暂不进行土地改革的若干少数民族地区外，全国大陆的土地改革已全部完成。包括老解放区在内，全国约 3 亿无地、少地的农民无偿获得约 7 亿亩土地，免除了过去每年向地主交纳的 3000 万吨以上粮食的地租，还分得耕畜 297 万头，农具 3954 万件，房屋 3807 万间，粮食 5.25 亿公斤。[③] 1954 年，《中华人民共和国宪法》规定："国家依照法律保护农民的土地所有权和其他生产资料所有权。"至此，广大农民的生命财产权利受到宪法保护，物质生活得到

---

① 高中华：《耕者有其田：中国土地改革及深远影响》，《中国政党干部论坛》2021 年第 5 期。

② 中共中央文献研究室：《建国以来重要文献选编》第一册，中央文献出版社，2011，第 7 页。

③ 颜杰峰：《新中国建立初期的土改运动再评说》，《党史文汇》2012 年第 7 期。

了一定的保障，为实现共同富裕打下了基础。

（2）实施"以农支工"战略，为国家工业化提供原始积累

在新中国成立初期，经济基础弱、外部环境差、发展水平较低，为了进一步获得民族独立和经济发展，国家开始规划国民经济发展五年计划，有目标地推进工业计划，逐步完成工业积累，为新中国的工业化开辟了道路。一般而言，工业化积累的途径有两种：一是自我积累，主要从农业部门中获得生产剩余，形成工业化的最初动力；二是外在积累，主要指在本国之外取得工业化的资金，如通过野蛮的掠夺。[①] 基于本国国情与现状，中国只能通过发展农业，为国家的工业化提供资金、劳动力等生产要素的原始积累。在"以农支工"战略的引导下，我国迅速积累了大量保障工业化顺利进行的资金，并初步建成了工业化体系，保障了国家安全和民族独立，提高了居民的生活质量，为实现共同富裕创造了一定的物质条件。但是，在工业化的过程中，"农业服从工业，农村依附城市"的发展局面逐步显现。

（3）改造小农经济，推动农业生产合作化

土地改革后，通过"耕者有其田"政策分到土地的农民的生活水平并没有发生根本性变化，仅仅是维持最低生活标准，农业生产靠天吃饭的情况仍威胁着大多数农民生活稳定。此外，小农经济自发发展的结果必然是资本主义化。同时，我国农业生产经营模式以小农经济为主，生产效率低下是推进国家工业化首先面临的问题。马克思主义认为，发展农业合作经济是破解小农经济生产效率低下的正确道路选择。因此，为了将分散的个人生产资料集中起来，防止土地等生产资料私有制带来的两极分化，消除贫困差距，党中央决定通过发展农业生产合作社来改造小农经济，大力发展集体经济。1953 年，中共中央发布的《关于农业生产合作社决议》提出

[①] 任路：《新中国成立以来工农城乡关系的变迁》，《西北农林科技大学学报》（社会科学版）2019 年第 6 期。

"使农民能够逐步完全摆脱贫困的状况而取得共同富裕和普遍繁荣的生活"①，这是党中央在文件中首次涉及"共同富裕"的概念。1956 年，社会主义制度在我国基本确立，为实现共同富裕提供了制度条件。但在农业生产合作化后期，人民公社化运动片面地强调"一大二公"，力图尽快实现人民生活富裕的目标，忽略了经济发展的规律。同时，"共同富裕"中的"共同"被理解为"平均"，而体现"平均"的"大锅饭"实际上是"共同落后、共同贫穷"，严重影响生产力的发展和经济的提高，阻碍了社会主义制度的生机和活力。

3. 改革开放和社会主义现代化建设时期：创新发展阶段

1978 年，党的十一届三中全会胜利召开，提出了"中国正处于并将长期处于社会主义初级阶段"这一历史论断，共同富裕的理论和实践探索进入新的发展阶段。1984 年 10 月，党的十二届三中全会明确指出，"如果把共同富裕理解为完全平均和同步富裕，不但做不到，而且势必导致共同贫穷。只有允许和鼓励一部分地区、一部分企业和一部分人依靠勤奋劳动先富起来，才能对大多数人产生强烈的吸引和鼓舞作用，并带动越来越多的人一浪接一浪地走向富裕"。会议通过的《中共中央关于经济体制改革的决定》，构建了"共同富裕"的基本框架，明确了"先富带动后富，最终走向共同富裕"的发展方向。

（1）先富带动后富实现共富

市场可以提高初次分配中资源配置效率，但对市场化过程中的收入差距问题无解，这意味着再次分配需要政府干预和调节。为了促进生产力的发展，改革开放后，在国家力量的干预下，我国实行了非均衡发展战略，即允许一部分人、一部分地区先富裕起来，为在经济相对落后的情况下尽快实现共同富裕提供了可行的路径。但是行为经济学理论指出，先富群体

---

① 《毛泽东文集》第六卷，人民出版社，1999，第 442 页。

存在损失厌恶，不愿意放弃自身利益而促进社会整体利益，导致帕累托改进无法推进。这意味着我国非均衡发展战略的后半部分展望难以实现，财富的聚集效应明显，收入差距将进一步拉大。① 在这种情况下，就应该发挥政府在先富带动后富方面发挥引导作用，克服禀赋效应与自我控制弱点带来的障碍。先富带动后富主要有示范效应、慈善行动、对口支援以及能人带动四种具体机制。② 其中，"示范效应"指由于人与人之间具有攀比的特点，从而导致先富群体对后富群体具有较强的示范带领作用；"慈善行动"指通过发挥第三次收入分配的作用，均衡财富分配，弱化两极分化；"对口支援"指通过先富地区与落后地区结对帮扶，使得落后地区实现较快地发展；"能人带动"指鼓励具有集体主义观念的优秀人才带领集体村民共同富裕。

（2）公有制为主体、多种所有制经济共同发展的所有制结构

社会主义是实现共同富裕的制度保障，而公有制占主体是我们所必须坚持的社会主义的根本原则。③ 走社会主义道路，首先要解决的问题是社会主义生产力水平落后。只有以社会生产力的发展为条件，将社会生产力推进到一个新的高度以后，才能为共同富提供物质条件。"市场"也是一种发展经济的有效手段，但人们通常将"市场经济"视为"资本主义"的本质特征。然而，社会主义经济中也是可以存在非公有制的经济成分，我们不应该将"市场"视为判定社会制度的标准。邓小平指出，社会主义与资本主义的区别不是实行计划经济还是市场经济，社会主义也可以搞市场经济，社会主义的市场经济能够促进生产力的发展。④ 在探索实现共同富裕的过程中，我国在理论层面有力地反驳了社会主义不能发展市场经济的

---

① 薛宝贵、何炼成：《先富带动后富实现共同富裕的挑战与实现路径》，《马克思主义与现实》2018 年第 2 期。

② 薛宝贵：《共同富裕的理论依据、溢出效应及实现机制研究》，《科学社会主义》2020 年第 6 期。

③ 《邓小平文选》第三卷，人民出版社，1993，第 111 页。

④ 《邓小平文选》第三卷，人民出版社，1993，第 384 页。

论断，在实践层面走出了一条社会主义制度与市场经济共同发展的中国特色社会主义经济发展道路，充分发挥了社会主义制度的优势，为促进共同富裕奠定制度基础。

（3）按劳分配为主体、多种分配方式并存的分配制度

建立社会主义制度，最为根本的是要将资本主义私有制转变为社会主义公有制，将以资本为主体的分配制度转变为按劳分配为主体的分配制度，使以资本为中心的发展方式让位于以人民为中心的发展模式。[①] 从本质上看，按劳分配是社会主义经济制度的一个基本特征，贯彻按劳分配原则，在生产发展的基础上引导人民走上共同富裕的道路，是社会主义的根本任务。"不讲多劳多得，不重视物质利益，对少数分子可以，对广大群众不行，一段时间可以，长期不行"[②]，而应该利用物质利益刺激劳动者的生产积极性，要注重按劳分配在共同富裕中的重要作用。在此基础上，财富拥有量与劳动量的多少直接挂钩，即工人多劳动，他能够获取的财富就越多。在这种制度下，劳动人民既可以通过售卖劳动力赚取工资，也可以通过支配劳动资料获取生活资料，推动劳动以一种更灵活的方式存在，进而实现物质财富的巨大增长，人民的生活水平也随之提高。

（4）促进效率与公平有机统一

在社会主义市场经济制度下，随着经济总量不断增加，经济效率逐步提高，社会公平问题则逐步上升为突出的问题。[③] 居民之间的收入差距过大，也会导致效率下降，甚至可能影响社会的稳定。因此，在经济发展过程中，不能一味地追求效率而忽视公平。21 世纪初期，面对中国基尼系数超过国际警戒线的严峻状况，党的十四届三中全会第一次提出了"效率优先、兼顾公平"的原则，强调打破人民公社时期的平均主义，真正贯彻按

[①] 高海波：《消除贫困和促进共同富裕的中国智慧——基于〈资本论〉反贫困理论的经济哲学解读》，《大连理工大学学报》（社会科学版）2022 年第 1 期。

[②] 《邓小平文选》第三卷，人民出版社，1993，第 14 页。

[③] 刘国光：《进一步重视社会公平问题》，《经济学动态》2005 年第 4 期。

劳分配。面对市场经济中不可避免地产生的收入差距，我国强调"要把调节个人收入分配、防止两极分化，作为全局性的大事来抓"①，即反对平均主义的同时防止两极分化，努力形成"橄榄型"收入分配格局，让全体人民共享经济繁荣的成果。针对我国居民收入差距不断拉大的问题，党的十六大报告提出"初次分配注重效率、再次分配注重公平"，党的十七大报告进一步强调了这一问题。归根结底，以共同富裕为导向的发展是效率与公平的有机统一。

4. 新时代中国特色社会主义时期：延续升华阶段

共同富裕是社会主义的本质要求，也是中国共产党的奋斗理想，更是广大人民群众的热切期盼。共同富裕要尽力而为，要全心全意、不遗余力。实现共同富裕的实践路径是什么？这是一个很难回答的理论问题、现实问题。习近平总书记指出："将扎实推进共同富裕作为'十四五'时期的重大任务，既是为了进一步解决人民日益增长的美好生活需要和不平衡不充分的发展之间的矛盾，也是为了不断推进中国特色社会主义向更高阶段迈进。"② 由此可见，党中央进一步明确了共同富裕的目标与实现路径，彰显了中国共产党实现共同富裕的决心与智慧。

（1）坚持公有制经济主体地位不动摇

公有制经济是保障共同富裕的基本经济制度。生产资料私有制必然会造成贫富差距悬殊、两极分化的不良局面。公有制克服了生产资料私有化导致收入差距拉大的缺陷，在促进社会生产力发展的同时，让改革发展的经济红利惠及更多的人民群众。在以公有制经济为主体的基础上，要坚持贯彻按劳分配原则，保障生产资料的公平分配，从而带领全体人民走向共同富裕。

---

① 《江泽民文选》第一卷，人民出版社，2006，第48页。

② 习近平：《在省部级主要领导干部学习贯彻党的十八届五中全会精神专题研讨班上的讲话》，《人民日报》2016年1月18日。

　　党的十八大以来，以习近平同志为核心的党中央多次强调不管遇到什么困难，都应坚定不移地维护与发展公有制经济。其中，坚持公有制经济的主体地位，对于缩小贫富差距、实现和维持社会公平、为经济稳定发展营造稳定的外部环境有重大意义。非公有制经济为我国高新技术发展、增加就业岗位、激发市场活力起到推动作用，是经济发展的内驱动力。公有制经济与非公有制经济相辅相成，相得益彰。

　　（2）深化供给侧结构性改革

　　党的十九大报告指出"我国经济已由高速增长阶段转向高质量发展阶段"。相对于高速增长重视总量问题，高质量发展更加重视解决结构问题。从高质量发展的目的及内涵来看，推动共同富裕是高质量发展的内在要求。我们所要实现的"共同富裕"，是满足人民群众日益多元化、多样化和多层次的物质与精神层面需求的共同富裕。自我国经济发展步入新常态以来，结构性供求失衡等问题较为突出。比如，中低端产能供给过多与高端供给不足并存。因此，要助力我国实体经济实现提质增效的发展，最终实现共同富裕，就必然要深化供给侧结构性改革。党的十九大以来，党中央提出必须转变经济发展思路，坚持质量第一、效益优先，以供给侧结构性改革为主线，加强技术创新，提升财富创造能力，通过促进经济高质量、可持续发展来夯实共同富裕的基石。

　　（3）推动农地"三权分置"改革

　　"土地者，民之本也。"农地问题是"三农"问题的核心，其明晰的权利体系与有效的实施规则是农民积累财富最重要的制度安排。[①] 党的十八届三中全会对农地制度改革进行了总体部署，更注重农地产权经济属性和农地资源市场配置的"三权分置"，在多地长期试点后进入中央政策的视野。2014 年，《关于引导土地经营权有序流转发展农业适度规模经营的意

---

① 刘守英、熊雪锋：《产权与管制——中国宅基地制度演进与改革》，《中国经济问题》2019 年第 6 期。

见》提出"实现所有权、承包权、经营权三权分置""坚持农村土地集体所有权，稳定农户承包权，放活土地经营权"。2018 年，《中华人民共和国农村土地承包法》规定，农民承包土地后，享有土地承包经营权，可以自己经营，也可以将承包地的土地经营权流转由他人经营，自己保留土地承包权。农民依法自愿有偿流转土地经营权的行为及土地经营权人的合法权益受法律保护，任何组织和个人不得侵犯。至此，"三权分置"在制度层面得以正式确立。2021 年，《中华人民共和国民法典》规定，土地承包经营权人可以自主决定依法采取出租、入股或者其他方式向他人流转土地经营权，土地经营权人有权在合同约定的期限内占有农村土地，自主开展农业生产经营并取得收益。

从"两权分离"到"三权分置"的农地制度实现了从实践到立法的跨越，更新的农村地权模式、重塑的农地物权体系必将对农村集体权利保障、农民个体权利保护及集约式规模化的高效农业发展产生深远影响，也能够为共同富裕的实现提供有益的制度支撑。

（4）实施乡村振兴战略

党的十八大以来，以习近平同志为核心的党中央进一步明确了共同富裕的目标与实现路径，彰显了党实现共同富裕的决心。2017 年 10 月，党的十九大首次创新性地提出实施"乡村振兴战略"，并以"产业兴旺、生态宜居、乡风文明、治理有效、生活富裕"二十字高度概括乡村振兴的总要求，为从根本上缓解我国城乡发展不平衡问题，扎实推进共同富裕建设提供了行动纲领。国家统计局数据显示，2021 年我国城乡收入比仍高达 2.5[1]，虽然近年来城乡差距在不断缩小，但在全球范围内仍然是较高的。在这样的城乡二元体系中，缩小城乡差距将对未来实现共同富裕起着重要的决定作用。2018 年，《乡村振兴战略规划（2018—2022 年）》明确指

---

[1] 《居民收入水平较快增长 生活质量取得显著提高——党的十八大以来经济社会发展成就系列报告之十九》，国家统计局，2022 年 10 月 11 日。

出，到 2035 年，乡村振兴要取得决定性进展，农业农村现代化要基本实现；到 2050 年，乡村要全面振兴，农业强、农村美、农民富全面实现。从《乡村振兴战略规划（2018—2022 年）》中能够看出，两阶段政策目标刚好对应了党的十九大报告提出实现共同富裕分"两步走"的远景目标，可见乡村振兴和共同富裕的政策内涵是统一的。党的十九届五中全会首次提出要把全体人民共同富裕取得更为明显的实质性进展作为远景目标。全面建成小康社会之后，实施乡村振兴战略为推进农业农村与国家同步实现现代化和走向共同富裕奠定了坚实基础。

三　共同富裕的实践路径

1. 推进以市场决定资源配置为核心的要素市场化改革

要素市场是社会主义市场经济的重要组成，是现代化经济运行的基础，更是经济高质量发展的关键。1992 年，我国正式确认了社会主义市场经济是社会主义经济制度的重要组成部分，党的十八大明确市场对资源配置起决定性作用，这意味着要素市场化改革对社会主义市场经济尤为重要。2021 年，国务院办公厅印发了《要素市场化配置综合改革试点总体方案》（以下简称《方案》），《方案》要求各地政府要积极推动要素合理有序流动，提高要素配置效率，破除阻碍要素自主流动的行政干预或市场壁垒，为推动社会经济高质量发展注入强劲动力。

优化全社会生产要素配置、畅通要素流通渠道是要素市场化改革的核心，推进要素市场化改革是促进经济高质量发展、推动共同富裕的体制基础。改革开放以来，我国经济以市场化改革为导向，充分挖掘经济增长活力，充分发挥市场在资源配置中的决定性作用，要素市场格局初步形成。理论上，要素市场化的目标是要素价格由市场决定，要素流通自主有序，要素配置高效公平。然而实际情况是当前我国土地、劳动力、资本、技术、数据等市场发展较为滞后，阻碍要素自由流通的限制较多，导致市场决定资源配置的体制机制不能正常发挥作用，要素配置效率低下。虽然在关键领域中国的商品市场大部分已实现开放，但是要素市场化配置相对滞后。要素市场在不完善的情况下，要素资源得不到有效的配置，也就不能带来公平的报酬，从而导致在初次分配中造成收入差距，产生社会不公平的问题。因此，研究要素市场机制现存的缺陷和不足，从宏观和微观层面完善要素市场化改革，对经济高质量发展、扎实推动共同富裕有重大意义。

（1）宏观层面：推进要素市场化配置改革

中国特色社会主义市场经济在制度上为要素合理流动提供保障，但阻碍我国要素高效合理流动的各种壁垒仍然存在。因此，从宏观层面引导我国要素向自主有序流动、价格市场决定、配置高效公平等方向改革，可从以下三个方面入手。

①有序引导和促进产业转移。产业在转移升级的过程中通常伴随着要素的流动，要素的自主有序流动带来生产效率的提高，从而促进产业转移升级。一般来说，在没有行业壁垒的情况下，要素会向生产效率最高的部门聚集，直到各部门之间生产效率趋同，要素流动就会达到相对静止状态。① 各部门生产效率的差异，是要素流动的动力之源。除此之外，实现要素的自由流动还需具备其他条件，一是要盘活要素，加大要素市场化力度，减少流通壁垒，避免各种条件的约束，实现要素自由流动；二是提供要素流通的路径，这些路径为要素流动提供了通道和方向。② 通过产业转移，可以畅通要素流通渠道，引导要素流通方向，打破区域间发展壁垒，提高要素利用率。

---

① 陈磊、胡立君、何芳：《长江经济带发展战略对产业集聚的影响》，《中南财经政法大学学报》2021 年第 1 期。

② 王曙光、郭凯：《要素配置市场化与双循环新发展格局——打破区域壁垒和行业壁垒的体制创》，《西部论坛》2021 年第 1 期。

立足于双循环新发展格局，产业转移能有效缓解我国当前中西部发展不平衡不充分的问题。长期以来，我国中西部地区开放程度和市场活跃度均低于东部沿海地区，东部地区的资本与技术相对充裕，但劳动力相对稀缺，中西部地区则相反。在中美贸易摩擦和疫情叠加的背景下，居民消费需求下滑，严重影响我国东部沿海地区出口产业，因此开发中西部地区承接东部产业转移，对挖掘内需潜力、健全国内产业链体系、保障国内经济安全尤为重要。

②消除行业垄断实现全行业均衡发展。行业垄断会产生排他性和非竞争性的负面效果，影响同行业中小企业发展，对上下游企业形成压制，导致要素流通不畅、价格扭曲，阻碍行业创新。要素市场化配置能够突破行业壁垒，消除要素在全行业流通障碍，推动全行业均衡发展，提高资源利用率。垄断行业的要素市场化配置主要是消除要素垄断和改革双轨化价格机制。

当前，所有制结构不同的部门存在不同程度的要素配置扭曲。国有企业相较于非国有企业来说更容易获得政府补贴、融资贷款以及劳动力青睐，但非国有企业的单位资本和单位劳动产出却较高，与国有企业相比具有更高的生产效率。[①] 这就导致资本、劳动力以及土地要素在国有企业和非国有企业之间脱离市场机制，存在价格双轨制问题，表现在：劳动力市场有无编制，土地市场同地不同价不同权以及资本市场贷款难易程度区分。两部门之间存在的体制壁垒导致要素配置扭曲抑制经济发展活力，影响了要素的生产效率。因此，解决部门垄断必须要消除两部门之间行业进入壁垒、降低市场准入门槛，让市场决定要素流向和价格，促进全行业均衡发展。

除此之外，互联网平台垄断问题严重，导致生产要素配置扭曲，对行

---

① 陈诗一、刘文杰：《要素市场化配置与经济高质量发展》，《财经问题研究》2021 年第 9 期。

业竞争效率、国民收入分配产生了明显的影响。政府部门应持续加强对互联网行业垄断行为的监管力度，维护平台经济领域公平竞争，引导和激励平台经营者将更多资源用于技术革新、质量改进、服务提升和模式创新。通过破除平台垄断，形成公平竞争的市场环境，从而提高资源配置效率，最终实现共同富裕。

③积极推进全国统一大市场的建立。建立全国统一大市场是为了促进商品要素资源在更大范围内畅通流动，打破地方保护和市场分割。通过加强市场监督监管，消除显性的制度障碍和隐性的人为障碍，构建统一开放、竞争有序的现代市场经济体系。推进全国统一大市场建设，一方面坚定不移推进全国统一要素市场建立；另一方面要落实公平审查制度，消除区域、城乡之间要素流通壁垒，降低交易成本，推进产业数字化转型升级，营造稳定公平透明可预期的营商环境。

打造统一要素市场是全国统一大市场的核心。我国要素市场还面临整体发展不均衡、地区发展差异较大以及市场化程度偏低等问题。因此，建立统一要素市场对稳定经济发展有重大意义。2022年3月，《关于加快建设全国统一大市场的意见》（下面简称《意见》）指出，除了传统的五大要素（劳动、土地、资本、技术和数据）外，创造性地增加了建设全国统一的能源市场和培育发展全国统一的生态环境市场。在保障能源供应和积极发展新能源的背景下，加快推进能源市场统一，建设全国统一的碳排放权、用水权交易市场，提高能源生产效率，促进绿色生产和绿色消费，完成碳达峰碳中和目标任务。

加强市场监督监管、落实公平审查原则是建立全国统一大市场的制度保障。市场决定资源配置，发挥市场在资源配置中的决定性作用是推动要素配置高效公平的核心。一方面，对国内各行各业，尤其是互联网医疗、线上教育培训、在线娱乐等新业态，一视同仁，严格监管，防止在政策上形成对市场主体的歧视，造成要素配置扭曲；另一方面，对外来投资，在守住底线的同时，也要降低准入门槛，提高我国市场经济开放程度和经济活力，提升要素市场有效竞争水平。

（2）微观层面：针对不同要素进行分类施策

各要素市场协同发展、综合配置、组合优化才能达到效率最大化，不同的要素具有不同的属性和特征，因此针对每一要素都要提出差异化的措施，达到要素市场化配置的最大效率。针对中国土地、劳动、资本、技术、数据五大要素市场提出具体的改革方向，为各要素市场协同发展助力。

①土地要素市场化改革。当前城乡土地二元市场分割，土地供需错配导致城乡土地价格扭曲，城乡土地"同地不同权不同价"使土地要素市场整体配置效率低下。进一步提高土地要素配置效率应做到以下几个方面。一是打破城乡土地要素流动壁垒，建立城乡统一建设用地市场，推进农村土地要素市场化配置。二是探索城乡建设用地增减挂钩节余指标跨省域调剂使用机制。该机制旨在解决东部沿海发达城市建设用地指标紧张的问题，有利于大中城市合理发展，提高城市相关配套设施，降低人口密度，对均衡城市空间布局有重大意义。同时为"三州三区"等土地资源充裕的地区提供资金支持，通过城乡、区域土地指标置换，增减挂钩政策在推动促进节约集约用地和城乡统筹发展中发挥了重要作用。三是优化土地供应方式，推进闲置存量用地的使用和流通。城市化过程中闲置的大量工业用地通过依法协商收回、协议置换、费用奖惩等措施，推动城镇土地二次开发，提高土地要素利用率。

②劳动力要素市场化改革。我国是劳动力资源最丰富的国家，但劳动力要素市场仍存在城乡二元户籍制度、劳动力市场不规范以及劳动力结构性供需不匹配等问题。实行劳动力城乡双向流动机制应做到以下几个方面。一是要支持不同城市差异化户籍制度改革，建立基本公共服务与常住人口挂钩机制，这意味着中央政府转移支付将按照常住人口来分配教育、医疗、养老以及城市相关配套设施等相关资源，促进城乡和区域劳动力融合发展。二是畅通人才社会性流动渠道，破除年龄歧视。三是激发人才创新创业活力，探索建立健全科研成果转化和知识产权归属的办法细则，壮

大高水平工程师和高技能人才队伍。四是规范劳动力市场，完善最低工资保障制度，加大对《劳动法》和《劳动合同法》等的执行力度，确保劳动力市场的合理有序竞争。

③资本要素市场化改革。加快推动资本要素服务实体经济应做到以下几个方面。一是增加有效的金融服务供给，尤其是开发满足中小微企业需求的金融产品。立足于金融信息共享机制，推广"信易贷"模式，研发满足多层次需求的金融产品，降低贷款难度，提高资本要素利用率和流通率，增强金融普惠性，达到服务好实体经济，促进中国经济高质量转型发展的目的。[①] 二是进一步完善企业上市和退市制度，强化债券市场改革。2020年，我国证券市场全面推行注册制，打破企业上市、退市、转板和融资壁垒，进一步优化资本市场投资环境，助力资本投向实体经济。[②] 推进债券市场改革，从完善债券市场法制、建立多层次债券市场体系出发，增加企业融资渠道，降低企业融资成本，解决企业融资难题，推动资本要素更好地为实体经济服务。三是完善金融监管和风险管理体制，建立现代化统一的金融监管和风险管理框架，防止资本的无序扩张，按照属地原则压实省级人民政府的监管职责和风险处置责任，稳步实现对市场经济的有效监管。

④技术要素市场化改革。促进技术要素向生产力转化的核心在于鼓励科研人员创新，加快科研成果转化，而技术要素市场化配置是推动科技创新和科研成果转化的关键。一是要尊重科研成果，尤其是职务科技成果。一方面健全职务科技成果产权制度，赋予在职科研人员更灵活的科技成果所有权，产权有效激励体制机制能够激发微观主体活力和创造力；另一方面提高科研成果在科研人员职业发展中的重要性，将科研成果纳入科研奖

---

① 郑联盛：《深化金融供给侧结构性改革：金融功能视角的分析框架》，《财贸经济》2019年第11期。

② 陈诗一、刘文杰：《要素市场化配置与经济高质量发展》，《财经问题研究》2021年第9期。

励、职称评定、项目申报等评价指标，激发科研人员创新动力。二是加大科研成果转化力度，地方政府要积极建设创新创业孵化器，打造培育科研成果转化的专业队伍，以市场需求为导向，助力产学研一体化。同时，推进技术和资本要素融合发展，加大对科研成果转化的支持力度。

⑤数据要素市场化改革。数据要素市场化改革涉及数据开放共享、数据保护、数据流通和数据利用四个方面。在数字经济时代，作为数字经济市场信息流的实际载体，数据的价值重要性逐渐凸显，因此要从以下方面完善数据要素市场。第一，加快推进数据确权的探索和规则制定，探索建立准确衡量数据价值的数据资产价值评估模型和数据定价规则，使数据交易有定价依据。① 第二，数据流通涉及数据开放共享、数据保护和数据利用，以及发展数据资产评估、登记结算、交易撮合、争议仲裁等市场运营体系，稳妥探索开展数据资产化服务。第三，互联网经济背景下我国大约有 10 亿网民，全国网民线上线下活动产生海量数据，数字经济总量逐年攀升。政府部门掌握大量原始数据，应在确保数据信息安全可靠的基础上积极推动非涉密数据信息的开放共享和利用；同时要加强国家数据安全和个人隐私安全保护，没有网络安全，就没有国家安全，因此要积极探索制定大数据分析和交易禁止清单，完善重要数据出境安全管理制度，在此基础上构建有序的数据要素市场体系。

2. 构建初次分配、再分配、三次分配协调配套的基础性制度安排

（1）积极推进以收入分配制度改革为核心的初次分配

近年来，坚持按劳分配为主体，保障劳动报酬占比的收入分配制度改革方向不断明确。新中国成立之初，我国实行高度集中的计划经济体制，以平均主义为核心的"工资制""工分制"，分配制度非常单一；改革开放

---

① 刘昱洋：《中国五大要素市场化配置的制约因素及完善策略》，《区域经济评论》2021 年第 6 期。

以来，邓小平同志在党的十一届三中全会提出，允许一部分人先富起来，先富带动后富，最终实现共同富裕。至此，第一次克服了平均主义，强调生产效率，确立按劳分配为原则的分配制度。进入 21 世纪，党的十七大报告指出"在处理好效率和公平关系的基础上，更加注重公平"，首次明确要处理好初次分配与再分配时公平与效率的关系，效率不再是衡量分配的唯一指标，逐渐开始重视公平问题。进入新时代，党的十九届四中全会提出，要提高一线劳动者劳动报酬，提高劳动报酬在初次分配中的比重。分配制度呈现兼顾效率和公平、更加重视公平的特征，以提高劳动报酬占比来推动共同富裕。

所有制形式决定了分配方式，在多种所有制共同发展的背景下，生产要素逐渐参与分配。自 1997 年党的十五大明确生产要素参与收入分配以后，各种数据都表明劳动要素报酬占 GDP 的比重呈下降趋势。[1] 根据国家统计局数据，在扣减了个税、社保缴费等项目后，2019 年我国居民可支配劳动报酬占当年 GDP 的比重为 25.6%，仅比 2008 年提高了 1.8 个百分点。考虑到劳动报酬中不可支配部分的快速提升，居民可支配劳动要素报酬占 GDP 的比重实际是逐年下降的。这意味着我国劳动投入所获得的回报下降，而资本要素投入所获得的利润挤占了劳动报酬的空间。初次分配的核心是收入制度，收入分配不公严重影响公民幸福感。解决初次分配不公问题，坚持按劳分配，围绕提高劳动报酬占比、创新收入分配制度等改革缩小收入差距，为共同富裕打下基础。现阶段坚持按劳分配为主体，鼓励勤劳致富，需要通过以下几个方面实现。

①规范薪酬管理制度。自党的十四大提出允许个人的资本要素参与收益分配后，党的十五大又引入了资本、技术参与分配，党的十六大明确将劳动、资本、技术和管理等生产要素按贡献参与分配的原则。[2] 同时，随

---

① 洪银兴：《以包容效率与公平的改革促进共同富裕》，《经济学家》2022 年第 2 期。

② 张广科、王景圣：《初次分配中的劳动报酬占比：演变、困境与突破》，《中州学刊》2021 年第 3 期。

着公有制企业改革，效仿非公有制企业薪酬管理办法，管理者与普通工人的工资差距逐渐拉大，造成了初次分配中收入不合理的问题。政府在宏观管理中，应该规范各地最高、最低工资标准。保持适当工资收入差距，既要体现不同劳动者劳动报酬回报率的高低，提高劳动效率；也要兼顾公平，坚持按劳分配为主的分配原则。确定最低工资标准，可以参考当地的脱贫标准，在此基础上可以适当调高到脱贫收入的 1.5 倍左右。确定最高工资标准，将一个城市的基尼系数、优势产业附加值、企业年度 GDP 等指标纳入参考范围，在保证一部分人高收入的同时，扩大中等收入群体比重，提高低收入群体的工资水平。

②以就业为导向，提高职业技能培训。按劳分配收入不仅指直接劳动收入，还包括复杂劳动收入。只要技术、管理和数据等要素作为复杂劳动参与劳动报酬分配，连同直接劳动一起，就可以实现劳动致富。当前，劳动要素投入的减少不能作为薪酬减少的原因，提供直接劳动的工人也应享受生产效率提高、经济增长的成果。因为生产效率的提高很大程度来源于劳动过程中技术、管理和数据等要素水平的变革，这些要素推动了经济结构优化、产业生产组织化以及管理模式高效化。当下，科技创新对劳动者素质提出了更高的要求，注重教育与科技赛跑、教育与实践结合、教育与就业引导的关系，加强对低技能劳动者的教育和培训，提高直接劳动的复杂程度，掌握知识与技能，获取复杂劳动报酬，提高低技能群体劳动收入水平。

③积极引导非公有制实现按劳分配。通常来说，按劳分配适用范围越广，共同富裕程度就越高。①改革开放以后，越来越多的所有制形式参与经济发展，尽管如此，按劳分配依然普遍存在于公有制企业中，但劳资收入的扩大主要来源于非公有制企业。民营经济作为市场经济的重要组成成分，受到社会主义制度的制约，在扩大按劳分配适用范围的同

---

① 洪银兴：《以包容效率与公平的改革促进共同富裕》，《经济学家》2022 年第 2 期。

时，应积极探索增加劳动报酬占比新形式。以深圳华为公司为例，作为民营企业，该公司股权 100% 由员工持有，并通过虚拟受限股进行股权和剩余价值分配。① 华为公司坚持按劳分配，在一定程度上摆脱了资本对企业的控制。民营企业实行按劳分配，能改善收入悬殊问题，推动共同富裕进程。

④创新收入分配方式。生产要素包括货币资本、土地、劳动、科学技术、管理经营、知识信息等六个方面的内容，而在按生产要素分配的理论与实践中，"劳动"是唯一被排除在外的生产要素。这就意味着在初次分配中，按生产要素分配存在不公平的现象。普通劳动者拥有的唯一要素就是劳动力，虽然可以获得付出劳动产生的工资收入，但远远小于其他生产要素分割利润带来的报酬。同时，所有制决定了劳动力产生的剩余价值并不归劳动者所有，而是属于资本家。资本家攫取剩余价值进行财富的积累，形成资本垄断，而劳动者只能获得工资，贫富差距只会越来越大。如果初次分配不能改善这种情况，全民共富的目标很难实现。创新所有制形式，需要扩大参与利润分配的生产要素范畴，使劳动者可以在初次分配中参与利润的分配。劳动者获得的工资收入只能维持简单的劳动力再生产，难以通过获得剩余价值的分配实现财富的积累。只有将劳动者唯一的要素资本化，即劳动力资本化，才能使劳动者实现财富积累。通过劳动力资本化让劳动者在初次分配中享有股权，分享企业发展的红利，实现共同富裕。这样不仅在初次分配中保护了要素所有者的权益，还激励了微观主体的主动性、积极性和创造性，有利于社会和国家的生产发展。

（2）充分发挥政府主导二次分配的主观能动性

习近平总书记指出："科学的财税体制是优化资源配置、维护市场统一、促进社会公平、实现国家长治久安的制度保障。"党的十八届三中全

---

① 张广科、王景圣：《初次分配中的劳动报酬占比：演变、困境与突破》，《中州学刊》2021年第 3 期。

会赋予了财政"国家治理基础和重要支柱"的历史定位，这充分表明了加快建立现代化财税体制对实现共同富裕的重要作用。政府可以采用税收手段加强对经济和社会领域问题的干预和调节，以公平为导向，充分发挥税收机制在改善民生、缩小收入差距、扶持中小微企业等方面的作用。我国税收体系主要由直接税和间接税组成，直接税主要向居民个人收取，包括所得税和财产税，通常难以转嫁，最终由纳税人买单。直接税具有累进性，收入越高，边际税率就越高。而间接税向企业征收，以增值税、营业税和消费税为主，在商品流转过程中，税负从纳税人转移到消费者。间接税具有累退性，收入越低的消费者承担的税率越高。中国税制整体是累退的，个人所得税等累进性税收，在一定程度上减弱了间接税的累退性，但因其规模小，不足以完全抵消间接税的累退性。① 税收的累退性进一步降低了税收对收入不平等的再分配效应。因此，要完善税制改革和基本公共服务无差别供给，从转移支付、税收政策、社会保障等领域多管齐下，"提低、扩中、调高"，形成两头小、中间大的橄榄型社会分配格局，更好地实现面向公平正义的公共财政再分配的政府责任。

①以"人"为本。健全直接税体系，提高税收调节收入再分配的作用。《中华人民共和国国民经济和社会发展第十四个五年规划和 2035 年远景目标纲要》提出要"优化税制结构，健全直接税体系，适当提高直接税比重，完善综合与分类相结合的个人所得税制度，加强对高收入者的税收调节和监管"，这为我国税收改革指明了方向。从公平税负的角度出发，完善个人所得税，发挥税收的再分配功能，是为了实现共同富裕进行税制改革的必然要求。一是扩大税基，将多元化收入纳入税法管控的范围。当前，我国就业方式更加灵活，居民的收入来源多样化。相关立法应增加纳税名目，强调以"人"为本，综合统计劳动者各方面收入，将资本所得、经营所得、股息、红利等新型收入，隐形收入以及福

---

① 岳希明、张斌、徐静：《中国税制的收入分配效应测度》，《中国社会科学》2014 年第 6 期。

利收入纳入其中，考虑纳税人的负担能力，同劳动所得一样，采用同样的累进税制度，在增加财政收入的同时合理调节高收入。二是削减税率级次，降低综合所得最高边际税率。我国工薪阶层个人所得税的累进性已达到发达国家水平，工薪阶层税负压力较大。下调最高边际税率，鼓励高收入群体合法纳税，增加高收入者税后可支配收入，增加对高端人才的吸引力，刺激消费和投资。三是完善征管，构建共治共享的税收征管体系。2021 年，《关于进一步深化税收征管改革的意见》指出，"全面推进税收征管的数字化升级和智能化改造，深化智慧税务建设，不断加强涉税信息共享应用和执法区域协同。加强与金融、公安、住房城乡建设、人力资源和民政部等多部门的协作，明确各涉税部门信息提供义务，建立全国统一共治共享税务平台"。

②缩小财富差距。开征房地产税、遗产税和消费税，减小财富积累效应，充分发挥二次分配的公平效应。房产对于家庭财富差距贡献占比从2011 年的 71.86%上升到 2017 年的 75.49%[①]，是居民财富不均的主要原因之一，大多数发达国家都是通过房地产税来缩小财富差距的，加快推进我国房地产税征收已是大势所趋。房地产税是调节我国财富分配的核心问题，房产税改革以调节分配功能为主，在此基础上兼顾其他功能导向。一是增加地方政府财政收入，在土地财政不可持续背景下，房地产税的出台将有效弥补政府财政收入缺口，完善地方政府税收体系改革，推进地方公共服务可持续化发展。二是贯彻"房住不炒"的原则，防止居民负债杠杆过大，推动房产回归住房属性。2021 年，房地产税改革试点草案落地，在总结重庆、上海两个城市房地产税改革试点经验的基础上，相关部门将在确定试点地区后，明确征税对象和纳税人，制定试点政策和具体实施细则，期限为 5 年。综上，应该积极推进房地产税改革

---

① 陈卫东、叶银丹、刘晨：《共同富裕：历史演进、国际对比与政策启示》，《西南金融》2022 年第 3 期。

试点工作，在征收范围上，兼顾存量房产和增量房产。在起征点和税率设计上，应充分考虑每个城市平均住房面积、收入水平、用房需求、家庭人口等因素，在稳定房地产市场的同时兼顾民生需求。

遗产税和房地产税作为调节财富差距的主要税收手段，试点、立法以及开征还有很长的路要走。遗产税主要是为了防止财富进一步集中和增加对低收入人群的转移支付。21世纪以来，财富基尼系数从2002年的0.538攀升至2010年的0.739，上涨幅度接近40%，中国居民财富集中度越来越高。[①] 同时，由于少子化、老龄化等社会现象，以及"门当户对"的婚恋观，家庭财富资源整合进一步加强，阶层流动性持续减弱。在有目的性的遗产动机下，父母会通过提高遗产量来弥补遗产税开征带来的损失，遗产税的提高将会引起财富差距的扩大。纵观发达国家遗产税的征收情况，资本外流和劳动报酬率下降等负面效应不可避免，遗产税和赠与税普遍呈下降趋势。虽然遗产税开征面临很多困难，但是这或许是缓解当下财富分配不均的有效办法之一。遗产税的开征将增加政府财政收入，提供低收入群体更多的公共服务和转移支付。鉴于目前关于遗产税的利弊分析不足，从中长期来看，开征遗产税还需要进行深入研究和探索。

③公共服务均等化。做到基本公共服务供给的精准和普惠，提高社会保障力度，扩大保障范围。在社会主义现代化进程中实现共同富裕，虽然不排除不同家庭存在一定程度的私人产品的差别，但不同家庭享用公共产品和基本公共服务的权利则应该是无差别的、公平的，应体现"精准"和"普惠"。原因是主导公共产品供给的国家是代表全体人民利益的。

做到基本公共服务的普惠。一是要加大民生保障支出。目前，我国的公共服务供给数量和质量都远远落后于公众的现实需求。财政部和国家统

---

① 易行健、李家山、张凌霜：《财富不平等问题研究新进展》，《经济学动态》2021年第12期。

计局的数据显示，2020 年我国教育、医疗卫生、社会保障和就业支出占一般公共财政预算支出比例分别为 17.5%、7.8%、13.2%，合计 38.5%，而发达国家美国、日本、德国这三项民生支出合计占比都达到 60% 以上。这表明我国有关民生保障的财政支出并不高，且近些年增长效应并不明显，与发达国家相比还有很大发展空间。政府应该减少一般性公共服务的支出，增加民生保障方面的支出。二是通过全民共建实现全民共享，将更多人纳入社会保障体系。有学者对养老金收入进行研究时发现，中国养老金的代内不平等不仅加剧了老年群体的收入差距，更有可能会拉大子孙间的收入差距。[①] 缩小这种代际收入差距，要尽早实现社会保障体系全民覆盖，不断提高社会保障统筹层次，建立城乡一体化的医疗、养老、教育等社会保障体系，推进基本公共服务均等化，持续稳步提高城乡居民基本养老金和基本医疗待遇。三是建立城乡、区域优秀教师互调轮岗制度，共享优质教育资源，缩小地区教育资源差距；同时提高乡村教师收入水平和增加乡村教育财政支出，吸引教师下乡，破解当下教育内卷、家长焦虑感和天价学区房等怪象，从而缓解教育资源不平等带来的机会不平等。

做到基本公共服务的精准。一是以低收入群体为重点，尤其是农村低收入群体，加大对农村地区和经济落后地区的政策支持和社保投入，抓住实施乡村振兴战略的重大机遇在盘活农村各类资源等方面发力，从内生动力和外部资源着手，缩小贫富差距，做到共同富裕中的"提低"。二是鼓励各地政府建立灵活的流动人口社会保障制度，这主要以进城打工的农民工为主。各地政府要积极出台流动人口基本社会保障和随迁子女教育等一系列基本权益保障政策，避免户籍和学籍影响流动人口对城市基本公共服务的享有。三是中央要将流动人口的流向和数量纳入转移支付支出考量，清晰划分常住地和户籍所在地的地方政府责任，做到转移支付随人口迁

---

① 阳义南、肖建华、黄秀女：《我国养老金不平等对家庭代际经济交换的影响》，《社会保障研究》2019 年第 4 期。

移，而不是只考虑静态的户籍所在地。我国流动人口大量迁入长三角和珠三角城市群，但转移支付却向中西部倾斜，这就导致了人口流入地区政府不得不增加大量的社会保障支出，而中西部出现大量资金闲置或者资金未按中央规定的部门投入。将流动人口纳入参考范围，可有效避免资金浪费，做到公平与效率的统一。

（3）重视发挥第三次分配的潜力

2019 年召开的中共十九届四中全会首次明确，"第三次分配"是收入分配理论重要组成之一，同时确定要积极发展慈善等公益事业来促进共同富裕。厉以宁先生在 20 世纪 90 年代初首次提出了"第三次分配"概念，他在《股份制与现代市场经济》中提到"是在道德力量的作用下，通过个人收入转移和个人自愿缴纳和捐献等非强制方式再一次进行分配"①，该界定包含两个要素。首先，第三次分配的动力机制基于道德力量，是一种自发行为。这有别于初次分配下基于市场机制的等价交换和再分配下基于行政力量的强制性调节。第三次分配更多与社会风俗、习惯、个人信念和社会责任心有关。② 其次，第三次分配是对第一、二次分配的补充和调节，除此之外，没有第四次分配。江亚洲和郁建兴认为，道德的出现是晚于人类第三次分配的，因此，第三次分配最初并非由于道德驱动。不过，虽然如此，他们认可道德调节的资源分配属于第三次分配，但第三次分配的触发因素更多。③ "第三次分配"在国外被称为第三部门，主要指非营利机构、非政府组织，社团法人等。所以，要充分发挥社会参与在共同富裕中的作用，只有充分调动市场、政府以及社会力量，形成三方合力，才能实现高质量发展的共同富裕。

①完善税收激励政策。税收参与第一、二、三次分配全过程，但其功

---

① 厉以宁：《股份制与现代市场经济》，江苏人民出版社，1994，第 79 页。

② 邓国胜：《第三次分配的价值与政策选择》，《人民论坛》2021 年第 24 期。

③ 江亚洲、郁建兴：《第三次分配推动共同富裕的作用与机制》，《浙江社会科学》2021 年第 9 期。

能定位在三次分配中并不相同。在第一、二次分配中，税收主要是以生产净税额和转移支付的形式参与分配。而在第三次分配中，税收则是通过税收优惠形式激励企业和个人参与慈善事业，引导社会资源一部分流向第三次分配领域。目前，我国税法对慈善捐款享有的税收优惠限制条件较多，流程和手续烦琐，《中华人民共和国慈善法》已出台多年，但普及率低，对慈善捐款激励程度不高。因此，发挥税收机制对刺激慈善行为仍有很大的发展空间。首先，政府和相关部门应该加大税法普及宣传，降低慈善抵扣税款的门槛限制，加强群众对税法中关于慈善捐款抵扣税款的认知，引导群众积极参与慈善活动。其次，政府需要进一步完善所得税中捐赠税收减免政策，加大税收减免力度，如实施累进税，提高所得税最高抵扣比例等，激励居民个人和企业增加公益捐赠；细化捐赠资产规定，规范货币捐赠、实物捐赠以及股权捐赠等各种形式捐赠的抵扣标准。最后，简化慈善捐赠所得税抵扣门槛，畅通高收入人群和企业投身慈善回报社会的渠道。协调财政部、民政部以及慈善协会等相关部门，加快个人和企业捐赠登记—货币/非货币捐赠款—出票据—所得税减免流程，提高各部门、组织间效率。

②加强慈善组织监督管理。一方面，政府要加强对慈善组织的管理、规范和监督，以及明确惩罚和褒奖机制，督促慈善组织按年、季、月公布捐款和流向数据，提高慈善捐款各个环节的透明度，净化慈善事业发展环境。另一方面，政府除了积极作为，还要发挥行业组织、媒体以及公众等第三方监督评估作用，提高慈善组织服务效率。除此之外，随着数字化时代的到来，人们对慈善概念的理解更加广泛，如在互联网平台上种树、绿色出行、给山区贫困学生捐钱等多元化的慈善方式，大大降低了慈善的门槛，"互联网+慈善"将为慈善事业的发展赋能，提高个人参与慈善活动的便捷度。

③弘扬公益慈善文化。第三次分配的慈善捐款更多的是让捐赠者和受捐人在精神上有满足感，为推进社会主义精神文明建设发挥重要作用。特

别是在市场经济体制下，对弘扬公益慈善文化、引导社会正能量、阻止道德滑坡有重大意义。同时，各级政府要加大对慈善活动的表彰力度，宣传慈善带头人、组织和个人的慈善事迹，鼓励各行各业先富带动后富，提高慈善参与者的集体荣誉感和社会地位，增加慈善行业的吸引力，鼓励更多人参与慈善事业。

3. 加快构建共同富裕指标体系

共同富裕是社会主义的本质要求，是中国式现代化的重要特征。扎实推进共同富裕，构建科学的共同富裕理论指标评价体系，直观地反映了共同富裕发展目标，有利于全民共富取得实质性进展。[①] 构建共同富裕指标评价体系，应在深刻理解共同富裕内涵的基础上，参考既有文献，厘清我国经济发展脉络，立足中国特色和时代特征，对指标进行客观科学的选取，精准地反映当前共同富裕水平、人民对美好生活的向往以及对基本公共服务的需求。与脱贫攻坚标准相比，当前，国内外并没有一个普遍使用的共同富裕指标评价体系。尤其是中国在完成脱贫攻坚、全面小康的历史目标后，扎实推进共同富裕成为紧抓经济建设的总目标，单以收入和消费等指标衡量不能有效测度共同富裕水平，更不能反映人民对美好生活的向往。

针对这一问题，大部分学者将"共同富裕"直接分为"共同"和"富裕"两个层面，前者体现富裕的范围，后者体现发展水平的高低，这是构建共同富裕评价指标体系的主流思想之一。杨宜勇等从"共同"角度解构出富裕共享性和差异性，从"富裕"角度分解出物质、精神和环境三个维度，并以此构建指标体系，衡量人民共同富裕水平[②]；吕新博等在参

---

① 蒋永穆、豆小磊：《共同富裕思想：演进历程、现实意蕴及路径选择》，《新疆师范大学学报》（哲学社会科学版）2021 年第 6 期。

② 杨宜勇、王明姬：《更高水平的共同富裕的标准及实现路径》，《人民论坛》2021 年第 23 期。

照联合国 2030 年可持续发展目标和推进农业现代化目标的基础上，提出从教育、健康、生活水平和生活环境四个维度来评价个体发展水平[①]；蒋永穆等从人民性、共享性、发展性和安全性四大指标来阐述共同富裕内涵构建指标[②]；李春玲以中等收入群体为切入点，将指标聚焦于扩大中等收入

表 3-1 共同富裕评价指标体系

一级指标	二级指标	三级指标
基础性指标	经济发展	人均 GDP 增长（%）
		全员劳动生产率增长（%）
		R&D 经费投入增长（%）
		R&D 经费支出占生产总值比重（%）
		第三产业增加值占 GDP 比重（%）
	社会发展	整体城镇化率（%）
		养老金覆盖率（%）
		最低工资标准（元）
		最低生活保障标准（元）
		5 岁以下儿童死亡率（%）
	文化建设	居民家庭文体旅游消费支出比重（%）
		农村文化广场覆盖率（%）
		居民综合阅读率（%）
		人均拥有公共图书馆藏量（册）
	法治建设	每万人口刑事案件立案数（件）
		公民自身民主权利满意度（%）
	生态环境	森林覆盖率（%）
		地级及以上城市空气质量优良天数比例（%）
		地级及以上城市 PM2.5 平均浓度（$\mu g/m^3$）
		地表水达到或好于 I 类水体比例（%）

[①] 吕新博、赵伟：《基于多维测度的共同富裕评价指标体系研究》，《科学决策》2021 年第 12 期。

[②] 蒋永穆、豆小磊：《共同富裕思想：演进历程、现实意蕴及路径选择》，《新疆师范大学学报》（哲学社会科学版）2021 年第 6 期。

续表

一级指标	二级指标	三级指标
保障性指标	教育	劳动年龄人口平均受教育年限（年）
		普通小学生均公共教育经费支出（元）
		普通初中生均公共教育经费支出（元）
		小学阶段生师比
		初中阶段生师比
		高等教育毛入学率（%）
	医疗健康	出生时预期寿命（岁）
		健康预期寿命（岁）
		每千人拥有执业（助理）医师数（人）
		每千人医疗机构床位数（张）
		每万老年人拥有持证养老护理员数（人）
	社会保障	社会保障支出占 GDP 之比（%）
		民生性支出占一般公共预算支出之比（%）
		城乡居民基本医疗保险政策范围内住院报销比例（含大病保险）（%）
		养老保险抚养比（%）
	住房	保障性住房覆盖率（%）
		城镇人均住房使用面积（m^2）
	公共基础设施	每万人公共交通车辆（标台）
		城市污水处理率（%）
		人均体育场地面积（m^2）
		城镇每万人拥有公厕数（座）
		农村每万人拥有公厕数（座）
	数字应用	移动电话普及率（部/百人）
		互联网普及率（%）
		依申请政务服务办件"一网通办"率（%）

续表

一级指标	二级指标	三级指标
突破性指标	收入差异	基尼系数（%）
		恩格尔系数（%）
		中等收入群体比例（%）
	区域差异	常住人口城镇化率（%）
		区域经济发展差异系数
		地区人均 GDP 差异系数
		地区人均可支配收入差异系数
	城乡差异	城乡居民人均可支配收入比（%）
		城乡居民人均消费支出倍差

群体比重，并提出了针对特定群体"精准扩中"到全体人民"有效扩中"的政策①。还有部分学者从目标衔接角度，指出共同富裕是脱贫攻坚的更高层次，两者指标具有一定的重合性，可以在脱贫攻坚指标的基础上考察共同富裕，郭丹丹和苏昕从组织机制、内在动力机制、法律机制、协同共治机制、监测机制、示范引领机制六个方面提出贫困治理长效机制的基本框架，尝试为全国推动共同富裕提供理论指引。② 樊增增等通过"识别—增长—分配"量化分解贫困动态变化过程，发现使用全国统一的相对贫困线容易出现过度识别问题，采用城乡差异贫困线，可重点关注亲贫性和低收入群体，实施精准帮扶政策，注重能力帮扶，推进从脱贫攻坚走向共同富裕。③

就目前而言，打赢脱贫攻坚战，站在全面小康的起点上扎实推进共同富裕成为今后经济发展的主线。在经济高质量转型时期，以发展的眼光构

---

① 李春玲：《迈向共同富裕阶段：我国中等收入群体成长和政策设计》，《北京工业大学学报》2022 年第 2 期。

② 郭丹丹、苏昕：《共同富裕目标下相对贫困治理的逻辑与机制》，《浙江工商大学学报》2021 年第 5 期。

③ 樊增增、邹薇：《从脱贫攻坚走向共同富裕：中国相对贫困的动态识别与贫困变化的量化分解》，《中国工业经济》2021 年第 10 期。

建和细化共同富裕指标很有必要。既要反映当下城乡居民经济生活发展水平，也要将社会保障纳入其中，更要关注社会公平公正问题。因此，本章将共同富裕的指标体系大体分为三部分，共设置 3 个一级指标 14 个二级指标 54 个三级指标。指标体系包括：一是基础性指标，从法治、经济、社会、文化和生态反映我国现阶段总体发展水平的指标；二是保障性指标，反映城乡居民基本公共生活保障和可持续性发展能力水平；三是突破性指标，即反映差距存在与消除的指标。

第四章 共同富裕视阈下我国农村反贫困的历史进程与主要成就

长期以来，消除贫困是国际社会亟待解决的社会问题。贫困问题是 21 世纪全球面临的最严峻问题之一，各国在减少贫困方面积累了丰富的经验。西方发达国家运用"社会保障方案"和地区发展政策解决本国贫困问题，社会保障方案从增加收入、提高生活水平两个角度缓解贫困，地区发展政策包括加大贫困地区的投资力度和对贫困地区进行政策倾斜，如美国的西部开发行动。此外，西方发达国家的减贫措施还包括价格政策、就业培训、发展基础设施及社会事业。① 巴西等拉丁美洲国家均实施了"发展极措施"，通过大规模的物质资本投资形成新的发展极或增长点，通过极化和扩散效应带动地区经济发展。中国真正意义上的扶贫是在改革开放以后，扶贫开发历程大致经历了制度改革推动扶贫、大规模开发式扶贫、集中解决温饱的"八七"扶贫攻坚、巩固温饱成果的综合扶贫以及实现全面小康的精准扶贫五个发展阶段，成功实现了由粗放到精准、由温饱到小康的跨越。本章主要阐述了我国农村反贫困的历史进程与主要成就。

一　共同富裕视阈下我国农村反贫困的历史进程

1. 制度改革推动扶贫：1978～1985 年

自 1978 年 12 月召开党的十一届三中全会和 1979 年通过《中共中央关于加强农业发展若干重大问题的决定》以后，中国农村经济体制改革步入新的阶段。"人民公社"和"一大二公"的计划经济体制，开始向家庭联

① 张琦：《全球减贫历史、现状及其挑战》，《人民论坛》2021 年第 11 期。

产承包责任制转变，极大地调动了农民的生产积极性，解放了被束缚已久的劳动力，激发了农村活力，同时农村扶贫工作也进入新的历史时期。国家统计局在《关于中国农村贫困状态的评估和监测》中，把 1978 年的贫困线划在 100 元以内。按照这个标准，1978 年，农村贫困人口共 2.5 亿人，贫困发生率为 30.7%。在推行家庭联产承包责任制后，广大农民的生产积极性得到有效调动，农村贫困人口从 2.5 亿人减少到 1.25 亿人，贫困发生率下降到 14.8%。① 1982 年，民政部等九部门联合下发《关于认真做好扶助农村贫困户的通知》，我国农村扶贫工作在全国范围开展。

改革开放后，以户为单位的家庭联产责任承包制极大地解放了农村生产力。这一制度使农户的经济利益和经营成果直接联系起来，"交够国家的，留足集体的，剩下的都是自己的"，激发了农民的生产活力，使农户家庭经营管理的功能和农业生产特征结合起来。1978~1984 年，全国农村完成了"三级所有，队为基础"的由"人民公社"制度到"包干到户"的转变。1984 年，全国 569 万个生产队中的 99.96% 全部实现了包产、包干到户②，农户真正成为农业生产经营的基本单元和农村经济的微观基础，农民的生产积极性大大提升。生产关系和财产所有权的变革，实现了农村商品经济的发展和生产要素的市场化有效配置，创造出一条新的通往温饱的道路，为扶贫工作进一步开展积累了宝贵的经验，成为中国在 1978~1985 年经济高速增长和贫困人口大幅减少的真正动因，更为中国后期实行经济体制改革和实现经济高速发展奠定了坚实的物质基础。中国的农村贫困人口由 1978 年的 2.5 亿人下降为 1985 年的 1.25 亿人，平均每年减少的农村贫困人口高达 1786 万人。《经济学家》杂志于 1992 年发表的一篇文章认为，1978 年有 2 亿~2.7 亿中国人生活在"绝对贫困"中，但是在 1985 年农村改革大体完成的时候，绝对贫困人口为 1 亿人，经济改革的前

---

① 陆汉文、曹洪民：《扶贫开发历史机遇期与战略创新》，《江汉论坛》2014 年第 5 期。
② 王郁昭：《中国改革从农村突破：包产到户及其引申》，《改革》2008 年第 8 期。

6 年里，相当于有一个日本或者两个英国，或者半个美国的人口摆脱了贫困。①

2. 大规模开发式扶贫：1986~1993 年

由于资源禀赋的差异以及政策导向的相互作用，中国绝大多数农村地区凭借自身的发展优势，经济得到了快速增长，但少数地区由于经济、社会、历史、自然、地理等方面的制约，发展相对滞后。贫困地区与其他地区，特别是与东部沿海发达地区在经济、社会、文化等方面的差距逐步扩大。农村制度性改革所释放的活力呈现边际效用递减的趋势，释放的经济活力不断减弱，加之改革重点由农村不断向城市转移、农业向工商业转移，中国农村发展不平衡问题凸显。

1985 年，中国农村年人均收入在 200 元以下（相当于当年全国农村人均纯收入水平的 50%）的人口仍有 1.25 亿人，占当时农村总人口的14.8%，其中有近 4000 万人年均纯收入不足 150 元，占农村人口总数的4.4%，如果以世界银行制定的人年均纯收入 370 美元作为贫困标准，1985年东亚地区有贫困人口 2.8 亿人，其中 2.1 亿人分布在中国，占当时世界贫困人口总数的 1/5。低收入人口中已经有相当一部分群体的经济收入不能维持其生存的基本需要。②

为进一步加大扶贫力度，中国政府自 1986 年起采取了一系列重大措施：成立专门扶贫工作机构，安排专项资金，制定专门的优惠政策，并对传统的救济式扶贫进行彻底改革，确定了开发式扶贫方针。自此，在全国范围内开展了有计划、有组织和大规模的开发式扶贫，中国的扶贫工作进入了一个新的历史时期。1986 年成立了专门的机构——国务院贫

---

① 赵曦、熊理然：《中国农村扶贫开发的历史成就及其历史经验》，载段应碧主编《纪念农村改革 30 周年学术论文集》，中国农业大学出版社，2008，第 639~651 页。
② 赵曦、熊理然：《中国农村扶贫开发的历史成就及其历史经验》，载段应碧主编《纪念农村改革 30 周年学术论文集》，中国农业大学出版社，2008，第 639~651 页。

困地区经济开发领导小组（国务院扶贫开发领导小组的前身），彻底改变了传统的救济式扶贫，开始在全国范围实行大规模区域性扶贫开发，主要通过扶贫贴息贷款、以工代赈和财政发展资金进行，使农村反贫困工作步入规范化、机构化、制度化、专业化阶段。在这期间，一是确立了开发式扶贫方针；二是制定了专门针对贫困地区和贫困人口的政策措施；三是对 18 个集中连片贫困地区实施重点扶贫开发；四是确定了对贫困县的扶贫标准，并核定了贫困县，分中央和省级两级重点扶持。1988年，国家确定了 370 个国家级贫困县，首次划定贫困县标准，即 1985 年人均纯收入低于 150 元（少数民族自治县为 200 元，革命老区县为 300元）。经过不懈努力，1986～1993 年国家重点扶持贫困县农民人均纯收入从 206 元增加到 483.7 元；农村贫困人口由 1.25 亿人减少到 8000 万人，平均每年减少 640 万人，年均递减 6.2%；贫困人口占农村总人口的比重从 14.8%下降到 8.7%。①

3. 集中解决温饱的"八七"扶贫攻坚：1994～2000 年

随着农村改革的深入推进和国家扶贫开发力度的不断加大，中国贫困人口数量逐年减少，贫困特征也随之发生较大变化，贫困人口分布呈现明显的地缘性特征。这主要表现在中西部地区贫困发生率不断提高，贫困人口集中分布在西南大石山区、西北黄土高原区、秦巴贫困山区以及青藏高寒区等地区，而导致贫困的主要因素是自然条件恶劣、基础设施薄弱和社会发展滞后等。

为了迅速解决 8000 万农村贫困人口的温饱问题，以 1994 年 3 月《国家八七扶贫攻坚计划》的公布实施为标志，中国的扶贫开发进入了攻坚阶段。1994，《国家八七扶贫攻坚计划》向世界庄严宣告：集中人力、物力、

---

① 本刊编辑部：《〈中国农村扶贫开发纲要（2011—2020 年）〉摘要》，《农村·农业·农民》（B 版）2011 年第 12 期。

财力，动员社会各界力量，力争用七年左右的时间，到 2000 年底基本解决剩余的 8000 万农村绝对贫困人口的温饱问题。这是新中国历史上第一个有明确目标、明确对象、明确措施和明确期限的扶贫开发行动纲领，标志着中国扶贫开发进入攻坚阶段。1996 年，中共中央、国务院发布《关于尽快解决农村贫困人口温饱问题的决定》，进一步关注农村贫困人口的生活问题。

1997~1999 年，中国每年有 800 万贫困人口解决了温饱问题，是进入 20 世纪 90 年代以来中国解决农村贫困人口年度数量最高水平。到 2000 年底，农村绝对贫困人口下降到 3209 万人，贫困发生率下降到 3.4%①，农村贫困现象得到极大缓解，基本实现了既定的基本解决贫困人口温饱的目标，国家"八七"扶贫攻坚目标基本实现。中国农村贫困问题从历史性、普遍性、区域性、绝对性开始向点状分布和相对贫困演变。

4. 巩固温饱成果的综合扶贫：2001~2010 年

进入 21 世纪，为了适应新阶段我国贫困状况，2001 年 5 月，中央扶贫开发工作会议召开，制定并颁布了《中国农村扶贫开发纲要（2001—2010 年）》，这是继《国家八七扶贫攻坚计划》之后又一个指导全国扶贫开发的纲领性文件，对 21 世纪初的扶贫战略作出全面描述，明确提出了今后十年扶贫开发的奋斗目标、基本方针、重点对象以及主要政策措施。

《中国农村扶贫开发纲要（2001—2010 年）》明确提出，进入 21 世纪，中国贫困人口分布由县向更低层次的村级社区集中，呈现"大分散、小集中"的特点。随着农村贫困人口数量的下降、贫困人口地理位置分布的变动、贫困性质的多样化以及扶贫开发形势的变化，国家对扶贫工作重

---

① 中华人民共和国国务院新闻办公室：《人类减贫的中国实践》，《农村工作通讯》2021 年第 8 期。

点与瞄准对象做了重大调整：扶贫工作重点放到西部区域，贫困村成为基本瞄准对象，扶贫资金要覆盖到非重点县的扶贫村。[①] 同时，注重发展贫困地区的科学技术、教育和医疗卫生事业，强调参与式扶贫，以村为单位进行综合开发和整村推进。城乡人口之间的流动是扶贫的一个重要途径，要采取新的举措来促使农村居民转移到城镇区域就业。此外，《中国农村扶贫开发纲要（2001—2010 年）》明确提出，到 2010 年尽快解决剩余贫困人口的温饱问题，进一步改善贫困地区的生产生活条件，巩固扶贫所取得的成果。到 2020 年稳定实现扶贫对象不愁吃、不愁穿，保障其义务教育、基本医疗和住房的奋斗目标。

在积极总结中国农村扶贫开发经验的基础上，这一阶段扶贫重点由区域扶贫转变为重点县和贫困村扶贫，在全国范围重新认定了 592 个扶贫工作重点县和 14.8 万个贫困村，这些重点村覆盖了全国 80% 的农村贫困人口，"整村推进扶贫工作"在全国范围铺开。同时，将连片特困地区作为扶贫攻坚的主战场，强调群众参与，用参与式的方法自下而上地制定村级扶贫开发规划，构建大扶贫工作格局，并以此作为推动"整村推进"工作的主要理念和方法，保证扶贫资源到村到户。村级瞄准在某种程度上改变了原有的扶贫项目与贫困人口关联性不强的问题，在一定程度上促进了扶贫资金的瞄准性。[②]

经过近十年的努力，综合扶贫的一系列举措取得积极成效。同时，中国农村贫困人口的温饱问题基本得到解决，下一步继续改善贫困地区的基本生产生活条件，提高贫困人口的生活质量和综合素质，加强贫困乡村的基础设施建设，改善生态环境，逐步改变贫困地区社会、经济、文化的落后状态，为达到小康水平创造条件。按 2010 年 1274 元的扶贫标准测算，全国贫困人口由 2000 年的 9422 万人减少到 2010 年的 2688 万人，贫困发

---

① 李宝元：《中国反贫困 40 年历史回顾、评述与展望》，《财经问题研究》2021 年第 5 期。

② 赵曦、熊理然：《中国农村扶贫开发的历史成就及其历史经验》，载段应碧主编《纪念农村改革 30 周年学术论文集》，中国农业大学出版社，2008，第 635~651 页。

生率由 2000 年的 10.2% 下降到 2010 年的 2.8%。[①]

5. 实现全面小康的精准扶贫：2011~2020 年

经过 30 多年的扶贫攻坚，农村贫困面大幅缩小，贫困被赶进了"角落"。但是，现阶段的扶贫不得不去啃最硬的"骨头"，那些最穷的地方，正是底子最薄弱、条件最恶劣、工程最艰巨的贫困堡垒，也是在 2020 年全面建成小康社会所面临的重大考验。

为进一步加快贫困地区发展，促进共同富裕，实现到 2020 年全面建成小康社会奋斗目标，2011 年 12 月中共中央、国务院印发的《中国农村扶贫开发纲要（2011—2020 年）》明确指出：我国扶贫开发已经从以解决温饱为主要任务的阶段转入巩固温饱成果、加快脱贫致富、改善生态环境、提高发展能力、缩小发展差距的新阶段，提出到 2020 年稳定实现扶贫对象不愁吃、不愁穿，保障其义务教育、基本医疗和住房，以此解决存在已久的区域发展差异问题，最终实现"贫困地区农民人均纯收入增长幅度高于全国平均水平，基本公共服务主要领域指标接近全国平均水平，扭转发展差距扩大趋势"的目标。同时，《中国农村扶贫开发纲要（2011—2020年）》提出"把连片特困地区作为新时期扶贫开发主战场"，这些地区包括六盘山区、秦巴山区、武陵山区、乌蒙山区、滇桂黔石漠化片区、滇西边境山区、大兴安岭南麓山区、燕山—太行山区、吕梁山区、大别山区、罗霄山区等连片特困地区，以及已明确实施特殊政策的西藏、涉藏工作重点省（四川、云南、甘肃、青海）、新疆南疆三地州。此外，通过把贫困程度比较深、相对连片的特困地区作为扶贫开发主战场，集中扶贫攻坚的力量，将扶贫开发和农村最低生活保障制度有效衔接为扶贫方针，逐步完善社会保障体系。

[①] 史志乐、张琦：《中国共产党领导人民摆脱贫困的百年实践探索》，《中国浦东干部学院学报》2021 年第 1 期。

党的十八大之后，以习近平同志为核心的党中央把脱贫攻坚放在治国理政突出位置，出台了一系列重大政策措施，吹响了打赢脱贫攻坚战的进军号。[①] 2013 年，习近平总书记在湖南省湘西十八洞村调研时首次提出了"精准扶贫"理念，由此我国扶贫开发进入精准扶贫阶段。这一阶段的目标是"到 2020 年确保我国现行标准下农村贫困人口全部脱贫，贫困县全部摘帽，解决区域性整体贫困"。精准扶贫更加注重与贫困群众的直接联系，"精准到人"成为精准扶贫的核心主旨。习近平总书记提出的"六个精准""五个一批"等措施，要求深入了解贫困人口的致贫原因，了解贫困人口的个性需求，争取做到从贫困人口共同特征和个性需求两方面同时出发，更加深入、彻底地解决贫困问题，从而实现长期稳定的脱贫。

二　共同富裕视阈下我国农村反贫困的主要成就

新中国成立后，中国政府一直致力于发展生产、消除贫困。改革开放 40 多年来，我国贫困人口大规模减少，按照我国现行农村贫困标准（2010 年价格水平每人每年 2300 元）测算，1978 年我国农村贫困人口为 7.7 亿人，贫困发生率为 97.5%。2018 年末农村贫困人口 1660 万人，比 1978 年减少 7.5 亿人；贫困发生率 1.7%，比 1978 年下降 95.8 个百分点，平均每年下降 2.4 个百分点。[②] 农村居民的生存和温饱问题基本得到解决，贫困地区经济快速发展，基础设施建设、社会事业发展和生态环境建设得到明显加强。在扶贫实践中，中国探索出了整村推进、雨露计划、产业化扶

---

① 白增博：《新中国 70 年扶贫开发基本历程、经验启示与取向选择》，《农业经济》2019 年第 12 期。

② 《扶贫开发成就举世瞩目 脱贫攻坚取得决定性进展——改革开放 40 年经济社会发展成就系列报告之五》，国家统计局，2018 年 9 月 3 日，https://www.stats.gov.cn/zt_18555/zt-fx/ggkf40n/202302/t20230209_1902585.html。

贫、连片开发、移民搬迁、特困地区综合治理等扶贫模式，极大地推动了中国扶贫事业的发展，也为世界反贫困事业提供了中国智慧和中国方案。2021年2月25日，习近平总书记在全国脱贫攻坚总结表彰大会上正式宣告我国脱贫攻坚战取得了全面胜利。至此，我国区域性整体贫困得到解决。主要取得了以下成就。

一是绝对贫困历史性消除。国家统计局发布的《中华人民共和国2020年国民经济和社会发展统计报告》显示，按照每人每年生活水平2300元（2010年不变价）的现行农村贫困标准计算，551万农村贫困人口全部实现脱贫。党的十八大以来，9899万农村贫困人口全部实现脱贫，贫困县全部摘帽，绝对贫困得到完全解决。2020年贫困地区农村居民人均可支配收入12588元，比上年增长8.8%，扣除价格因素，实际增长5.6%[1]，提前10年实现《联合国2030年可持续发展议程》相关减贫目标，为全球减贫事业贡献了中国智慧和中国方案。

二是困难群体最低生活保障问题得到解决。我国农村最低生活保障制度始于2007年，目的是将家庭年人均纯收入低于标准的所有农村居民纳入保障范围，以稳定、持久、有效地解决农村贫困人口温饱问题。自2017年底以来，全国所有县（市、区）农村低保标准持续达到或超过国家扶贫标准。截至2020年底，1936万贫困人口被纳入农村低保或特困救助供养政策，6098万贫困人口参加了城乡居民基本养老保险，基本实现应保尽保。[2]同时，这一阶段的扶贫开发不仅仅是开发式的扶贫，更是对贫困人口有针对性地扶贫，让有劳动力、有能力的贫困户充分利用市场机制脱贫致富，为贫困人口提供自行脱贫、自我发展的条件和机遇，使扶贫开发和以农村最低生活保障制度为核心的社保制度能有机衔接起来，形成扶贫开发的

---

① 国家统计局：《中华人民共和国2020年国民经济和社会发展统计公报》，《人民日报》2021年2月28日。

② 中华人民共和国国务院新闻办公室：《人类减贫的中国实践》，《农村工作通讯》2021年第8期。

合力。

三是贫困区域基础设施和公共服务不断完善。截至 2020 年底，贫困地区具备条件的乡镇和建制村全部通硬化路、通客车、通邮路；在通信设施建设方面，贫困村通光纤和通 4G 比例均超过 98%，远程教育加快向贫困地区学校推进，远程医疗、电子商务覆盖所有贫困县；在文化教育方面，上学难的问题在贫困农村地区得到妥善解决，累计改造贫困地区义务教育学校 10.8 万所，实现贫困地区适龄儿童都能在所在村上幼儿园和小学；在基本医疗卫生方面，乡村基础卫生站建设不断深入开展，98% 的贫困县中至少有一所二级以上医院，贫困地区县级医院收治病种中位数达到全国县级医院整体水平的 90%，贫困地区群众基本实现小病不出村、常见病慢性病不出县，小病拖、大病扛现象和看病难、看病贵问题明显得到改观。①

四是贫困地区农民收入和消费水平显著提高。2013～2020 年，贫困地区农村居民人均可支配收入从 6079 元增长到 12588 元，年均增长 11.6%，增长持续快于全国农村，增速比全国农村高 2.3 个百分点。② 其中，贫困人口工资性收入和经营性收入占比逐年上升，转移性收入占比逐年下降，自主增收脱贫能力稳步提高。此外，贫困地区的消费水平也实现较大突破。从消费支出数额来看，2019 年贫困地区农村居民人均消费支出突破 1 万元，实际达到 10011 元，扣除价格因素，比上年实际增长 8.3%，快于全国农村 1.8%；从耐用消费品种类来看，贫困地区农村居民耐用消费品不断升级换代，拥有电冰箱、洗衣机、彩电等家电的数量不断增加，基本实现了贫困农村地区全部覆盖。

五是扶贫开发机制不断完善。2014 年 1 月，中共中央、国务院印发的《关于全面深化农村改革加快推进农业现代化的若干意见》提出，着力创

---

① 中华人民共和国国务院新闻办公室：《人类减贫的中国实践》，《农村工作通讯》2021 年第 8 期。

② 中华人民共和国国务院新闻办公室：《人类减贫的中国实践》，《农村工作通讯》2021 年第 8 期。

新扶贫开发机制，提高扶贫精准度。2014 年《关于创新机制扎实推进农村扶贫开发工作的意见》出台，提出建立精准扶贫工作机制，包括建立广泛动员全社会力量参与扶贫开发的制度、拓展社会扶贫组织动员和信息服务渠道、落实社会扶贫相关财政税收等政策、完善干部挂职扶贫等社会扶贫表彰和激励政策以及深化扶贫研究、推动社会扶贫理论和实践创新等方面。精准扶贫创新机制的提出是对原有扶贫机制的反思与改进，是我国现阶段扶贫开发工作的重大创新。在这一战略思路的指导下，全国贫困村、贫困户底数被迅速摸清，我国建立了贫困县核查机制，健全了社会扶贫组织发动机制，完善了投入机制。2013～2019 年，中央财政提供的农村专项扶贫资金从 394 亿元增至 1261 亿元，累计投入达 5121 亿元，年均增幅达 44.5%。[1]

---

[1] 中华人民共和国财政部，https://nys.mof.gov.cn/bgtGongZuoDongTai_1_1_1_1_3/201910/t20191021_3406250.htm。

第五章　共同富裕视阈下湖北农村地区防返贫工作现状

2021 年 2 月，习近平总书记在全国脱贫攻坚总结表彰大会上的讲话中提出："脱贫摘帽不是终点，而是新生活、新奋斗的起点。解决发展不平衡不充分问题、缩小城乡区域发展差距、实现人的全面发展和全体人民共同富裕任重道远。"[①] 湖北省是全国脱贫攻坚的主战场之一，有大别山、武陵山、秦巴山、幕阜山 4 个集中连片特困地区，全省建档立卡贫困人口 581 万人。2020 年 9 月 14 日，湖北贫困县实现全部"清零"。在贫困县脱贫摘帽后，为持续深入巩固好全省脱贫攻坚成果，守牢不发生规模性返贫底线，湖北省高度重视防止返贫工作，出台《关于健全防止返贫动态监测和帮扶机制的工作方案》等文件和通知，在防返贫工作上取得了较为明显的成效，为推进共同富裕作出了一定贡献。本章主要分析了湖北农村地区脱贫概况、共同富裕视阈下湖北农村地区防返贫工作的推进现状及典型案例。

一 湖北农村地区脱贫概况[②]

湖北省全省总面积 18.59 万平方公里，人口 6177 万人，其中农村人口 3578 万人。全省共有 13 个地级行政区、103 个县级行政区、1249 个乡级行政区。2019 年，全省实现地区生产总值 45828.31 亿元，按可比价格计算，增长 7.5%；地方一般公共预算收入完成 3388.39 亿元，增长 2.5%；

---

① 习近平：《论"三农"工作》，中央文献出版社，2022，第 322 页。

② 彭玮、吴海涛、李志平：《不负时代 不负人民——中国减贫奇迹的湖北答卷》，湖北人民出版社，2021，第 143~148 页。

全省城镇常住居民人均可支配收入 37601 元，增长 9.1%；农村常住居民人均可支配收入 16391 元，增长 9.4%。2013~2019 年，37 个贫困县农村常住居民人均可支配收入由 7266 元增长到 12911 元，年均增长 10.06%，比同期全国农村居民人均可支配收入增幅高 2.56 个百分点；全省建档立卡贫困户人均纯收入由 2015 年的 3296 元增加到 2019 年的 8149 元，年均增幅 25.4%。

2013 年底，湖北省建档立卡贫困人口 191.5 万户 581 万人，其中贫困县有建档立卡贫困人口 120.1 万户 376 万人（深度贫困县有建档立卡贫困人口 34.1 万户 105 万人）、非贫困县有建档立卡贫困人口 71.4 万户 205 万人，全省贫困发生率 14.4%。2019 年底，剩余未脱贫人口 2.7 万户 5.8 万人，其中贫困县未脱贫人口 0.8 万户 1.93 万人（9 个深度贫困县未脱贫人口 0.2 万户 0.5 万人）、非贫困县未脱贫人口 1.9 万户 3.82 万人，全省贫困发生率降至 0.14%。剩余未脱贫人口中，因病致贫群体占 51.2%，因残致贫群体占 29.86%。60 岁以上的群体有 2.05 万人，占 35.6%；患有大病或慢性病的群体有 2.2 万人，占 37.4%；持证残疾人有 1.3 万人，占 22.1%。2019 年底，湖北省摸底脱贫监测户和边缘户共 5.8 万户 17.53 万人，占全省 2019 年底建档立卡贫困人口总规模的 3.08%。其中脱贫监测户 2.5 万户 7.53 万人，边缘户 3.3 万户 10 万人。

湖北省有贫困县 37 个，其中国定贫困县 28 个（其中深度贫困县 9 个）、省定贫困县 9 个。2014 年，全省确立建档立卡贫困村 4821 个（2017 年，在这 4821 个村中确立深度贫困村 507 个），37 个贫困县有建档立卡贫困村 2576 个（其中深度贫困村 351 个）。2019 年底，全省 4821 个建档立卡贫困村全部出列。

表 5-1　湖北省贫困县分布情况

片区	所辖市州	国定贫困县（28）	省定贫困县（9）
大别山片区（8）	黄冈市（6）	红安县、麻城市、罗田县、英山县、蕲春县、团风县	
	孝感市（2）	大悟县、孝昌县	

续表

片区	所辖市州	国定贫困县（28）	省定贫困县（9）
秦巴山片区（14）	十堰市（8）	郧阳区、郧西县、竹山县、竹溪县、房县、丹江口市	张湾区、茅箭区
	襄阳市（3）	保康县	南漳县、谷城
	神农架林区（1）	神农架林区	
	宜昌市（2）		兴山县、远安县
武陵山片区（11）	宜昌市（3）	秭归县、长阳县、五峰县	
	恩施州（8）	恩施市、利川市、建始县、巴东县、宣恩县、咸丰县、来凤县、鹤峰县	
幕阜山片区（4）	黄石市（1）	阳新县	
	咸宁市（3）		通山县、通城县、崇阳县

注：宜昌市的兴山县、远安县纳入秦巴山片区范围，秭归县、长阳县、五峰县纳入武陵山片区范围。

2017 年，湖北省"摘帽"贫困县 3 个，其中，国定贫困县 2 个，为红安县、神农架林区；省定贫困县 1 个，为远安县。2018 年，湖北省"摘帽"贫困县 17 个，其中，国定贫困县 10 个，为阳新县、丹江口市、保康县、秭归县、团风县、罗田县、英山县、宣恩县、来凤县、鹤峰县；省定贫困县 7 个，为茅箭区、张湾区、南漳县、谷城县、兴山县、崇阳县、通山县。2019 年，湖北省"摘帽"贫困县 17 个，其中，国定贫困县 16 个，为郧阳区、郧西县、竹溪县、竹山县、房县、长阳县、五峰县、孝昌县、大悟县、麻城市、蕲春县、恩施市、利川市、建始县、咸丰县、巴东县；省定贫困县 1 个，为通城县。2016～2019 年，在国家对省级党委和政府扶贫开发工作成效考核中，湖北省连续 4 年被评为"综合评价好"的省份；2013～2019 年，在国家财政专项扶贫资金绩效评价中，湖北省连续 7 年被评为"优秀"等次；2018 年、2019 年，在国家开展的东西部扶贫协作考核中，湖北省和恩施州、浙江省和杭州市连续 2 年被评为"综合评价好"的省、市（州）。

表 5-2　2014~2019 年湖北省脱贫攻坚成效

年份	贫困人口脱贫	贫困村"出列"	贫困县"摘帽"
2014	69.3 万人	11 个	
2015	128.1 万人	249 个	
2016	96.1 万人	1785 个	
2017	91.7 万人	1013 个	3 个
2018	105.5 万人	963 个	17 个
2019	92.5 万人	800 个	17 个

注：因为贫困人口是动态管理，动态管理内容包括新识别纳入、家庭成员自然变更（自然变更增加：新生儿、婚入、户籍迁入等；自然变更减少：死亡、婚出、户籍迁出等），所以剩余贫困人口数不等于 2013 年底建档立卡贫困人口数减去历年脱贫人口数。

资料来源：根据湖北省扶贫办相关数据整理。

图 5-1　2013~2020 年湖北省贫困县和贫困村变动情况

资料来源：根据湖北省扶贫办相关数据整理。

如表 5-3 所示，2014~2019 年，湖北省农民家庭全年总收入由 14836.14 元增至 22524.84 元，增加了 51.82%；全年纯收入由 10849.06 元增至 16390.86 元，增加了 51.08%；工资性收入由 3298.61 元增至 5352.90 元，增加了 62.28%；家庭经营纯收入由 5009.34 元增至 6807.69 元，增加了 35.90%；转移净收入由 2415.66 元增至 4019.61 元，增加了 66.4%；财产净收入由 125.44 元增至 210.66 元，增加了 67.94%。如图 5-2 所示，37 个贫困县农村常住居民人均可支配收入由 2013 年的 7266 元增加到 2019 年的 12911 元，年均增长 10.06%。[①]

---

① 数据来源：根据湖北省扶贫办相关数据整理。

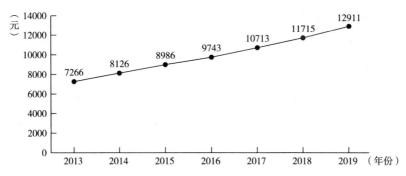

图 5-2　2013~2019 年湖北省 37 个贫困县农村常住居民人均可支配收入增长情况

表 5-3　2014~2019 年湖北省农民家庭年人均纯收入（可支配收入）及构成

单位：元，%

指标	2014 年	2015 年	2016 年	2017 年	2018 年	2019 年
全年总收入	14836.14	15819.16	16807.81	17927.34	20158.66	22524.84
全年纯收入	10849.06	11843.89	12724.97	13812.09	14977.82	16390.86
工资性收入	3298.61	3682.91	4023.04	4389.58	4886.79	5352.90
家庭经营纯收入	5009.34	5281.41	5534.01	5963.95	6270.85	6807.69
转移净收入	2415.66	2718.79	3009.32	3292.77	3634.24	4019.61
财产净收入	125.44	160.78	158.60	165.79	185.94	210.66
比重（纯收入＝100）						
工资性收入	30.40	31.10	31.62	31.78	32.63	32.66
家庭经营纯收入	46.17	44.59	43.49	43.18	41.87	41.53
转移净收入	22.27	22.96	23.65	23.84	24.26	24.52
财产净收入	1.16	1.35	1.25	1.20	1.24	1.29
贫困地区农村居民人均可支配收入					11518	12911

资料来源：根据湖北省统计局相关数据整理。

在脱贫攻坚时期，湖北省构建了财政扶贫资金稳定增长机制，2016~2020 年，省市县财政共投入扶贫资金 670.46 亿元，其中 2020 年投入 168.53 亿元；28 个国定贫困县整合资金 1257.19 亿元，其中 2020 年整合资金 215.17 亿元。创新财政专项扶贫资金管理机制，实行资金、项目、招投标、管理、责任直接到县。完善资金绩效评价，落实公告公示制度，强化审计监督，做到阳光扶贫、廉洁扶贫。①

2015～2020 年，湖北省中央财政扶贫资金以及省级财政扶贫资金到县情况总体上呈上升趋势。其中，2015 年中央财政扶贫资金全省合计 130751 万元，省级财政扶贫资金全省合计 22710 万元；2016 年中央财政扶贫资金全省合计 225510 万元，省级财政扶贫资金全省合计 22710 万元；2017 年中央财政扶贫资金全省合计 320081 万元，省级财政扶贫资金全省合计 22710 万元；2018 年中央财政扶贫资金全省合计 364430 万元，省级财政扶贫资金全省合计 52908 万元；2019 年中央财政扶贫资金全省合计 503132 万元，省级财政扶贫资金全省合计 44842 万元；2020 年中央财政扶贫资金全省合计 598759 万元，省级财政扶贫资金全省合计 51170 万元。

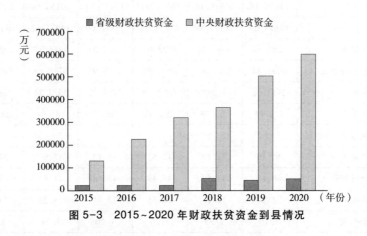

图 5-3　2015～2020 年财政扶贫资金到县情况

资料来源：湖北省财政扶贫发展资金分配表（2015～2020 年）。

湖北省在财政方面提出"绝不因财政工作不到位影响精准脱贫，绝不因财政政策不落实影响精准脱贫"。2020 年，湖北省再获国家财政扶贫奖励资金 3.8 亿元。至此，湖北省已连续 7 年在国家财政专项扶贫资金绩效评价中获得"优秀"等次，累计获得财政部奖励资金 7.76 亿元；已连续 4 年在国家扶贫开发工作成效考核中获得"综合评价好"，累计获得奖励资

① 资料来源：《中共湖北省委湖北省人民政府关于 2020 年全省脱贫攻坚工作总结的报告》。

金 15 亿元。国家财政专项扶贫资金绩效评价，湖北省是全国唯一实现"七连优"的省份。

2016 年以来，湖北省筹措基建资金 504.52 亿元，支持 37 个贫困县农村基础设施建设工程项目；筹措资金 245.83 亿元，支持推进高标准基本农田土地整治、农村环境综合提升等工程建设，全面改善农村生产生活条件；筹措资金 423.28 亿元，支持"四好农村路"建设；筹措农村综合改革转移支付资金 36.95 亿元，支持美丽乡村试点和村级公益事业建设；筹措农村饮水安全巩固提升中央和省级资金 22.66 亿元，共完成 953 万人农村饮水安全巩固提升任务，其中 242.3 万建档立卡贫困人口全部实现安全饮水目标，并在国家扶贫开发信息系统中销号。2015 年以来，湖北省争取中央农村危房改造补助资金 68.55 亿元，落实省级补助资金 18.64 亿元，全面完成 47 万户建档立卡贫困户、低保户、分散供养特困人员、贫困残疾人家庭等四类重点对象的危房改造任务。

二 共同富裕视阈下湖北农村地区 防返贫工作的推进现状

1. 总体概括

高位推进，精心安排部署。一是领导高度重视。湖北省委、省政府领导高度重视防止返贫监测帮扶工作，例如，湖北省省委书记王蒙徽亲自审定"2022 年度监测收入标准调整方案"，并在参加湖北省第十二次党代会恩施州代表团审议时强调，加强对因病因残因学等存在返贫致贫风险农户的动态监测，建立常态长效帮扶机制；湖北省省长王忠林多次在省政府常务会上研究监测帮扶工作，强调要"量力而行、尽力而为"调整年度监测范围；湖北省省委副书记李荣灿在全省巩固拓展脱贫攻坚成果同乡村振兴有效衔接专题研讨班上强调要"三管齐下",完善监测帮扶机制；分管副省长宁咏亲赴省乡村振兴局，调研防返贫监测信息系统并提出明确要求。二是精心制定方案。为深入贯彻落实习近平总书记关于健全防止返贫动态监测和帮扶机制的重要指示精神，持续深入巩固全省脱贫攻坚成果，守牢不发生规模性返贫底线，实现巩固脱贫攻坚成果同乡村振兴有效衔接，湖北省迅速组织起草"2022年防止返贫监测帮扶集中排查工作方案"，并结合本省实际，在10个县市区开展试点工作，进一步明确了工作内容、时间安排及工作要求。各市、县陆续出台集中排查工作实施方案，明确工作任务，厘清工作思路，确保集中排查工作有力有序开展。三是全员开展培训。2022年4月11日，各市州、县乡村振兴部门统一收听收看全国健全防止返贫监测帮扶机制工作部署和衔接资金执行进度调度视频会议，并在会后召开全省视频会议安排部署集中排查工作。2022年4月29日，召开全省2022年防止返贫监测帮扶集中排查视频培训，全面解读《健全防止返贫动态监测和帮扶机制工作指南（试行）》要点，进一步细化工作举措，强调狠抓落实。2022年5月至6月，举办2022年度全省驻村第一书记（工作队长）示范培训班，将防止返贫监测帮扶工作作为重点培训内容之一对省直驻村工作队第一书记和队长进行专题培训。各市州、县按照"市州培训到乡镇、县培训到村"的原则，深入开展业务培训，累计达到433场次，切实做到培训全覆盖。

明确任务，全面开展排查。一是突出工作重点。重点关注8类重点人群，充分运用大数据比对分析手段，从收入、患病、年龄、教育、残疾、劳动能力、务工就业等方面进行筛查，将可能存在返贫致贫风险的脱贫户名单下发各地，并进行入户核查核实。二是优化工作程序。在识别认定方面，充分汲取试点工作经验，将监测程序调整为"入户核查初判、数据比对、村级评议公示、乡镇审核、县级公告确定"，统一使用民政部门承诺授权书，协调使用家庭居民经济状况核查平台，同步推进信息比对、帮扶计划制订与识别程序，实现快速比对认定，5天公示，10天内制定帮扶措施，确保15天内完成识别。在风险消除方面，严格按照收入已稳定超过监测范围半年以上、"三保障"及饮水安全持续巩固、返贫致贫风险经帮扶后稳定消除的监测对象，或返贫致贫风险自然消除的原则。在档案资料方面，坚持"应简尽简、公开公正"的原则，制定县、乡、村、户档案资料目录，完善档案资料。三是精准实施帮扶。制作湖北省巩固脱贫成果到户帮扶政策明白卡，分门别类梳理国家和省级相关帮扶政策内容，各地统筹用好乡村干部、驻村工作队和结对帮扶干部等工作力量，一对一明确帮扶责任人。

加强调度，提高排查质量。一是定期调度进展。在集中排查期间，（省乡村振兴局）每周提取集中排查数据，分析各地进度，对工作进展慢、落实排查不细致、存在问题整改不彻底等情况及时提醒。将防返贫监测帮扶作为应对疫情影响重点调度内容，督导工作落实，确保有力有序稳步推进。二是深入调研督导。结合全省开展的党员干部"下基层、察民情、解民忧、暖民心"实践活动，湖北省乡村振兴局所有干部深入联系包保县开展走访，同时，（省乡村振兴局业务处室）分批分片对9个市州的12个县（市、区）进行集中排查活动开展情况专题调研，通过查阅台账、入户核查等方式，了解集中排查任务是否落实到位、监测程序是否简化、帮扶措施是否及时制定落实等情况，推动排查工作走实走深。三是压实各级责任。在集中排查过程中，要求各市县因地制宜完善排查方式，落实部门联席会议制度，明确各级各部门的排查责任。

一体推动，压茬推进工作。一是以排查促问题全面整改。结合国家、省级巩固脱贫成果后评估等发现的问题，督促各地在排查过程中，压实工作责任，补齐工作短板，确保问题整改取得实效。找出突出问题，落实精准施策，化解风险隐患，以问题有效解决带动工作全面提升。二是以排查促部门协调联动。督促各地乡村振兴部门加强与医保、民政、残联、住建等部门沟通协调，全面梳理本行业部门监测预警信息，并反馈给乡镇、村核实，提高摸排的针对性。三是以排查促数据质量提高。持续关注全国防返贫监测信息系统数据质量，指导各地核查核实家庭成员基础信息、收入支出信息、"三保障"及饮水安全信息、帮扶措施信息等，提升系统数据质量，做到"账账相符""账实相符"。

2. 具体做法

2019 年以来，湖北省建立并全面实施了防止返贫监测和帮扶的机制，聚焦两类群体存在的返贫致贫风险和突出短板，及时落实帮扶措施，取得了显著成效。2019 年底，全省摸底脱贫监测户和边缘户共 5.8 万户、17.53 万人，占全省 2019 年底建档立卡贫困人口总规模的 3.08%。其中，脱贫监测户 2.5 万户、7.53 万人，边缘户 3.3 万户、10 万人。新冠疫情发生后，湖北省对脱贫监测户和边缘户进行了动态调整，全省新增脱贫监测户 1166 户、3579 人，新增边缘户 1301 户、4052 人，全省共有脱贫监测户和边缘户 6.02 万户、18.30 万人，其中脱贫监测户 2.62 万户、7.89 万人，边缘户 3.40 万户、10.40 万人。①

(1) 持续巩固脱贫成果，推动脱贫攻坚与乡村振兴衔接

实施动态排查，做到"三保障"不反弹。湖北省因地、因家、因人施策，对各地贫困家庭孩子展开"一对一"走访，帮助这些孩子解决生活和学习中的困难，确保了全省义务教育阶段贫困人口无人因贫辍学。全省贫困人口实行"基本医保+大病保险+医疗救助+补充医疗保险"四位一体工作机制，住院费用实际报销比例由 2015 年的 55% 左右提高到 2019 年的 88.94%。全省贫困人口新冠患者不仅医药费全免，还可以获得相应生活资助。截至 2020 年 2 月底，湖北全省所有易地扶贫搬迁安置户已全部搬迁入住。截至 2020 年 5 月中旬，经过逐村逐户摸排，全省有 83 户动态新增建档立卡贫困户危房正在实施改造。

加强监测预警，进行有针对性帮扶。突如其来的新冠疫情给脱贫攻坚

---

① 根据湖北省扶贫办相关数据整理。

带来了新的挑战。为有效防止返贫致贫，湖北省建立防止返贫监测和及时帮扶机制，巩固脱贫成果，确保脱贫攻坚的质量和成色。在监测预警方面，全省重点对监测户 7.53 万人、边缘户 10 万人，以及因疫情或其他原因引发的收入大幅缩减或刚性支出明显增加的家庭，实行动态监测，及时纳入台账管理。在帮扶举措方面，按照"缺什么、补什么"的原则，实施"一户一策"，防止因疫致贫、因疫返贫。对具备发展产业条件的监测对象，加强生产经营管理培训，提供扶贫小额信贷支持，动员龙头企业、专业合作社、贫困村创业致富带头人等发展生产。对有劳动能力的监测对象，加强劳动技能培训。全省数千家扶贫车间和数百家扶贫龙头企业全部提前复工复产，帮助务工人员就业。统筹利用公益岗位、农村项目建设，多渠道安排监测对象。对无劳动能力的监测对象，进一步强化低保、医疗、养老保险和特困人员救助等综合性社会保障措施，确保应保尽保。尤其是对受新冠疫情影响的孤寡老人、重度残疾人、低保对象、特困人员等困难群众，及时落实临时救助政策。通过中国社会扶贫网等多渠道，广泛动员社会力量参与扶贫济困。突出政策引导、教育引导、典型引导和村规民约，激发贫困户内生动力，提高贫困群众自我发展能力。

湖北省对已退出的 37 个贫困县、4821 个贫困村、575.2 万已脱贫人口，保持现有帮扶政策总体稳定，严格落实摘帽不摘责任、摘帽不摘政策、摘帽不摘帮扶、摘帽不摘监管的"四不摘"要求。严格执行"省负总责、市县抓落实"的工作机制和党政一把手负总责的脱贫攻坚责任制。坚持五级书记抓扶贫，深入开展遍访贫困对象行动。全省近 2 万个驻村扶贫工作队 6 万多人在新冠疫情期间坚守岗位，战"疫"战贫。新冠疫情发生后，全省推动"农 7 条""农 9 条""农 20 条"等重大政策在贫困地区落地落实，千方百计帮助新型农业经营主体复工复产，贫困地区 241 家省级龙头企业直接吸纳近 4 万贫困人口就业。全国各地广泛开展"为湖北拼单、带货"等系列活动，加快化解茶叶、水果、香菇、小龙虾等产品的销售难题，数十万建档立卡贫困户从中受益。就业扶贫方面，在全省部署开展组织贫困劳动力积极参加务工专项行动。自 2020 年 3 月各地解除交通封控之日起，恩施、十堰、黄冈、咸宁、随州、荆州等市州就主动作为，逐村逐户核实返岗需求，优先组织贫困人员返岗务工，实施精准对接，组织专列、专车送贫困户赴外地打工。截至 2020 年 6 月 12 日，湖北省贫困人口已安全有序外出 195.2 万。

（2）加强边缘户管理，切实保护扶贫果实

为全面打好打赢脱贫攻坚战，有效夯实脱贫攻坚工作基础，切实提升脱贫攻坚质效，防范致贫风险，防止产生悬崖效应，统筹做好贫困户和非贫困户工作，湖北省于 2019 年开始实施加强边缘户管理工作，重点将未纳入建档立卡贫困户的低保户家庭、分散供养特困人员、重度残疾家庭、重度精神病家庭、举家无劳力家庭等特殊困难群体纳入管理范围，此类人员"两不愁、三保障"达标有明显"硬伤"，在建档立卡过程中疑似漏评；因病、因学、因灾、因残等大额支出造成家庭困难，实际生活水平接近建档立卡贫困户的农户。

采取村级初选、入户核查、会议评议、村级公示、乡镇审定并公示、实行台账管理等六个程序进行认定。①村级初选。村两委、驻村工作队商定初步名单。②入户核查。村两委、驻村工作队围绕初选名单，对照边缘户认定条件入户开展核查。③会议评议。召开村民代表大会，对初步筛选的对象进行评议。④村级公示。对村民代表大会评议通过后的对象，在村公示栏进行公示，公示期不低于 7 天。公示无异议后，报乡镇审核。⑤乡镇审定并公示。乡镇对各村上报的边缘户进行审核确认，并在乡镇公示栏进行公示，公示期不低于 7 天。公示无异议的名单，报县扶贫攻坚指挥部办公室备案。⑥实行台账管理。边缘户人员锁定后，各乡镇要建立好边缘户管理台账，对边缘户存在的突出问题和困难实行销号式管理。

对边缘户具体实施以下帮扶措施。①医疗救助。患大病边缘户比照享受贫困户大病医疗报销政策，确保患大病边缘户住院报销比例达 90% 左右，门诊慢性病医疗费用报销比例达 80% 左右。乡村两级出具书面证明，报县扶贫攻坚指挥部领导签署相关意见后由医保部门负责落实大病报销政策。②危房改造。对符合危房改造条件的边缘户，相关部门优先安排危改项目，参照建档立卡贫困户标准。③教育资助。子女接受义务教育符合资助条件的边缘户家庭，由教育主管部门统一纳入教育资助范围，享受有关教育资助政策。④产业帮扶。有产业发展能力和发展意愿的边缘户，乡村两级积极协助对接农村新型经营主体，加强技术指导和培训，降低产业发展风险。享受非贫困户产业扶持政策。⑤民政救助。针对边缘户困难群体，民政部门要建立快捷有效的救助工作机制，利用好民政救助、社会帮扶等方式对其给予及时有效救助，保障其基本生活。

（3）加强精神文明建设，扶志与扶智相结合

坚持教育引导。创办脱贫攻坚"农民夜校""新时代文明实践中心"等，加强"思想、文化、道德、法律、反思"教育，弘扬"自尊、自爱、自强"精神，破除"政策养懒汉"等思想。鼓励各地总结推广脱贫典型，宣传表彰自强不息、自力更生、脱贫致富的先进事迹和先进典型，用身边人身边事示范带动贫困群众。大力开展移风易俗活动，选树一批文明村镇和星级文明户，推广"星级评比"等做法，引导贫困村修订完善村规民约，发挥村民议事会、道德评议会、红白理事会、禁毒禁赌会等群众组织的作用，坚持自治、法治、德治相结合，教育引导贫困群众弘扬传统美德、树立文明新风。加强对高额彩礼、薄养厚葬、子女不赡养老人等问题的专项治理。

实施正向激励。湖北省扶贫攻坚领导小组出台《关于进一步激发内生动力加快精神脱贫行动方案》，对贫困户加大政策激励力度，开展"十星级文明户""五好模范""我脱贫我光荣"等评选活动，建立脱贫激励制度。《关于进一步激发内生动力加快精神脱贫行动方案》要求，各县对建档立卡贫困户超过省委、省政府确定的脱贫标准的，在落实湖北省省委办公厅、省政府办公厅《关于建立精准脱贫激励机制的实施意见》规定的奖励政策的基础上，由县人民政府以户为单位连续三年给予奖励。以县为单

位，每年在贫困村组织开展一次"五好模范"评选活动，每年表彰 20 户，每户奖励 5000 元。继续加大以工代赈实施力度，动员更多贫困群众投工投劳，多采用生产奖补、劳务补助、以工代赈等机制，激发贫困户自我发展意识。同时，省扶贫攻坚领导小组还设立脱贫贡献奖、奉献奖、奋进奖、创新奖，增加脱贫"心劲"，从而实现政府主导与群众主体、扶贫与扶志、内因与外因、输血与造血有机结合，形成脱贫光荣的良好氛围，为打赢脱贫攻坚战增添不竭动力、奠定坚实基础。

加大文化扶贫力度。将弘扬社会主义核心价值观、移风易俗新风行动、"家风家训进万家"等活动与精神扶贫有机结合起来，利用国家扶贫日等重要节点开展系列主题教育活动，精心组织"精准扶贫不落一人"主题宣传，将优秀基层扶贫干部、自力更生的脱贫典型，纳入各级百姓宣讲团，充分发挥先进典型的示范带动作用。加强平台和制度建设，到 2019 年实现建制村全覆盖设立红白理事会和制定村规民约，到 2020 年湖北省 90% 以上的建制村开设道德讲堂，推动移风易俗工作制度化、规范化、常态化，实现农民自我教育、自我管理、自我提高，为激发群众内生动力提供坚强保障。实施基层"四馆三场"建设工程、村级文化中心设备配置、流动图书车、流动文化车配送、农村文化志愿服务行动计划等文化惠民项目。实现贫困县流动图书车、流动文化车配送全覆盖。

（4）激发内生动力，推动贫困地区持续发展

激发内生动力是推动贫困地区长远发展的关键，厘清内生动力推动贫困地区发展的内在逻辑，以内生动力为理论视角，通过贫困主体、科技要素和模式创新，总结分析湖北省推动贫困地区可持续发展的实践经验。

采取货币化扶贫方式，激发贫困人口主体作用。目前，湖北省对贫困人口的帮扶主要体现在两个方面。一方面是货币化的帮扶路径。通过各种经济手段对贫困人口进行外在指引与刺激，如设置公益性岗位、开展金融扶贫等，这主要是将市场经济规律用于贫困人口的发展。另一方面则是从贫困人口的主体性地位着手，将贫困人口作为推动贫困地区发展的原动

力，通过对贫困人口在脱贫攻坚中表现的不同特征提出发挥贫困人口主体作用及促进可持续发展的思路。总体上看，货币化的扶贫方式较好地解决了湖北省贫困地区和贫困人口发展的外部性问题，通过财政和货币政策手段引导经济资源向贫困地区流动，对贫困人口脱贫致富起到良好的促进作用。

突出科技创新要素，提升扶贫产业技术含量。湖北省贫困地区的科技创新分为两大类：第一类是满足贫困人口自我需求的基础性科技创新；第二类是可以用于贫困地区企业创造新产品的生产性科技创新。第一类科技创新如互联网金融贷款、网络医疗保险、储蓄投资等，第一类科技创新在2020年后的新时期扶贫工作中仍将扮演更加重要的角色；第二类科技创新则在我国供给侧结构性改革与各类产业转型升级的大背景下，对于贫困地区扶贫产业发展显得更为重要。一些贫困地区已经在探索利用创新技术手段来争取扶贫产业在市场竞争中的主动权。

创新发展模式，推动"扶贫+"和"+扶贫"融合。总体来看，湖北省贫困地区创新发展模式可以分为两个范畴。一方面是属于协同创新的范畴，即通过不同主体之间的协同实现有效治理，贫困地区发展的协同创新分为行业间协同、部门间协同、区域间协同等。另一方面是属于融合创新的范畴，融合创新又分为三大方向：第一是关注政府与扶贫的关系，即如何通过各级政府部门的力量强化贫困地区发展，优化扶贫资源分配并尽量保证贫困地区的社会公平；第二是增强社会与扶贫相融合，即如何通过调动社会各界形成合力，共同解决贫困地区发展难题；第三是关注扶贫与大数据的关系，即如何通过现代化信息管理手段对贫困人口进行动态管理。

贫困地区的发展既要保证扶贫的公益属性，又不能脱离市场经济发展规律，因此"融合"成为贫困地区发展的重要模式，针对扶贫中的公益属性与商业行为，"融合"可以分为正向渗透和反向渗透两大基本方式。一方面，医疗、教育等内容主要属于扶贫中的公益属性，可以通过技术渗透的方式推动公益性扶贫事业，正在推广的"互联网+医疗扶贫""互联网+

教育扶贫"等就属于这一融合方式。另一方面，从扶贫产业的视角，贫困地区发展必须积极融入并适应现代市场竞争，"扶贫+"成为贫困地区提升经济发展层级的重要融合方式，这种融合需要以贫困地区资源禀赋为基础，引领扶贫产业的融合发展。

黄冈市通过"扶贫+信贷"模式激发了贫困主体创业就业的意愿和动力；孝感市通过"扶贫+电子商务+线下销售"模式确保贫困户的农产品卖出去、卖高价。从内生增长的视角来看，"扶贫+"的作用日趋显著，"扶贫+个人"将带来贫困人口自我发展能力的提升，有利于贫困主体思想意识的觉醒，"扶贫+企业"使得贫困地区市场主体更具创新力与市场竞争力，知识、技术、信息的渗透赋予贫困地区发展新的活力，也成为贫困地区长效发展的重要动力。

（5）激发民间投资活力，促进落后地区开放发展

脱贫攻坚就是在弥补湖北省落后地区发展短板，不仅是从基础设施方面保证贫困地区不掉队，更是从制度层面推动贫困地区软环境建设。武汉周边地区较为发达，老少边穷地区相对落后，这是湖北省区域发展不平衡的典型表现。湖北省老少边穷地区市场经济不够活跃，贫困县较为集中，属于贫困高发区域，同时也是民间投资相对不活跃的地区，特别是在民间投资领域，大量优质企业和市场资本加速向东部地区转移，甚至出走海外，这是由于贫困地区营商环境不优。而脱贫攻坚的深入推进，加快了"放管服"改革在贫困地区的实施，让湖北省大量贫困县域享受到了财政、税赋、科技、创新等一系列政策红利。脱贫攻坚使湖北省贫困地区的营商环境得到进一步优化，提高了民间投资的积极性。

"鲁老记"和"车溪人家"是宜昌本地的农产品加工企业，自精准扶贫工作实施以来，在土地、税收等扶贫政策的吸引下，企业开始在当地贫困村进行产业投资。"鲁老记"主要进行红薯种植，然后进行食品加工，"车溪人家"主要是进行茶叶种植、加工和销售。当地村民每年种植红薯、茶叶，"鲁老记"和"车溪人家"就负责收购和销售，稳定的销路和利润

吸引了村民加入。在良好的政策环境下，"鲁老记"和"车溪人家"取得了良好的发展成绩，种植规模逐步扩大，也让越来越多的困难群众有机会参与。目前，在两家企业的带动下，当地贫困村基本形成了以茶叶、红薯、蔬菜等为主的经济作物种植模式，更多的合作社也准备加入。

（6）聚焦贫困地区青年，坚持做好人才培养工作

坚持实施"三支一扶"计划。湖北省自 2006 年启动实施"三支一扶"计划以来，累计选派 3 万余名高校毕业生到基层，参与支农、支医、支教、扶贫、青年事务、人社、水利、残联、文化、供销合作等方面的服务，服务人员遍及全省各县市区。2019 年，"三支一扶"招募工作坚持"四个倾斜、三个放宽"（四个倾斜，即招募计划向扶贫岗位和贫困地区倾斜，优惠政策向贫困家庭考生和新疆、西藏籍考生倾斜；三个放宽，即进一步放宽学历、年龄和专业条件）原则，招募计划重点向武陵山区、秦巴山区、大别山区和幕阜山区等重点扶贫地方倾斜，对建档立卡贫困家庭等考生继续实施"笔试加 3 分"优惠政策，共计 600 多人享受了优惠政策。

做好大学生村官培养工作。高质量打赢脱贫攻坚战、实现稳定脱贫，关键在人，关键在于培养造就一支懂农业、爱农村、爱农民的"三农"工作队伍。自 2018 年开始，湖北省连续 10 年累计选聘大学生村官 14290 人，目前在岗 1917 人。[①] 按照中央、省委有关文件精神，大学生村官工作生活补贴按当地乡镇初录公务员工资水平发放，每人每月 3300 元以上，对在建档立卡贫困村任职的大学生村官每月补助 150 元，省级财政为每个大学生村官统一办理重大疾病和人身意外伤害综合保险，以县为单位办理大学生村官养老、医疗等社会保险，切实提高综合保障水平。

持续做好贫困地区青年人才培养工作。根据中组部统一部署，从 2018 年起，湖北省实行大学生村官工作和选调生工作并轨，不再单独招录大学生村官。新招录的选调生到岗后统一安排到村工作两年，履行大学生村官

---

① 根据湖北省人民政府相关数据整理。

的相关职责。在此基础上，将研究制定专门面向贫困地区招录县乡机关公务员、事业单位人员的有关政策，加大从优秀村干部、大学生村官中招录乡镇公务员和事业单位人员的力度，并适当降低门槛。实施"一村多名大学生计划"，确保每个贫困村培养 1~2 名后备干部。

积极服务贫困地区青年创业创新。积极贯彻落实中央和湖北省鼓励"大众创业、万众创新"有关部署，开展舆论宣传、政策扶持、搭建平台等工作，全方位、多渠道支持贫困地区青年创业创新工作。鼓励返乡青年到贫困地区组建创业团队，搭建创新平台，通过创业创新投身产业扶贫。积极发展产业扶贫新业态，支持返乡青年开展"电商+产业+双创+众筹"扶贫模式，通过网上创业脱贫致富。积极引导返乡创业青年根据消费需求，进入传统手工艺、文化创意、养生养老等生产性生活性服务领域，开辟创业空间。在 37 个贫困县开展电商扶贫活动，带动 9.84 万贫困人口增收。

（7）推进"互联网+"扶贫，驱动贫困地区创业创新

互联网作为平台性工具，不仅加快了贫困地区传统一二三产业融合步伐，更为特殊困难群众提供了新的创业空间。随着互联网的快速发展，以及新冠疫情对线下经济的影响，湖北省加快了"互联网+"扶贫工程的实施步伐，为贫困地区创新创业提供了良好的平台。一方面，互联网促进产业转型升级，进一步破除贫困地区信息壁垒，丰富贫困地区创业模式，越来越多的创业者在贫困地区开创事业。另一方面，互联网降低了贫困地区获取外界技术和信息的成本，很多从前需要通过购买的技术服务，在互联网平台的支持下可以更加高效地获取，并迅速投入实际生产经营。无论是返乡人员、本土人员还是外来人员，作为贫困地区创业创新的主体，对贫困地区发展都起着至关重要的引领作用。

面对瞬息万变的现代社会与相对闭塞的贫困地区，创业人员通过互联网迅速了解和掌握最新的生产工艺、养殖技术、栽培技术等信息，可以更加直接地获取市场行情及最新政策。通过在线培训、平台互动、网络直播

以及互联网金融等途径，不断增强创新意识和资金、管理等实力，重新构建贫困地区农业生产和产业服务的体系，将从前较为单一的"播种育苗—养殖培育—固定销售"等传统模式，转变为更加形式多样的创业方式。在互联网的驱动下，青年创业不再局限于固定时间、固定地点和人员限制，更多的信息技术和人力资源在无形之中融入贫困地区的产业发展。例如，湖北省广水市陈家河村村民朱永好，大专毕业，学习美术设计专业，在成都从事文创工作。在精准扶贫和乡村振兴政策的带动下，朱永好准备将三同村的一些旧农舍、土坯房进行艺术改造，提升乡村旅游品位，吸引城市居民前来旅游。但是，筹措资金仍然是青年创业者面临的首要难题，目前除了银行贷款、扶贫创业基金等传统途径以外，互联网众筹成为贫困地区青年创业创新的融资途径。朱永好将自己的计划在众筹平台进行推广，得到了众多网友的支持，并通过网络众筹获得了创业的初始资金。

人力成本偏高、生产效益低下，一直困扰着传统农业生产，创业农户难以承担高昂的人力成本。互联网技术的成熟，让更多新技术应用于农业生产。例如，湖北省襄阳保康县村民胡胜利，流转了 500 亩土地进行粮食种植，往年播种收割及拖拉机作业要花去较高成本，这也成为他不敢扩大生产规模的重要原因。通过到国内外进行现代农业考察，胡胜利对农业科技的认知水平不断提高，通过购买和利用农用器械无人驾驶模块，通过网络远程操控实现了农田智能化自动作业，节约了大量人力成本，提高了生产效益。

网络销售、云农场、订单农业等互联网新型农业业态，都在吸引着越来越多的青年群体加入贫困地区创业创新的大潮，"互联网+创业"正在改变着贫困地区的面貌。比如，湖北省利川市村民张志良，初中毕业后就一直在外打工，利川市于 2017 年开始发展传统农家文化产业，张志良回到利川市农村干起了乡村导游。张志良不仅实地接待游客，而且通过抖音、快手等网络平台进行网络直播，将利川市农民的生活点滴通过直播向外展示，并且推广农民自家制作的土特产品。随着粉丝数量的上涨，张志良也成为小有名气的网络红人。此外，随着互联网技术在贫困地区的广泛应用，对于软硬件技术服务的需求也逐渐增多，不少受到残障或疾病困扰的特殊困难群众，也通过互联网创业找到了生活信心与社会价值。

与此同时，贫困地区创业主体不断进步，也促进了互联网创业发展。贫困地区创业人员的主体包括返乡人员、本土人员和外来人员等。其中，返乡人员是贫困地区创业创新的主力军，返乡人员大多是出生在贫困地区的本土人员，他们大多在中学阶段或是完成大中专教育以后外出务工，并在掌握一定创业技能后，选择回到贫困地区进行创业。外来人员指的是既不在贫困地区出生，也不在贫困地区成长的创业人员。本土人员大多长期扎根农村，从出生到创业绝大多数时间都在本地度过，本土人员的创业目的往往更加纯粹，对于致富的渴望也更加迫切，本土人员与外界的接触相对较少，也导致本土青年对于技术和知识的渴求更加强烈。外来人员一般掌握一定的知识技能或是具备较强的资金实力，但是缺少资源平台或是政策支持的优质创业项目，而贫困地区的资源禀赋以及精准扶贫、乡村振兴等优惠政策，满足了外来人员的创业需要。总体来说，返乡人员往往具有较强的创业热情、致富意识和创新意识，所以也是发达地区与贫困地区的信息桥梁，很多来自发达地区的先进技术、知识、技能以及资金，都需要依靠返乡青年传递到贫困地区。基于在发达地区的生活和工作经历，返乡人员对于创新、技术、信息、管理等要素更加重视和渴求，他们迫切希望通过不断提升自身能力来提高创业效益和成功率。

（8）强化科技成果转化，助力深贫地区振兴发展

湖北省深度贫困地区主要以少数民族聚居区、大别山区、武陵山区、秦巴山区和幕阜山区为主，这些地区自然环境较为恶劣，如果一味走传统产业发展的"老路子"，并不利于地区经济的快速发展。坚持科技创新驱动，利用科技成果转化培育新产业、激发新动能，势必成为湖北省深度贫困地区实现振兴发展的必由之路。

自 2015 年以来，为了进一步推进科技扶贫工作，湖北省相继出台了

《湖北省"十三五"产业精准扶贫规划（2016—2020 年）》《关于科技扶贫精准脱贫的实施意见》等一系列政策性文件，并设立了多个科技扶贫综合试点县。2017 年 4 月，湖北省科技厅、省农业农村厅和省扶贫办联合成立了湖北省科技扶贫领导小组，并组织 18 个扶贫小组共计 1625 名农业专家，分别前往郧西、竹溪等 28 个国家级重点贫困县，为贫困地区带去先进生产技术，与贫困户一起探索新型种养合作模式。[①] 湖北省科技厅推出的"智农村通"信息服务一体化平台，已在省内深度贫困地区得到推广，实现了全省 25 个国家级贫困县及所辖乡镇办事数据的全覆盖。开展村村通信息平台建设，为全省深度贫困地区行政村搭建相对独立的村村通公共服务平台，提供"村务、党务、学务、商务、劳务、政务、农务"服务，实现农村"七务通""智农村通"多屏互动信息服务一体化。

3. 主要问题

一是监测识别困难。农村的生计系统较为脆弱，要素与资源之间的配置转换也受到不同程度的限制。此外，自然环境、政治经济和社会文化之间也存在一定的相互作用，导致农村低收入人口的显性和隐性负担过重，很容易徘徊在贫困边缘，成为新生贫困人口。因此，常态化监测和准确识别低收入人口的工作难度大。各个省份低收入人口划定方法不一。比如，江苏省主要考虑收入线、财产线、刚性支出等方面。而湖北省主要以收入标准为依据，仅用个别限定性指标无法全面体现贫困人口的真实处境，导致不能综合研判家庭致贫和返贫风险。同时，由于省级层面没有建立统一的防返贫监测数据快速共享机制，基层不能直接查询或快速共享部门数据，影响工作效率。湖北省监测对象认定数据比对主要通过民政部门的平台进行查询，家庭资产信息比对工作用时较长，还需要进一步提高比对

---

① 《湖北省科技助力精准扶贫工程领导小组成立将精准帮扶贫困地区》，长江云，2017 年 4 月 11 日。

效率。

二是运行机制存在缺陷。运行机制的缺陷主要表现在低收入人口互助机制的非完备性和帮扶工作的非专业性。一方面，非营利性社会组织作为我国社会力量的重要组成部分，在低收入人口帮扶中未能发挥优势作用。另一方面，低收入人口所面临的困难类型不同、致因不一，导致帮扶工作复杂烦琐，强度较大，需要投入大量具有专业技能的人力。目前，很多从事低收入人口帮扶工作的人员没有经过专业培训，对低收入的测定方法、帮扶对象的个案工作以及调查方法不够了解，这在很大程度上影响了运行机制的有效发挥。此外，系统后台权限需要支持。按照《工作指南（试行）》规定，回退、清退等后台处理权限由省级向国家乡村振兴局申请。在实际工作中，发现录入错误问题，不能及时纠正，不利于数据及时清理，可能会影响监测对象帮扶政策落实。

三是信息收集缺乏准确性。对低收入人口实施动态管理和帮扶必须建立在及时、全面收集信息的基础上。由于需要帮扶的低收入人口规模较大，信息处理过程可以借助网络平台来完成。而当前分属各部门的数据平台没有有效整合，乡村振兴部门的"防返贫监测信息系统"与民政部门的"农村低收入人口数据库"等行业数据系统尚未形成共享数据库，如脱贫不稳定户、边缘易致贫户由乡村振兴部门统计，低保户由人社部门统计。由于各部门对低收入人口的判定标准不尽相同，容易出现信息不一致等问题，给低收入人口的识别造成阻碍。部分县级以下部门尤其是村委会在信息收集和实时处理方面的能力不足，对农村低收入人口收入的审核缺乏技术手段，通常通过走访、实地察看做出决定，缺乏准确性，尤其是对于流动人口和外出务工人员收入情况难以准确核实。此外，有的地方基础工作不扎实，全国防返贫监测信息系统数据不准确、更新不及时。少数区域协作责任落实不到位，帮扶资金拨付、协作项目启动滞后。

四是防止返贫监测及帮扶工作还存在不足。监测对象主要以收入标准为依据，未综合研判家庭致贫和返贫风险，识别标准把握不够精准。在2021年国家考核评估所抽查监测户中，20.53%的监测户认为帮扶措施针对性不强或没有针对性，其中36户因病纳入的监测户表示未享受健康帮扶；37户因就业不稳纳入的监测户表示未享受就业帮扶。此外，部分省级配套文件出台较晚，影响基层执行。部分衔接政策配套文件的出台或印发时间，与国家相关文件的出台或印发时间间隔较长。有的政策调整把握不精准。比如，脱贫人口自2022年起不再享受医疗救助倾斜支持和先诊后付费等特惠政策措施，对部分患重症的脱贫人口影响较大。此外，部分地方重点工作推进不够有力。个别易地搬迁安置点产业带动不强，基本公共服务设施不配套。少数地方产业奖补、交通补助发放不及时。少数地方衔接资金使用效益不高，项目资产后续管理不到位。少数地方区域协作责任落实不到位，帮扶资金拨付、协作项目启动滞后。有的地方基础工作不扎实，全国防返贫监测信息系统数据不准确、更新不及时。

五是部分地区产业发展存在薄弱环节，就业帮扶工作有待提升。一些地区的产业链较短，特色农产品多为直接销售，没有形成成熟的深加工产业和品牌效应。一些地区的产业发展配套设施有待完善，个别村需要大量生产用水，但水利基础设施不能满足需求。产业帮扶力度弱化、联农带农机制不完善。比如，在抽查的630户脱贫户中，人均生产经营净收入较2020年下降的占比19.84%；75.87%的脱贫户表示没有得到产业帮扶。攻坚期企业合作社带动的178户脱贫户中，28.25%的脱贫户不再带动。产业帮扶作用不明显，是影响巩固成效认可度的最重要原因。此外，在758户有劳动力的脱贫户和监测户中，22.69%的脱贫户家里无人常年务工，89.3%表示没有参加过就业培训，75.07%的脱贫户表示就业帮扶措施帮助较小或没有帮助。525户省外县外务工的脱贫户中，仅7.23%的脱贫户领取了交通补贴。①

---

① 根据湖北省乡村振兴局政策法规处（考核评估与督查处）相关数据整理。

六是少数地方责任还需压实。一些地区学习巩固拓展脱贫攻坚成果同乡村振兴有关的重要文件、会议精神衔接不到位。个别地方党委和政府主体责任落实不到位。有的行业部门调整优化政策不及时。有的地方驻村干部选派不精准，少数驻村干部履责不到位，群众认可度不高。个别地方防范化解因病返贫致贫风险机制不健全，部分村卫生室服务质量不高。少数地方住房安全定期巡查制度执行不严格，有的建新未拆旧。个别地方控辍保学摸排不到位，资助政策落实有遗漏。有的地方饮水设施管护不到位，存在季节性缺水问题。有的地方防返贫动态监测帮扶不够到位，部门预警信息推送不及时。部分地方存在监测对象应纳未纳、纳入周期长、帮扶不及时、措施不精准、风险消除把关不严等问题。

三　共同富裕视阈下湖北省农村地区防返贫工作的典型案例

1. 湖北宜昌：做好"加减乘除"

湖北省宜昌市坚持把"推深做实防返贫动态监测帮扶"作为巩固脱贫攻坚成果的重要抓手，以"加减乘除"为路径，以"早快准严"为标准，以"市县一体、部门联动"为保障，探索一条精准有效地防止返贫致贫道路。

预警监测做"加法"，实现应纳尽纳。突出"早"字，早发现、早介入，真正实现"应纳尽纳"。一是共享信息加大预警。开发全市防返贫风险监测和帮扶平台，归集 16 个部门 32 类信息，打造多维风险评估模型，围绕困难农户家庭生活、健康、就业、教育等 20 多项指标进行综合研判，得出农户家庭风险因素，精准匹配个性化的帮扶措施，实现风险精准识别、预警主动推送、帮扶及时干预，风险快速消除。医保部门每月推送医疗支出自费超过 1 万元的农户名单，民政部门每月推送新增低保、特困和临时救助人员名单，残联每月推送新增持证残疾人名单，由乡村振兴部门实时比对核实，早发现、早预警、早介入。二是聚焦重点加大关注。针对不同地区、不同类型对象，明确关注重点，列出排查清单。山区重点关注饮水安全和住房安全，平原丘陵地区重点关注收入支出状况、产业风险和主要劳动力就业等重点情况。对已纳入监测对象和关注范围的农户进行动态监测，保持密切关注。三是配强队伍加大排查。落实县、乡、村信息员"3、2、1"的最低人员配备要求，夯实排查力量，严把数据质量关口。市县两级信息中心落实事业编制人员 81 人，全市四级信息员达到 1543 人。

优化流程做"减法"，实现能简尽简。突出"快"字，新增监测对象均在 15 天以内识别纳入。一是缩短经济状况比对时间。宜昌市开发了市级"家庭经济状况数据核查比对系统"，在上传农户授权承诺书后，可进行全市范围内的车辆、房产、养老金、个税、工商、社保等信息比对，并自动生成核查结果报告，最快 10 分钟即可出结果，极大地缩短了比对时间。二是优流程减环节。在保留必要入户调查、公示公告等程序基础上，取消县乡公示环节，将县公示改为公告；由村民代表大会委托村两委扩大会随时开展评议；将原县会议审批优化为专业骨干进行数据比对和程序措施把关。全市监测对象正常纳入时间压缩到 15 天以内，最快 7 天可完成。开辟紧急情况"331"绿色通道，即县、乡、村三级通过 3 个电话，实行"先纳入后走程序"，重大突发严重困难户最快 1 天即可纳入监测帮扶范围。三是精简资料减负担。以县为单位规范"一户一档"资料内容，推行部门预警平台全流程电子资料录入。

精准帮扶做"乘法"，实现应帮尽帮。突出"准"字，实现帮扶成效倍增。一是梳理政策"推单"。用好各级衔接资金和行业部门帮扶政策，市级根据监测对象发展需求，系统梳理产业、就业、教育、健康帮扶等 8 类 43 项帮扶措施，以文件清单的形式推送给县（市、区）参照执行，指导各地形成《县级帮扶政策清单》，实现全市帮扶政策规范统一，更好地发挥政策效益。二是因户施策"选单"。村"两委"将监测对象纳入评议环节，即按照"缺什么补什么"的原则，因人因户及时确定帮扶措施。对风险单一的监测对象采取点对点针对性政策帮扶，对风险多元的监测对象采取综合性多项帮扶措施。远安县设置了公益性岗位，每村选一名"热心公益、熟悉村情、会用微信、熟练驾驶"的脱贫户或监测户，担任村内防返贫监测信息员兼农村快递配送员。三是社会帮扶"消单"。搭建"宜荆荆恩"城市群消费帮扶平台，实现城市群内消费帮扶政策互认、产品互购、资源共享。远安县投入 1679 万元推行"防贫保"保险措施，2767 户享受保险理赔资金 744 万元。探索设立防贫救助中心，收集社会闲置和公益捐赠物资，通过积分换购等形式，惠及 3.5 万脱贫人口。

风险化解做"除法"，实现应消尽消。突出"严"字，确保防返贫动态监测取得实效。一是常态化健全机制。强化党委农村工作领导小组牵头抓总职责，完善部门联席会议制度，明确行业部门防返贫职责分工，实行防返贫监测帮扶数据及时交换、集中研判，统筹解决监测过程中遇到的突出问题，形成各行业部门严格标准、全面履职、共同推进的工作机制。二是阶段性全面排查。组织卫健、应急、农业、人社等部门对脱贫人口开展因疫、因灾、因市场行情等的风险排查工作，每季度对脱贫户、监测户进行电话抽访，及时发现问题，严格落实帮扶措施，从源头上排除区域性、规模性返贫风险。三是系统性强力督查。将防返贫动态监测帮扶工作纳入全市重点工作督查和乡村振兴实绩考核、县（市、区）党委书记抓基层党建工作述职评议重要内容，严格兑现奖惩。

2. 湖北云梦：健全防止返贫动态监测和帮扶机制

（1）明确监测对象和范围

在排查范围确定方面，防止返贫动态监测排查范围覆盖所有农村户籍人口，重点关注有大病重病和负担较重的慢性病患者、重度残疾人、失能老年人口等特殊群体的家庭。在监测标准确定方面，以脱贫攻坚期国家扶贫标准的 1.5 倍（2021 年以家庭年人均纯收入 6154.5 元为参考，之后每年根据全省物价指标变化、农村居民人均可支配收入增幅和农村低保等因素进行合理调整）为底线，综合分析收入支出状况、"两不愁三保障"及饮水安全巩固状况等因素，研判返贫致贫风险，确定监测对象，对符合条件的对象应纳尽纳。5 年过渡期内，每年根据全省物价指数变化、农村居民人均可支配收入增幅和农村低保等因素，合理调整年度监测收入参考。在监测对象确定方面，以家庭为单位，对脱贫不稳定户、边缘易致贫户，以及因病、因灾、因意外事故等刚性支出较大或收入大幅缩减导致基本生活出现严重困难户（以下简称"突发严重困难户"）进行监测。对"人在户不在""户在人不在"的情况，按照居住在同一住宅内，常住或者与户主共享开支或收入的家庭成员为准。在规模性返贫风险监测预警方面，明确相关行业部门职责，加强对规模性返贫风险的预警监测和分析研判。县直相关行业部门实时监测水旱灾害、气象灾害、地震灾害、地质灾害、生物灾害、森林火灾，以及传染病疫情、动物疫情等各类重大突发公共事件，全力防范大宗农副产品价格持续大幅下降、农村劳动力失业明显增多、乡村产业项目失败等经济风险隐患，评估禁捕退捕、禁养野生动物等政策调整影响，及时发现解决因工作、责任、政策落实不到位造成的返贫风险问题。

（2）优化监测方式和程序

一是优化监测方式。以乡镇（开发区）为单位组织实施，通过农户自主申报、基层干部摸排、部门筛查预警等方式进行监测，及时掌握分析新闻媒体、网络舆情、信访投诉等社会监督信息，实现监测对象的快速发现和响应。第一，农户自主申报。进一步加强政策宣传，提高农户政策知晓度。农户本人或委托他人向村委会申报或通过全国防返贫监测信息系统、手机 APP、"12317"防止返贫监测和乡村振兴咨询服务平台提出申报。第二，基层干部摸排。乡村干部、驻村干部、乡村网格员、村民小组长等基层力量结合日常入户走访掌握情况，以及农户自主申报信息和行业部门预警信息等，开展常态化排查。按照国家、省、市乡村振兴局统一安排部署，各地每年至少组织开展一次集中排查。第三，部门筛查预警。建立健全部门筛查预警机制，教育、公安、民政、人社、住建、水利、农业农村、卫健、应急管理、医保、信访、残联等部门根据职能职责，制定风险筛查预警标准或条件，建立健全部门筛查预警机制，加强数据共享比对，统一由县直行业部门将预警信息提交县乡村振兴局汇总，并分发乡镇（开发区）村核实。原则上每两个月至少组织一次部门联动筛查预警，在遭遇重大自然灾害或突发重大公共事件等可能产生规模性返贫风险的情况时，及时组织预警排查，发现一户监测一户。

二是优化监测程序。按照"承诺授权、入户核查、村级评议、乡镇审核、县级确定、录入系统"的程序将新识别的监测对象纳入监测帮扶范围。第一，承诺授权。通过农户自主申报、基层干部摸排、部门筛查预警等监测方式获得预警信息后，"村两委"指导农户填写"承诺授权书"，获得依法查询家庭资产等信息的授权。第二，入户核查。"村两委"组织村干部和驻村干部开展入户核查，如实采集家庭基本情况、收入支出、"两不愁三保障"及饮水安全巩固状况等信息。第三，村级评议。召开村民代表大会进行民主评议，逐户研判致贫返贫风险，形成初选监测对象和帮扶措施意见，经村内公示（公示时间不少于 5 天）无异议后报乡镇人民政府（开发区管委会）审核。第四，乡镇（开发区）审核。乡镇（开发区）组织专班对各村上报的初选对象进行复核，形成初审对象名单，并报县乡村振兴局审定。第五，县级确定。由县乡村振兴局牵头，组织对初审对象信息数据进行比对，确定最终监测对象，在"云梦网"网站和所在行政村发布公告（公告期不少于 5 天）。第六，录入系统。由县乡村振兴局组织乡镇（开发区）信息员将监测对象的相关信息录入全国防返贫监测信息系统，并将监测对象名单共享给相关行业部门开展帮扶。此外，公示公告应注意保护监测对象的个人隐私。

（3）进一步优化快速响应和帮扶机制

一是优化快速响应机制。按照"早发现、早干预、早帮扶"原则，实行"3553"快速响应处置办法。对于县级确定的帮扶对象，在3个工作日内，由村"两委"干部、包村干部商驻村工作队（第一书记），制定具体帮扶措施，明确监测帮扶责任人；需乡镇及以上层面协调落实的帮扶措施，提交乡镇（开发区）审核评估。乡镇（开发区）审核评估后，对乡镇层面能落实的帮扶措施迅速落实，对乡镇层面确实无法解决的情况，在5个工作日内上报县乡村振兴局。县乡村振兴局分类汇总各乡镇上报情况，于次月5日前分别交办相关行业部门。各部门在3个工作日内研究制定具体落实举措，政策范围内能解决的情况，限期落实解决；对政策范围内不能解决的情况，商县乡村振兴局提出可操作的帮扶措施建议，限期落实解决。对个别存在特殊困难的监测帮扶对象，乡村可边帮扶边认定，保障其基本生活不受影响，落实帮扶措施时，应及时公示公开接受群众监督。

二是强化分类帮扶机制。按照"缺什么补什么"的原则，精准分析返贫致贫原因，根据监测对象发展需求和能力，分层分类落实针对性帮扶措施。对风险单一的监测对象，实施单项措施，防止政策盲目叠加、出现泛福利化；对风险复杂多样的监测对象，因人因户施策落实综合性帮扶。对有劳动能力且具备发展产业就业条件的群体，坚持开发式帮扶方针，加强生产经营、劳动技能培训，提供小额信贷贴息，动员龙头企业、专业合作社等带动发展产业，深化劳务合作、统筹用好公益岗位，多渠道促进就业，促进稳定增收；对无劳动能力或部分丧失劳动能力且无法通过产业就业获得稳定收入的群体，进一步强化低保、医疗、养老保险和特困人员救助供养等综合性保障措施，确保基本生活不出问题；对存在特殊困难的监测对象，在发挥好防贫保险、临时救助等作用的基础上，探索通过大病众筹平台、社会慈善机构、设立"一事一议"救助资金等方式加大帮扶；对内生动力不足的群体，坚持扶志扶智，加强教育引导，不断激发其勤劳致富的内生动力。

（4）建立动态管理机制

一是及时进行动态更新。常态化开展预警监测，将符合条件的监测对象按照规范程序和识别标准纳入，并录入全国防返贫监测信息系统。以村为单位，建立一户一档监测帮扶台账，以户为单位，填写《监测帮扶手册》。监测帮扶人原则上从村"两委"干部、驻村干部、包村干部中选取，定期开展跟踪回访，掌握监测对象家庭变化情况。乡村信息员根据监测帮扶人提供的情况，及时在全国防返贫监测信息系统中更新监测对象收入支出、"两不愁三保障"及饮水安全变化、帮扶措施、家庭成员变更等信息，切实提高监测数据信息质量，为开展针对性帮扶、风险消除认定等工作提供可靠依据。

二是分类开展风险消除认定。对拟消除风险的监测对象，分类开展风险消除认定。对收入持续稳定、"两不愁三保障"和饮水安全持续巩固、返贫致贫风险已经稳定消除的监测对象，由"村两委"监测帮扶责任人提交名单，经入户核实、村级民主评议后，在村内进行公示（公示时间不少于5天）无异议后上报乡镇审核，乡镇审核确认后，提交县乡村振兴局牵头组织相关部门进行复核，综合研判确定最终拟消除风险名单，并分别在"云梦网"网站和所在行政村发布公告（公告期不少于5天），乡村信息员在系统中标注"风险消除"，不再按"监测对象"进行监测帮扶。对风险消除稳定性较弱的监测对象，特别是收入不稳定、刚性支出不可控、取消帮扶措施可能出现风险反弹的监测对象，相关行业部门在促进稳定增收等方面继续给予帮扶，确认风险稳定消除后再履行相应程序进行"风险消除"标注。对无劳动能力或丧失劳动能力的监测对象，在落实社会保障措施后，暂不标注"风险消除"，持续跟踪监测。

（5）强化组织保障

一是压实工作责任。各级各部门把防返贫工作放在突出位置，严格落实"四个不摘"的要求，认真执行"市县乡抓落实"的工作机制。县乡党委政府落实主体责任，主要负责同志亲自抓，其他分管同志具体抓。县委农村工作领导小组牵头抓总，乡村振兴局履行工作专责，教育、公安、民政、人社、住建、水利、农业农村、卫健、应急管理、医保、信访、残联等部门根据职责做好信息预警、数据比对和行业帮扶工作。乡镇、村（社区）做好日常监测预警，定期开展走访摸排核查。监测帮扶责任人落实包保责任，具体负责联系协调、跟踪回访、帮扶措施落实等工作。

二是强化政策支持。过渡期内，继续保持主要帮扶政策总体稳定。坚持预防性措施与事后帮扶相结合，可使用行业政策、各级财政衔接推进乡村振兴补助资金等方式，对所有监测对象开展精准帮扶。鼓励社会力量参与，统筹发挥驻村帮扶等机制优势，加大对监测对象就业、消费等帮扶，组织实施"百企帮百村"行动，动员公益组织、爱心人士等社会力量积极参与，对监测对象持续开展帮扶。

三是加强协调推进。各乡镇（开发区）、县直相关部门要建立"月统计、季调度"的工作推进机制，定期集中研判规模性返贫风险隐患，研究制定具体方案，及时调度解决倾向性问题。建立部门协作联动机制，强化行业部门预警监测数据共享。加强监测和帮扶力量配备，强化业务培训，打造政治过硬、业务素质高、对群众有感情的监测帮扶干部队伍。

四是严格考核评估。防止返贫动态监测和帮扶机制执行情况已纳入国家、省、市推进乡村振兴战略实绩考核和巩固脱贫成果后评估范围，将进行考核结果运用。各级将加强监督检查，将各乡镇（开发区）、相关部门防止返贫动态监测和帮扶机制执行情况纳入常态化暗访督导工作范畴，对长期没有新增监测对象和监测对象数据长期没有变化的乡镇（开发区）、村进行重点抽查，及时发现并解决问题。对存在弄虚作假、工作落实不力等问题的地方领导进行约谈、通报，对情节严重的依纪依规追究责任。

五是健全长效机制。各乡镇（开发区）结合实际，健全防止返贫动态监测和帮扶长效机制，制定细化落实工作方案。依托"全国防返贫监测信息系统"，统筹利用信息资源，进一步完善监测对象基础数据库。按照统一安排部署开展集中排查，防止层层加码，避免重复填表报数，切实减轻基层负担。

3. 湖北省武汉市：构建三重制度防止因病返贫致贫

2022 年起，武汉市将脱贫攻坚期内"四位一体"健康扶贫机制，调整为基本医保、大病保险、医疗救助三重制度保障，以巩固拓展医疗保障脱贫攻坚成果，防止出现规模性因病返贫致贫的情况。武汉市医疗保障局、武汉市民政局、武汉市财政局、武汉市卫生健康委员会、武汉市乡村振兴局等部门联合印发的《武汉市巩固拓展医疗保障脱贫攻坚成果有效衔接乡村振兴战略实施方案》（以下简称"实施方案"）指出，在 5 年过渡期内，武汉市在坚持医保制度普惠性保障功能的同时，通过优化调整医保扶贫政策，增强对困难群众的基础性、兜底性保障，健全防范化解因病返贫致贫长效机制。

第一，"实施方案"明确帮扶对象由建档立卡农村贫困人口调整为农村低收入人口，包括特困人员、孤儿、低保、返贫致贫人口、纳入监测范围的脱贫不稳定人口、边缘易致贫人口、突发严重困难人口。第二，"实施方案"规定农村低收入人口参加城乡居民医保，特困人员个人缴费部分全额资助；低保对象 2022 年按 320 元/人标准资助，2023~2025 年按 90% 定额资助，资助额不低于 320 元/人；返贫致贫人口和纳入相关部门监测范围的脱贫不稳定人口、边缘易致贫人口、突发严重困难人口，按 50% 定额资助。对未纳入农村低收入人口监测范围的稳定脱贫人口执行资助参保渐退政策。第三，市域内全体参保人员享受统一的城乡居民医保待遇，住院费用支付比例总体稳定在 70% 左右。特困人员、低保对象、返贫致贫人口大病保险起付线降低 50%，报销比例提高 5%，取消封顶线的倾斜保障政策。农村低收入人口医疗费用，经基本医保、大病保险支付后，对个人自付部分给予医疗救助。在年度救助限额内，对特困人员救助比例为 100%，对返贫致贫人口参照低保对象标准给予救助，对纳入监测的脱贫不稳定人口、边缘易致贫人口、突发严重困难人口参照低收入困难对象标准给予救助。第四，提供重特大疾病倾斜救助。农村低收入人口区内就医，经基本医保、大病保险、医疗救助支付后，对于政策范围内医疗费用个人负担仍然较重的人员，给予倾斜救助，比例分别为 100%、90% 和 80%。同时，建立监测预警机制，对纳入因病返贫预警范围的人员，由医保部门跟进落实帮扶措施。

4. 湖北省咸宁市：构建"政府+保险"保障体系

湖北省咸宁市出台了《咸宁市"防贫保"工作实施方案》，以低收入户和人均收入不高不稳的脱贫户（简称"临贫易贫户"）为保险对象，以当地实际情况核定参保基数，参保人数不记名，实行动态管理。保险责任主要包括因病、因灾和因学三个方面。①因病：在中华人民共和国境内的医院诊断必须住院治疗的人员，在住院期间发生的实际支付属于基本医疗保险制度报销范围内的、合理且必要的住院医疗费用，在社会基本医疗保险、大病保险及民政医疗救助有关规定给予医疗费用补偿后，保险人就临贫易贫户个人承担的上述费用的余额按比例赔付。②因灾：因火灾、爆炸、自然灾害（不含地震、海啸）导致房屋及室内附属设备、室内装潢、家用电器及文体娱乐用品、农机具损毁，或因交通事故导致被保险人家庭财产损毁（不含机动车辆），且无责任方赔偿部分，保险人就临贫易贫户个人承担的上述费用金额按比例赔付。因意外事故导致服务对象大额医疗支出的，按照因病减贫防贫方案予以救助。③因学：具有全日制学历、注册正式学籍的临贫易贫户子女在校接受高等教育（包括顶岗实习）期间，以及临贫易贫户子女在省内独立学院和省外普通高校接受高等教育（包括顶岗实习）期间所发生的教育费用，包括非义务教育费用，具体为学费、住宿费和教科书费。

"防贫保"的年人均保费为 100 元（"因病"为 50 元，"因灾"为 20 元，"因学"为 30 元）。太平洋财险公司按照 15% 的比例计提用于人力、物力等方面，其余 85% 全部用于防贫保险补偿金的发放。若发生资金结余，结余部分将全部返还给政府或顺延为下一年度防贫保险基金；若资金不足，则由县级人民政府及时注资补足。在具体实施方面，采取"县域统筹，整体联动"模式。通过"政府＋保险"保障方式，由各县（市、区）负责单列防贫保障保险基金，为各地临贫易贫户购买减贫防贫保险，用于因病、因灾造成的返贫风险保障费用。此外，保险公司承担返贫风险数据核实工作，各县（市、区）政府及相关部门配合返贫风险调查、跟踪与审查工作，各乡、镇、村负责完成防贫对象评议公示、防贫保障保险金申报、帮扶举措落实等工作。

"防贫保"只设定条件，不确定对象。防贫减贫对象为因病、因灾、因学造成的低收入户和人均收入不高不稳的脱贫户，不事先识别、不事前确定。各县（市、区）提出指导标准，原则上根据居民家庭支出和收入情况，设立减贫防贫预警线和减贫防贫保障线，预警线标准为防贫保险合同确定的免赔金额或起付线，保障线标准为上年度城镇居民、农村居民人均可支配收入的30%，做到应防尽防。凡低收入户和人均收入不高不稳的脱贫户因病、因灾、因学可能致贫、返贫时，均可按程序申请防贫保。对防贫保对象的认定和扶持要坚持做到"实事求是、严格程序、接受监督、公平公正"。

在"防贫保"工作实施过程中，着重强调强化沟通协作、组织保障、监督管理和日常管理等方面。具体来看，主要分为以下四个方面。一是强化沟通协作，明确责任分工。各县（市、区）统筹协调，加强与太平洋财险公司沟通合作，签订保险合作协议，建立联席会议制度，及时召开专题会议，制定考核管理办法，快速推进保险扶贫工作。二是强化组织保障，确保服务质量。太平洋财险公司进一步加强保险扶贫工作队伍建设，成立项目专项服务团队，制定专门服务流程，开辟绿色通道，坚持做到"实事求是、严格程序、接受监督、公平公正、应赔快赔"，确保承保、理赔时效。继续加大方便服务体系建设力度，增加服务人员、办公设施和理赔车辆的配置。三是强化监督管理，确保规范经营。各县（市、区）严格落实中央、省财政衔接推进乡村振兴补助资金管理规定和《保险扶贫工作责任追究办法》的实施，加强监督力度，加大查处力度，严禁以任何形式套取或冒领防贫救助金，确保防贫资金安全，保障保险对象的合法权益。四是强化日常管理，建立长效机制。各地在推广使用"防贫保"的前提下，按照"未贫先防"和"扶防结合"的要求，进一步探索建立"脱贫不返贫"的长效机制。

5. 湖北省鄂州市华容区：数字赋能构建智慧防返贫监测预警系统

湖北省鄂州市华容区在2021年度全省巩固拓展脱贫成果同乡村振兴有效衔接考核评估中综合评价为"好"的等次。但一些脱贫群众稳定发展的基础较为薄弱，自我发展能力不强，存在返贫风险。尤其是在防返贫动态监测实际工作中，仍存在数据收集耗时长、花费人力财力多、部门间数据存在壁垒、数据上报易出错、动态监测预警不及时等问题。为认真贯彻落实习近平总书记的重要指示精神，健全完善防返贫监测预警及帮扶机制，华容区以国家数字乡村试点建设为契机，开发建设智慧防返贫监测预警系统，运用大数据技术手段，以数据汇集、数据分析、数据洞察，赋能防返贫"主动发现、动态监测、自动预警、精准帮扶、信息反馈"工作，推动防返贫工作"预警精准、帮扶精准、结果精准"，织密织牢防返贫保障网。

（1）基本情况

湖北省鄂州市华容区辖3镇2乡，共有71个村、4个社区、2个农场，面积为399平方公里，总人口19.6万人，是离省会武汉市最近的县级行政区，是以武鄂黄黄为核心的武汉都市圈"核心区"、武鄂同城化发展的桥头堡、光谷科技创新大走廊主轴核心区。2020年，华容区打赢了脱贫攻坚战，15个贫困村全部摘帽，5307户12573名建档立卡贫困人口全部脱贫，无返贫现象发生。

智慧防返贫监测预警系统是华容区国家数字乡村试点工程建设的四大

应用场景之一，与国家数字乡村试点工程系统集成、数据共享、应用共用。主要包括 1 个数字底座（防返贫大数据中心）、1 个运行指挥中心（防返贫综合调度指挥中心）、1 个系统平台（智慧防返贫监测预警平台）、1 个企业微信（防返贫政务微信）和 1 个业务 APP（容易办）。目前，防返贫动态监测和预警平台、运行指挥中心、政务微信、"容易办 App"已实现系统打通和数据对接，正处于联调试运行阶段。

（2）主要做法

第一，全量化汇集数据，实现农户资料"一库通揽"。在传统人工摸排的基础上，运用大数据底座，积极整合各类数据资源，建立全量化数据中心，做到农户信息底数全、情况清、差错少。2021 年，防返贫大数据库已汇集各类数据 1413 万余条、创建表单 148 张，为防返贫动态监测和预警信息工作提供了有力的数据支撑。一是立足需求导入数据。根据防返贫动态监测及帮扶全流程工作需求，将全国防返贫监测信息系统数据及区内各部门现有数据资源，通过资源挂接方式全部导入大数据底座，丰富拓展数据库。二是打破壁垒共享数据。对接省市相关政务平台，积极推动医保、卫健、教育、公安、民政、人社、住建、农业等 16 个行业部门数据的回流和整合，打破数据孤岛和数据烟囱，实现省市区涉防返贫工作相关数据互联互通、系统集成、定期更新、动态交换。三是实时填报更新数据。在防返贫政务微信和"容易办 APP"中分别设置帮扶干部走访信息上报系统和农户自主申报系统，农户信息实时更新、动态调整。

第二，实时化监测预警，实现致贫风险"一触即响"。对农户"两不愁三保障"、收入、就业、生活状态、突发情况等变化进行全方位、多维度动态监测，做到返贫风险早发现、早预警、早介入。一是系统智能预警。大数据中心以行业部门共享信息数据为基础，可通过对看病就医记录、医保报销记录、社会保险、特困对象等 20 余项数据进行算法自动比对分析，智能甄别筛查评估返贫致贫风险点。二是部门筛查预警。行业部门结合业务工作，及时核查更新需要监测的农户信息，对致贫风险既可通过线下模式直接推送，也可通过智慧防返贫监测预警平台直接预警。三是基层摸排预警。基层干部定期对需要监测的农户进行回访，通过防返贫政务微信端提供的制式表单及时更新农户信息，对致贫风险一键推送，同时系统自动对信息的合理性、逻辑性、有效性进行判断，实现精准识别、精准研判。四是农户申报预警。农户可通过"容易办 APP"进行自主申报，只需填写姓名、身份证号、电话、返贫致贫家庭风险因素等基本信息，数据信息即反馈至系统。

第三，中心化调度指挥，实现帮扶落实"一键联动"。建立以数字底座为大脑、运行指挥中心为枢纽的联动调度指挥系统，赋能"信息推送、派单核查、帮扶落实、成效监督"等各工作环节，做到帮扶准、成效好。一是预警信息一键推送。区内农户触发风险预警后，系统将在指挥中心可视化监管大屏对风险信息进行闪烁提示，并自动将相关信息推送至各相关行业部门、乡镇村（社区）。二是入户核实一键派单。基层干部根据系统自动派单的预警线索进行实时入户核实，分析研判是否纳入监测户。三是帮扶举措一键实施。对已纳入的监测户，系统根据相对应的致贫风险及发展需求和能力状况，按照"缺什么补什么、什么弱补什么"的原则，智能分析，分层分类拟定针对性帮扶措施方案。乡村振兴部门结合方案及自身研判，可通过运行指挥中心将帮扶任务和措施建议一键推送至各相关单位。同时，系统引入社会帮扶模块，支持公益组织、社会团体、社会组织等力量参与对监测对象的帮扶，形成全社会帮扶的合力。四是帮扶成效一键监督。各单位根据系统推送任务，在规定时限内落实帮扶措施，并通过系统上报。系统对落实情况进行自动跟踪，对落实进度滞后、举措不全等情况进行提醒提示。同时还设置帮扶落实情况一键查询、一键评价功能。

第四，电子化台账管理，实现防返贫工作"一目了然"。积极运用现代化信息技术手段，对防返贫全流程进行电子化管理，推动防返贫工作更透明、更高效、更精准。一是帮扶政策透明化。制定帮扶政策清单，并在防返贫门户网站、政务微信和"容易办 APP"上公布，驻村干部、脱贫户、监测对象等可一键查询相关政策文件，实现帮扶政策能被广泛知晓。二是台账资料无纸化。系统建立"一户一档"电子档案，并进行分类管理，包括监测户台账、脱贫户台账、风险标注退出台账等，将所有监测信息、救助信息、救助结果等数据通过处理生成相应电子台账，不仅节约了成本，还解决了镇村基层材料负担重、差错率高等问题。三是帮扶过程可视化。通过系统对村干部、网格员以及驻村干部定期走访、回访、预警信息核查、帮扶措施落实等情况实时监测，相关工作档案可通过平台一键导出，帮扶过程更加直观，同时也提高了管理效率。四是信息查询智能化。系统设置智能检索功能，将脱贫人数、监测对象、收入情况、医疗救助、帮扶措施、返贫致贫风险等信息一键汇总，提升了工作效率和精准度。

（3）主要成效

智慧防返贫监测预警系统的运用，极大地提升了华容区的防返贫工作成效，在运用过程中，该系统主要具有以下优势和特色。一是资料零申报，减轻了负担。基层摸排申报，农户主动申报信息，只需要填写姓名、身份证号、电话等基本信息，系统即可通过数据平台自动回流，直接生成自主申报信息，避免了重复填报、烦琐填写等问题。部门申请核对农户在区域内的车辆、房产、养老金、个税，工商、社保等信息时，无须逐一向各部门申请，只需在系统内上传群众授权承诺书，点击"核对按钮"即可"一键获取"。二是算法高智能，提高了效率。系统大数据运算中心运用精准化、模型化的数字算法，能够准确、快速、便捷地处理防返贫监测过程中的大量数据，减少了人为处置数据的误差，节约了时间、人力和物力成本。可通过智能算法，自动筛查评估风险点，生成预警排查任务，一键派单，直达乡镇村和帮扶责任人，提升了数据筛查效率，减少了中间环节，优化了工作流程。三是过程全监管，严格了标准。系统对农户申请、入户核查、民主评议、村内公示和数据比对、乡镇审核、区级审定公告、系统录入标注等防返贫动态监测帮扶全过程实行电子化、清单化管理，并可对录入信息的合理性、逻辑性、有效性进行判断，及时对错误信息进行预警，降低了工作失误率。四是应用多终端，增强了便利性。系统除既有的数字底座、运行指挥中心、智慧防返贫监测预警平台等固定终端，还开发了防返贫政务微信和"容易办 APP"移动终端，可随时随地查询、申报信息，应用方便、便捷。

（4）未来规划

首先，加快建设连通数据平台，打破部门预警信息共享壁垒。协调相关部门，以大数据平台为基座，建立防返贫监测预警云平台，打破教育、人社、卫健、医保、住建、水利、民政、残联、公安等各部门相关数据的壁垒，做到互联互通、资源共享。同时，将监测对象数据比对端口前移，民政等部门将信息比对查询功能授权乡村振兴部门，提供单独账号密码，由乡村振兴部门即时比对，缩短认定时间，优化识别程序、减轻基层负担，提高防返贫监测工作效率。其次，加速建设数字指挥系统，加强防返贫监测信息推送的时效性。通过融合乡村振兴防返贫系统，横向链接各级教育、人社、卫健、医保等部门的数据，成立市、区、乡（镇）、村多级指挥调度系统，配备专职人员，纵向打破区、乡（镇）、村三级壁垒，实现直接、跨级扁平调度，建立健全易致贫返贫人口快速发现和响应机制，提高信息化管理水平，精准确定监测对象，做到早发现、早预警、早帮扶。

第六章　共同富裕视阈下农村低收入人口返贫的诱导因素与生成机理

农村低收入人口具有生计脆弱性的特点，极易受到外部不利环境的干扰。脱贫攻坚取得全面胜利后，我国减贫工作的重点由解决绝对贫困问题转向防止规模性返贫和促进低收入人口、欠发达地区共享发展成果的问题，防止农村低收入人口在共同富裕进程中掉队、落伍。特别是进入新发展阶段后，推动农村低收入人口共同富裕的重要性、紧迫性更加凸显。在共同富裕视阈下，针对农村低收入人口返贫问题，应该多维度、多层次、多角度地进行系统性审视，对返贫现象追溯根源，找准农村低收入人口返贫的主要原因。本章探讨分析了共同富裕视阈下农村低收入人口返贫的诱导因素和生成机理。

一　共同富裕视阈下农村低收入人口返贫的诱导因素

1. 影响生计能力的因素

生计能力是维持正常基本生活所需要的能力，指个人或家庭所拥有和获得的，能用于谋生和改善长远生活状况的资产、收入能力的集合，因此要重视农民收入的关键作用。共同富裕首先是实现全体人民共同富裕，应关注影响居民生计能力的各种因素，特别是要聚焦农村低收入人口存在的突出问题。在共同富裕视阈下考虑农村低收入人口返贫问题，要综合考察影响低收入人口生计能力的各种因素。从表面上看，检验生计能力的关键是收入，但不能将收入作为唯一指标，凡是影响农村低收入人口生计能力的因素，都是衡量农村低收入人口共同富裕实现程度的重要标准。倘若农村低收入人口的生计能力较弱或存在丧失风险，则其应对突发事件的能力将大大减弱，更容易陷入贫困的泥潭。

影响农村低收入人口生计能力的因素来自农村低收入人口自身的基本情况，如家庭人口的增加、消费支出骤增等。同时，影响农村低收入人口生计能力的因素也来自外部基础设施建设的不完善。此外，扶贫政策的断供或政策扭曲也会对农村低收入人口生计能力产生影响，包括转移性支付、环境保护等方面的政策变动。如果农村低收入人口由于这些方面的能力减弱而发生返贫现象，则将这种类型的返贫风险称为生计能力风险。主要表现在以下几个方面。

一是家庭人口的变化。首先，家庭人口的增加。当前，我国正在大力推进"二孩政策""三孩政策""人口市民化"等方面的工作。不同人群具有不同的生育观念，因而也有不同的生育行为。在很多人的印象中，农村家庭的生育意愿似乎是高于城市家庭的。许多理论和实践也发现，越是落后地区生育率越高，越是低收入家庭生育意愿反而越强烈。在我国，全面放开计划生育预计对农村的影响远大于对城市的影响，极有可能出现农村人口突然快速增长的现象。如果农村低收入人口不能对自身的发展状况作一个客观的评价，将可能出现"因育返贫""因市民化返贫"等现象。其次，农村人口老龄化不断加剧。人口老龄化是当前世界人口结构变化的主趋势之一，也是我国农村人口变化的显著特征和趋势。随着农村青壮年劳动力大量进城和农村人口老龄化的加速，农村人口和劳动力素质老弱化的问题凸显。与城镇相比，农村老龄化的速度更快、程度更深，呈现"未富先老"的特点。农村人口老龄化的后果就是增加农村家庭人口抚养比，使得农村家庭养老不堪重负，进而增加返贫的风险。

二是医疗支出的影响。农村低收入人口的收入处于一个相对较低的水平，一旦生病便很有可能陷入生活的困境。即该类群体因看病吃药返贫的风险较大，尤其是对一些自身患有基础疾病的农村低收入人口而言，因疾病返贫的风险更大，在农村地区，有一句俗话"人怕生病，树怕剥皮，好汉只怕病来磨"。换言之，农村人不怕苦不怕累，唯独害怕生病。党的十八大以来，我国农村基层医疗卫生改革虽然取得一定成效，但是当前农村地区医疗资源短缺、诊疗能力低下、医疗费用高等问题仍然存在。特别是当前农村医疗补贴政策呈由下至上逐级递减的特征，即给予村卫生室及村中心卫生室就诊报销比例最高，镇卫生医院、二级医院等报销比例依次减少。此外，在农村人口老龄化日渐加剧的背景下，农村老年人口医疗费用支出的负担更是不容忽视。在精准扶贫中，政府对贫困地区实行多重保障，特别是为了防止出现贫困人口看不起病、不敢看病或因大笔的医药费用而贫困程度加深的现象，不断提高贫困人口医药费用的报销比例，实施医疗兜底保障。但是，一旦国家削减对医疗方面的投入，低收入人口一旦突患疾病，医疗费用支出将给原本不富裕的家庭带来很大的经济压力，极易因病返贫。

三是教育费用的影响。高等教育对个人获得更高层次的发展具有非常重要的意义与价值，在很大程度上能够阻断贫困代际传递现象的发生。如今，越来越多农村家庭意识到文化教育、知识技能的重要性，他们希望提高子女的文化水平来带动整个家庭脱离贫困。我国的教育资源分配不均衡，农村教育普遍存在资金投入不足的特点。在我国九年义务教育阶段，个人需要承担的费用较低，而在非义务教育阶段，如中专、高中、大学，个人承担的费用则逐年增多。农村公共服务体系尚不完善，农村学校工作环境差，地处偏远，难以留住优秀教师。此外，受此前独生子女政策的影响，农村地区小学、初中生源不足，许多村镇学校撤销，"就近上学"成了一大难题，很多农村孩子不得不进城上学。在这样的背景下，许多家庭要承担包车上学、租房陪读的费用，每年的教育开支很大。在这样的背景下，因教育费用返贫的风险增加。

四是生活条件的影响。农村基本具备现代生活条件，是新时期新征程扎实推进共同富裕的内在要求。当前，我国已进入全面建设社会主义现代化国家新征程，人们对生活条件有了更高的要求。生活条件会影响家庭的稳定性，对个体的健康状况也会产生影响，而身体健康状况是影响其获得稳定客观收入的重要条件。虽然不同地区不同主体对现代生活条件的理解有所差异，但是保障住房和饮水安全是底线要求。近年来，我国在保障农户住房安全和饮水安全上下了很大功夫，但并没有实现饮水安全全面保障。水利部统计数据显示，2022 年全国农村自来水普及率达到 87%，农村规模化供水工程覆盖农村人口比例达到 56%。① 很多农村低收入人口生活在偏僻的山区或自然条件较为恶劣的地方，自来水管道仍然无法通到他们家中。因此，这一类人群仍然需要暂时饮用井水或泉水，无法享受到自来水的便捷性。在住房方面，由于一些山区生活环境恶劣，房屋经常出现不同程度的损毁。提升农房的质量安全是当前亟须解决的问题。

五是基础设施的影响。基础设施是经济社会发展的基础，影响着农户的生活水平。在推进共同富裕的进程中，需要在实现"两不愁、三保障"的基础上，注重推动已脱贫地区在经济发展与社会建设等领域取得实质性进展。对广大农村地区而言，完善的基础设施是实现农业农村现代化的重要支撑条件。在脱贫攻坚战中，国家花大力气完善贫困地区的基础设施建设。目前，我国大约有 80% 的村庄到乡级公路的距离控制在 1 公里以内，乡村交通便捷性得到了较大提升。但是，有些地区山林深密或地质特殊，暂时没有进行大规模铺路建设，所以存在少数偏远山区基础设施建设不足的情况。此外，我国在公共基础设施管理方面存在"轻养护"的问题，加之公路是典型的公共物品，很多人存在"搭便车"的心理，在享受公路带来的好处的同时，并没有自觉地爱护这些基础设施，导致短时间内出现基础设施被破坏的情况，对个人生活、出行等方面产生不利的影响。

六是帮扶政策变化的影响。在精准扶贫阶段，贫困群体主要依靠兜底

---

① 中华人民共和国中央人民政府：《2023 年我国农村自来水普及率将提升至 88%》，2023 年 1 月 16 日。

保障脱贫，其生活受政策因素影响很大。部分刚脱贫的农村低收入人口仍然存在一定的脆弱性，发展动力较为不足。倘若相关政策调整不当，刚脱贫的农村低收入人口返贫的风险会大大增加。

2. 影响发展能力的因素

阿玛蒂亚·森的能力贫困理论指出，可行能力是影响贫困的关键因素。共同富裕意味着促进人的自由全面发展。从个体存在的角度看，人的自由发展以能力的全面发展为前提，而不是物质财富上的平均。因此，具备较强的全面发展能力是个体提升综合发展实力的根基，是追求美好生活的基础。发展能力不足主要受身体健康水平、知识技能水平、风险应对能力、应急能力等方面的影响。

一是身体健康水平的影响。相关数据显示，因病返贫的人口所占比例最大。在实地调研过程中，笔者也曾听到多个市（县）的领导说："几乎有40%～50%的农村人口是因为患有各种疾病而致贫或返贫。"此外，家庭劳动力的数量对返贫也存在较大的影响。一般来说，农村贫困家庭中的老年人较多，这在一定程度上加重了劳动力的负担与压力。同时，老年人由于自身的身体素质较差，容易患上各种疾病或因意外事故而发生残疾，加之当前农村养老服务体系不够健全，所以特别容易产生因老返贫或因病返贫的现象。中华人民共和国卫生健康委员会统计信息中心发布的《2020中国卫生健康统计年鉴》显示，我国农村老年人两周患病率、慢性病患病率不断增加，其中2018年农村65岁及以上老年人两周患病率达55.7‰，比城市高出12.1个千分点。我国现有超过1.8亿老年人患有慢性病，其中患有一种及以上慢性病的老年人占比高达75%，2018年农村65岁及以上老年人慢性病患病率比2008年增加了76.1个千分点。毫无疑问，老年人患病率的增加会给低收入家庭带来较大的赡养压力，也会在一定程度上削弱家庭的发展能力。

二是知识技能水平的影响。当前，我国虽然实行了九年义务教育制度，使得教育支出费用大大下降，减轻了家庭负担。但是，读高中或大学仍然需要很多花费，很多家庭可能会因为难以承担巨额的教育费用，而失去接受高等教育的机会。此外，农村低收入人口普遍缺乏专业技能。随着经济的发展与社会的进步，农业农村现代化水平将不断提升，农业生产方式也随之发生较大的变化。因此，传统的耕种技术将会逐渐被淘汰。在这样的背景下，缺乏专业技能的农村低收入人口将面临被市场淘汰的风险，容易陷入一种发展困境。特别是易地搬迁户，很容易因缺乏技能而陷入可持续发展能力不足的困境。比如，广大退捕渔民面临着"下水无鱼、上岸无地、就业无技"的尴尬局面，渔业是其世代相传的谋生手段，但是上岸后渔民缺少转产转业所需的基本技能。此外，他们年龄都相对较大，学习新技术、新技能的能力差。因此，农村低收入人口在现实生活中容易受缺乏职业技能、缺乏学习能力等因素制约，产生返贫的风险。

三是风险应对能力的影响。首先，市场风险应对能力不足。市场经济以效率为导向，在参与各种开发项目的过程中，农村低收入人口各个方面的素质与其他参与主体相比较差，将可能处于弱势地位。一旦市场出现较大的波动，农村低收入人口将很容易陷入困境，其返贫的可能性也会增加。其次，农产品流通风险应对能力不足。一般来说，农产品流通到市场中要经过很多环节。农产品不易储存，在流通过程中容易遭到损坏。此外，农产品的保存条件也较为复杂，不同种类的农产品对最适温度的要求也不一样。农村低收入人口所在的地区一般较为偏远，在一定程度上增加了农产品在运输过程中产生损坏的概率。另外，农村地区信息闭塞，交通不便，影响农业经营性收入，从而增加农户的返贫风险。

四是应急能力的影响。首先，自然灾害风险应对能力不足。"大灾返大贫，小灾返小贫"说明了自然灾害会直接对返贫造成不同程度的影响。我国是一个易发自然灾害的国家，加上地形地貌丰富，遭受的灾害种类也较多，尤其是近年来自然灾害频发。农村低收入人口自身具有一定的脆弱性，一旦遇到自然灾害，很容易再次面临贫困。如果自然灾害强度较大，更会加剧贫困的程度。其次，应对突发公共卫生事件能力不足。比如，2020年新冠疫情对整体脱贫攻坚的质量产生很大影响。

五是主观心理的影响。农村是一个相对封闭的社会，农村低收入人口在习得性无助与贫困文化侵袭的过程中形成了基于贫困生产的个体认知，容易产生一种"小富即安"的心理倾向，主要表现为安于现状、故步自封、低自我效能感、以贫为荣、"等靠要"以及听天由命的宿命论等，缺乏积极主动的勤劳致富意识，导致该类群体返贫风险较大。此外，低收入群体因生病、生产经营不善等原因，在长期恶性循环中，容易逐渐形成自暴自弃的想法，会进一步引发贫困。当前，脱贫攻坚已经取得全面胜利，在推进包括农村低收入人口在内的共同富裕进程中，必须重视低收入群体的主观发展意识。收入低并不可怕，怕的是智力不足、头脑空空，怕的是知识匮乏、精神委顿。

二 共同富裕视阈下农村低收入 人口返贫的生成机理

1. 共同富裕视阈下农村低收入人口返贫现象的演化过程

返贫是在经济、社会、环境、制度等一系列要素共同作用下由脱贫重返贫困状态的动态演化过程，是一个始终客观存在的事实。要实现全体人民共同富裕的远景目标，就必然要求巩固已有脱贫攻坚成果，重点聚焦在农村低收入人口返贫问题上。从本质上看，返贫是各主体、载体与客体之间发展的不平衡现象。农村低收入人口返贫的形成机制是：在政府、社会、个人等力量的帮助下，贫困户的生活条件不断改善和收入水平不断提高，逐步达到国家贫困线标准以上，具备脱贫条件，成功脱贫，但脱贫的农村低收入人口自身的脆弱性并没有完全消除，在发展后期容易受到自然、教育、疾病等因素的影响，面临再次陷入贫困的风险。总体来说，返贫的演进过程大致可划分为五个阶段：潜伏期、发展期、爆发期、恢复期和消失期。

在潜伏期，返贫风险没有显现，农村低收入人口处在一个相对稳定的状态，其个人生活质量处在一个较好的水平，不容易出现波动，自我发展动力也较足。

在发展期，返贫风险因素开始有所显现，并且潜在风险因素的积累有了很大的增长，内部结构的稳定性出现波动，各种外部不稳定性风险因素也逐渐出现，返贫发生的苗头逐步显现，但是由于导致返贫的风险因素数量不足以造成质变，所以这一阶段仍然属于返贫发生的前兆期，只是返贫发生的概率会逐渐增大。

在爆发期，各种返贫风险因素经过长期的积累，经历了由量变到质变的发展过程，最终达到临界值。此外，农村低收入人口也可能因为遭受意外事故，导致其自我发展的稳定性受到破坏，但是无法通过干预措施立即遏制返贫，需要经历一段时间之后，返贫治理才能显现成效。

在恢复期，国家、社会、个体等多方力量通过各种措施进行综合帮扶，贫困户自身的生存能力、发展理念和发展动力得到了一定的改善，致贫的风险得到了有效的控制。此时，贫困户的内部稳定性也逐步增强。

在消失期，农村低收入人口在获得帮扶之后，生计问题得到有效解决，发展能力也逐渐增强。随着时间的推移，农村低收入人口发展的稳定性也逐渐恢复。至此，返贫风险彻底消除。

2. 共同富裕视阈下农村低收入人口返贫现象的演变轨迹

从完整性的角度看，贫困诱发因素的差异使得贫困的演化曲线不同。在时间与空间的共同作用下，自然灾害、突发大病、劳动力缺失、内生发展动力不足等因素使脱贫人口返贫的过程曲线大致呈倒 U 形，AMD 曲线如

图 6-1 所示。此外，易返贫边缘群体贫困发生曲线可以用 HK 表示。随着共同富裕的进一步推进，经济社会发展水平也会随之不断提高。在这里，我们假设国家会对贫困线进行相应的调整，使得贫困线呈现向上倾斜的状态，如图 6-1 中的直线 FG 所示。

当贫困户处于 AB 区间时，受限于个人素质、家庭状况、住房条件等方面因素的影响，个人最基本的生计能力都无法得到保障。但是，随着国家扶贫力度的加大以及社会各界组织、个体等力量的不断汇集，贫困群体享受到了各种政策的帮扶，收入水平得到显著性提升，生活质量也得到了改善。同时，贫困群体在各种资源的获取上也更为便捷，其基本生活得到了有力保障。随着时间的推移，贫困群体在国家、社会与个体的帮助下，其自身生计能力稳步提高，并具备了一定的发展能力。在达到 B 点后，贫困群体成功脱贫，摆脱了绝对贫困状态。此外，国家考虑到刚实现脱贫的人口自身发展能力可能并没有得到实质性提高，仍然面临一定程度的贫困风险，为了增强脱贫人口的发展韧性，设置了"脱贫不脱政策"规定，即为脱贫人口设置了一个过渡期，在过渡期内脱贫人口依然可以享受到不同程度的扶贫政策。在这一政策的帮助与支持下，脱贫群体的生活质量不断得到改善，并且在 M 点达到了最优状态。但是，一旦脱贫户在 M 点遭受到来自外界的强大冲击，如突发灾祸、自然灾害等不可抗拒事件，其自身发展的平衡性将很快被破坏，生活质量也会随之下降。此外，如果脱贫户自身的储蓄水平并没有较大程度的提升，其应对风险的能力就会减弱，可能由 M 点急剧下降到 E 点，即重新回到了贫困状态，图 6-1 中的 ED 直线代表了返贫状态。

在图 6-1 直线 HK 中，易返贫边缘户群体也发生了返贫现象。在精准扶贫阶段，贫困边缘户因收入水平、生活条件等各方面略高于国家所规定的扶贫标准，而未成为精准扶贫对象。因此，这类群体无法得到国家、社会等各界的帮扶。从本质上来看，贫困边缘群体也具有较强的脆弱性，其自身的发展条件可能略高于贫困户，但由于缺乏外界的帮扶，可能会常年徘徊在贫困线边缘。在全面小康社会背景下，人民的生活水平整体迈上了新台阶，先前设置的国家贫困标准也不再适用。因此，国家根据人民生活水平的变动相应地提高了贫困线标准。但是，贫困边缘群体处于一个弱势地位，加之缺乏外界的帮助，自身发展水平没有得到实质性提高，生活水平的边际增长率较低。从现实生活来看，贫困边缘群体陷入贫困的主要原因是收入增长水平较低、生活消费支出增加等。

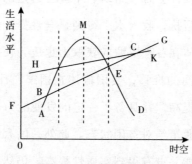

图6-1 返贫动态流程

通过以上分析，我们可以知道返贫现象并不是在某个时间点突然发生的。一般而言，返贫的演化过程可划分为五个阶段：潜伏期、发展期、爆发期、恢复期和消失期。所以，返贫的痕迹并非无迹可寻。为了防止返贫现象的发生，应根据其演变的时序性和波动性等内在特征规律，做好各个时间节点的监测、识别、预警、帮扶等工作，而做好这些工作的前提则是要构建一个科学的返贫风险评价指标体系。

第七章　基于系统聚类法的农村低收入人口返贫风险评价

贫困最初仅仅被看成是一种经济现象，贫困理论的研究也长期聚焦在已经发生的、静态的贫困事实上。但是随着社会的发展与进步，人们逐渐意识到贫困绝不仅仅是一种经济现象，而是政治、经济、文化等因素综合作用的结果，贫困会剥夺人们获得基本生活条件和物质条件的能力。很多学者对贫困的定义、返贫诱因以及返贫治理措施等进行了大量研究，但是缺乏较为全面而客观的量化评估返贫风险的研究。因此，本章借鉴《2019中国农村贫困监测报告》，利用系统聚类法对我国农村低收入人口的返贫风险进行量化评估，科学划分出返贫风险等级。

一 农村低收入人口返贫风险评价
指标体系的初步构建

1. 指标体系的初步思考

贫困研究不能仅仅静态地关注同一时期贫困人口的规模大小，而是应当动态地研究贫困群体在不同时期贫困状态的变化过程。因此，我们不能仅通过一个家庭的收入来判断其是否为贫困户。从实际来看，只用单一收入指标确认贫困，可能会导致结果出现偏差，并且使得贫困动态瞄准出现错误。除了经济收入，消费、健康、教育、生活水平等均可以反映一个家庭的贫困状况。通过查阅相关文献，笔者发现大部分测量贫困指数和标准的研究都借鉴了多维贫困指数（MPI）的相关指标，实证结果也表明该指数能够较好地反映多维贫困的发生率。因此，本章在借鉴MPI所选取的维度指标的基础上，结合我国的实际情况和数据的可获性，设置了收入、消费、生活条件、基础设施和公共服务、耐用品拥有量以及贫困人口基本情况这六个维度，总共选取 31 个指标构建返贫风险预警指标体系，如表 7-1 所示。

（1）收入

农村居民的收入变化对贫困的影响具有十分重要的现实意义，不同时期农村居民收入增长均能促进农村贫困减少，收入增长是贫困下降的主要原因。本章主要从工资性收入、经营净收入、财产净收入和转移净收入等方面进行考察。

（2）消费

贫困不能被简单地定义为"满足生存的收入水平低"，也更多地表现在消费水平上。有的居民收入已远高于贫困标准，但是在教育、医疗、养老等方面的高消费和意外支出也会使得家庭或个人迅速陷入贫困。本章主要从食品支出、衣着支出、居住支出、生活用品及服务支出、交通通信支出、教育文化娱乐支出、医疗保健支出以及其他商品和服务支出等方面进行考察。

（3）生活条件

生活条件会影响家庭生活的稳定性，也会限制个人的发展空间。本章主要从居住竹草坯房的农户比重、使用管道供水的农户比重、使用净化处理自来水的农户比重、饮水无困难的农户比重、使用独用厕所的农户比重以及使用柴草为主要炊用燃料的比重等方面进行考察。

（4）基础设施和公共服务

良好的基础设施和公共服务可以为农户的自我发展创造一个良好的生活环境。本章主要从所在自然村通宽带的农户比重、所在自然村垃圾能集中处理的农户比重、所在自然村有卫生站的农户比重、所在自然村上幼儿园便利的农户比重、所在自然村上小学便利的农户比重、所在自然村主干道路面经硬化处理的农户比重以及所在自然村能便利乘坐公共汽车的农户比重等方面进行考察。

（5）耐用品拥有量

耐用消费品的拥有量与个人的消费水平和发展能力有着密切联系。本章主要从每百户汽车拥有量、每百户洗衣机拥有量、每百户电冰箱拥有量以及每百户计算机拥有量等方面进行考察。

（6）贫困人口基本情况

对贫困人口基本情况的了解有助于准确掌握贫困的整体情况。本章主要以农村贫困人口和农村贫困发生率为指标进行考察。

2. 数据来源与标准化处理

本章所采用的数据均来自《2019 年中国农村贫困监测报告》关于"贫困地区农村贫困状况"的统计结果。由于我国东部沿海地区经济相对比较发达，为使后文测量各地区返贫风险的研究结果能更加方便直观，本章以我国中西部 21 个省区市贫困地区的相关数据为样本。需要解释的是，我国中西部地区共有 22 个省区市，由于西藏地区的相关数据与其他省区市存在较大差异。为了保证数据的一致性，所以本章将西藏的数据剔除。因此，本章所收集的数据包括湖北、湖南、河北等 21 个省区市贫困地区农村居民的收入水平、消费支出水平、生活条件、基础设施和公共服务等情况。

在多指标评价体系中，各评价指标由于性质不同，通常具有不同的量纲和数量级。当各指标间的水平相差很大时，如果直接用原始指标值进行分析，就会突出数值较高的指标在综合分析中的作用，相对削弱数值水平较低指标的作用。因此，为了保证结果的可靠性，需要对原始指标数据进行标准化处理。本章采用 Min-Max 标准化法对各项预警指标进行标准化处理。Min-Max 标准化也叫离差标准化，是对原始数据的线性变换，使结果落到 [0，1] 区间。其处理方法如下。

当 X_{ij} 为正向指标时，$Y_{ij} = \dfrac{X_{ij} - \min\{X_{ij}\}}{\max\{X_{ij}\} - \min\{X_{ij}\}}$ （7.1）

当 X_{ij} 为负向指标时，$Y_{ij} = \dfrac{\max\{X_{ij}\} - X_{ij}}{\max\{X_{ij}\} - \min\{X_{ij}\}}$ （7.2）

3. 权重的确定

一般来说，权重的确定方法主要有两类，分别为主观赋权法和客观赋权法。主观赋权法具有较大的主观性，一般都是根据专家的主观经验来进行赋值的，随意性比较大。因此，客观赋权法得到的认可更多。客观赋权法中运用比较多的是熵权法、标准离差法等。杨瑚基于系统熵理论对贫困现象的演化过程进行了分析，并且利用熵值衡量了返贫的有序程度。熵值法能有效克服人为因素带来的主观性，使指标权重的确定更具有说服力。[1] 因此，本章引入熵的概念，并通过计算每个指标的熵值来确定各指标权重。熵值的大小和脱贫状态的稳定度呈反向变化，熵值越大，则更容易重返贫困，熵值越小，则返贫发生的可能性就越小。计算方法如下：

预警指标的信息熵 $E_j = -\dfrac{1}{\ln n}\sum_{1}^{m} Y_{ij}\ln Y_{ij}$ ，$E_j > 0$ （7.3）

指标的信息效用值 $D_j = 1 - E_j$ （7.4）

第 j 个指标的熵权 $W_j = \dfrac{D_j}{\sum_{1}^{m} D_j}$ （7.5）

根据以上计算方法，最后得出各个指标的熵权值 W_j，如表 7-1 所示。

---

① 杨瑚：《返贫预警机制研究》，兰州大学博士学位论文，2021。

表 7-1 贫困地区返贫风险预警的指标体系

一级指标	二级指标	单位	熵权
收入	工资性收入（X_1）	元	0.02548474
	经营净收入（X_2）	元	0.02205905
	财产净收入（X_3）	元	0.01535672
	转移净收入（X_4）	元	0.02019736
消费	食品支出（X_5）	元	0.03702612
	衣着支出（X_6）	元	0.02705473
	居住支出（X_7）	元	0.02803356
	生活用品及服务支出（X_8）	元	0.02223805
	交通通信支出（X_9）	元	0.02503450
	教育文化娱乐支出（X_{10}）	元	0.02426508
	医疗保健支出（X_{11}）	元	0.02054443
	其他商品和服务支出（X_{12}）	元	0.02755200
生活条件	居住竹草坯房的农户比重（X_{13}）	%	0.06333979
	使用管道供水的农户比重（X_{14}）	%	0.02505569
	使用净化处理自来水的农户比重（X_{15}）	%	0.01470302
	饮水无困难的农户比重（X_{16}）	%	0.02294710
	使用独用厕所的农户比重（X_{17}）	%	0.06511981
	使用柴草为主要炊用燃料的比重（X_{18}）	%	0.02646685
基础设施和公共服务	所在自然村通宽带的农户比重（X_{19}）	%	0.04128899
	所在自然村垃圾能集中处理的农户比重（X_{20}）	%	0.02584306
	所在自然村有卫生站的农户比重（X_{21}）	%	0.04753422
	所在自然村上幼儿园便利的农户比重（X_{22}）	%	0.02297036
	所在自然村上小学便利的农户比重（X_{23}）	%	0.02863055
	所在自然村主干道路面经硬化处理的农户比重（X_{24}）	%	0.11789174
	所在自然村能便利乘坐公共汽车的农户比重（X_{25}）	%	0.03609552
耐用品拥有量	每百户汽车拥有量（X_{26}）	辆	0.01029854
	每百户洗衣机拥有量（X_{27}）	台	0.04596835
	每百户电冰箱拥有量（X_{28}）	台	0.02943017
	每百户计算机拥有量（X_{29}）	台	0.01595262

续表

一级指标	二级指标	单位	熵权
贫困人口 基本情况	农村贫困人口（X_{30}）	万人	0.04889146
	农村贫困发生率（X_{31}）	%	0.01672583

注：为保证数据的一致性，该指标体系不含西藏地区的数据。

如表 7-1 所示，在这 31 个指标中，所在自然村主干道路面经硬化处理的农户比重、使用独用厕所的农户比重、居住竹草坯房的农户比重、农村贫困人口、所在自然村有卫生站的农户比重、每百户洗衣机拥有量、所在自然村通宽带的农户比重、食品支出以及所在自然村能便利乘坐公共汽车的农户比重对返贫风险的影响最大，其熵权值之和超过 0.5。在这 9 个权重最大的指标中，基础设施和公共服务这一维度的指标所占比重是最大的。这一结果说明，基础设施和公共服务对返贫的影响非常大。在巩固拓展脱贫攻坚成果和防止返贫的工作中，应该继续加大对农村地区基础设施和公共服务的投入，进一步优化农村地区发展环境和生活环境。

从收入维度来看，工资性收入对返贫的影响最大。这一结果说明，我国农村地区居民的主要收入来源是工资性收入。因此，当前我国通过政府提供公益性就业岗位、组织就业培训、组织劳务输出等方式来帮助农村居民增加工资性收入的效果是显著的。从消费维度来看，食品支出所占的比重是最大的。这一结果说明，"吃饱吃好"仍然是我国农村地区居民的首要追求目标。从生活条件维度来看，使用独用厕所的农户比重这一指标所占比重最大，凸显了我国加快推进农村地区的"厕所革命"的重要意义。从基础设施和公共服务这一维度来看，所在自然村主干道路面经硬化处理的农户比重这一指标所占比重是最大的，反映了农村公路是保障农民群众生产生活的基本条件，是农村资源要素流动和经济发展的先导性、基础性设施。

二 农村低收入人口返贫风险的初步评估

1. 模型的选择

本章的研究重点有两个：一是科学评估返贫风险，二是有效划分返贫风险类别。通过查阅大量文献，笔者发现已有相关研究在划分风险区间的客观方法方面相对薄弱，这会导致后续的减贫治理难以精准施策。聚类分析（Cluster Analysis）是研究分类问题的一种多元统计分析方法，常见的聚类算法有 K-means 算法和系统聚类算法。李剑芳和钱力利用 K-Means 算法对我国连片特困地区的贫困风险进行了分类，并且划分出了风险预警区间。[①] 但是，K-means 算法必须先指定聚类数量，而 K 值往往很难预先估计并准确地设定。有时候，我们并不知道应该将总体聚成多少类，而是希望算法可以给出一个合理的聚类数量，系统聚类分析可以解决这一问题。系统聚类法就是把个体逐个地合并成一些子集，直至整个总体都在一个集合之内，具有数值特征的变量和样本都可以通过选择不同的距离和系统聚类方法而获得满意的数值分类效果。

系统聚类算法的具体过程如下：先将每个样本单独看成一类，在规定类间距离的条件下，选择距离最小的一对合并成为一个新类，计算新类与其他类之间的距离，再将距离最近的两类合并，这样每次会减少一个类，直到所有的样本合为一类为止（见图7-1）。因此，聚类分析得出的结论主要通过分析各类内部的共同点和类与类之间的差异得出。经过这样的流程，该算法便可以给出一个合理的聚类数量。所以，本章所采用的系统聚类算法比 K-Means 算法更具有实践意义。

---

① 李剑芳、钱力：《连片特困地区贫困风险预警机制构建及防范措施》，《合肥工业大学学报》（社会科学版）2019年第3期。

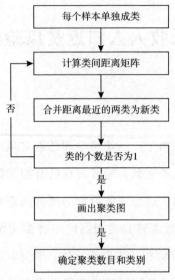

图 7-1　系统聚类算法流程

　　本章收集了 21 个样本（即我国 21 个省区市的农村贫困地区），反映每个样本的指标有 31 个，21 个样本的原始数据就构成了一个 21 行 31 列数据矩阵。可将每个样本看成 31 维空间中的一个点，可利用 31 维空间的距离度量样本之间的接近程度，然后进行聚类分析。由于 R 语言能够快速地得到系统聚类算法中所需要的数据，故本章利用该语言来辅助完成实证分析。需要注意的是，样本指标之间使用量纲的不同，导致数值级别上的差距也较大，因此要通过对数据无量纲化处理以避免量纲不同对结果的影响。前文已经对数据进行了初步处理，因此可以直接利用前文的所得数据。

2. 基于系统聚类法的返贫风险类别划分

　　现实生活中，交通信号灯的使用已经成为指挥交通最常见和最有效的手段，具有疏导交通流量、提高道路通行能力、有效管制交通的功能。最重要的是，交通信号灯的使用可明显减少交通事故。交通信号灯作为重要的交通标志，可以给驾驶员提供指向明确的交通信息。

　　胜非其难也，持之者其难也。大规模的返贫会蚕食我们得之不易的脱贫攻坚的成果，因此我们必须设置科学有效的预警机制。本章拟以交通信号灯系统为参考对象来模拟仿真返贫预警系统。

　　系统聚类算法最后确定的最优聚类数目为 3，如图 7-2 所示，因此本章将风险划分为三个区间。结合交通信号灯的原理，本章将三类风险区分为红灯区、黄灯区和绿灯区。当一个地区处于红灯区时，代表该地区的脱贫稳定性极差，极易重返贫困，相关部门与机构必须马上行动，快速采取针对性措施解决返贫问题；当一个地区处于黄灯区时，代表该地区的脱贫稳定性不是很好，存在返贫风险，相关部门与机构要高度注意，增加监测频率与增强帮扶力度，防止情况恶化；当一个地区处于绿灯区时，代表该地区的脱贫稳定性好，相关部门和机构只需进行常态化监测即可。

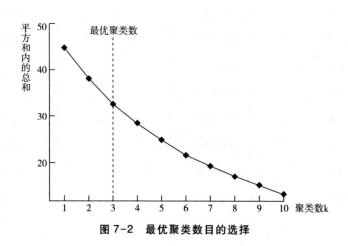

图 7-2　最优聚类数目的选择

　　通过熵值法和系统聚类算法可将我国 21 个贫困地区风险指标的阈值作出如下划分：当预警值 $F_w \in (0.215, 0.349)$ 时，为绿灯区 Ⅰ；当预警值 $F_w \in (0.349, 0.468)$ 时，为黄灯区 Ⅱ；当预警值 $F_w \in (0.468, 0.563)$ 时，为红灯区 Ⅲ。具体计算结果如表 7-2 所示。

表 7-2   基于系统聚类算法的风险划分结果

省区市	预警值	预警等级	区域划分
安徽	0.32697938	I	绿灯区
甘肃	0.422491275	II	黄灯区
广西	0.383212242	II	黄灯区
贵州	0.368174762	II	黄灯区
海南	0.468282808	II	黄灯区
河北	0.265933066	I	绿灯区
河南	0.255411019	I	绿灯区
黑龙江	0.376713516	II	黄灯区
湖北	0.349688252	I	绿灯区
湖南	0.346550508	I	绿灯区
吉林	0.230477538	I	绿灯区
江西	0.307025967	I	绿灯区
内蒙古	0.397879417	II	黄灯区
宁夏	0.251130719	I	绿灯区
青海	0.440712348	II	黄灯区
山西	0.294796184	I	绿灯区
陕西	0.396517104	II	黄灯区
四川	0.478040888	III	红灯区
新疆	0.215087079	I	绿灯区
云南	0.563878266	III	红灯区
重庆	0.305381078	I	绿灯区

如表 7-2 所示，当前我国各地存在程度不同的返贫风险，从地理位置上来看，处在红灯区的两个省区市位于我国的西南部；处在黄灯区的大部分省区市位于我国北部以及东北部，并且呈现带状分布的特点；处在绿灯区的绝大部分省区市位于我国的中部。整体而言，各类风险区呈现相对集

中的状态。这一结果说明，如果不能及时有效地解决返贫风险，很有可能会发生大规模、区域性集中返贫现象。以下划分可更加直观地反映 21 个贫困地区的返贫风险分布特点。

绿灯区：安徽、河北、河南、湖北、湖南、吉林、江西、宁夏、山西、新疆和重庆。

黄灯区：甘肃、广西、贵州、海南、黑龙江、内蒙古、青海和陕西。

红灯区：四川、云南。

第八章 共同富裕视阈下农村低收入人口返贫风险评价

共同富裕是人民对美好生活的向往，包括保障基本物质生活的生计需要和追求实现稳定可持续增长的发展需要。实现共同富裕，是社会主义的本质要求，是我国社会主义现代化建设的终极目标。从我国古代的"天道均平"思想到"中国特色社会主义共同富裕"思想，重难点均在"共同"。目前，实现共同富裕目标难度最大的群体就是农村低收入人口。农村低收入人口由于具有生计的脆弱性，极易因自然环境、政治经济、社会文化等外部条件的变化而返贫。为了厘清农村低收入人口的返贫风险情况，摸清农村低收入人口的底数和分布状况，本章基于共同富裕视角，对农村低收入人口返贫风险进行再评价，并对样本省区市返贫风险大小分布特点进行纵向分析和横向比较。

一 共同富裕视阈下农村低收入人口返贫风险评价指标体系构建

1. 指标的选取原则

（1）科学性原则

科学性是指农村低收入人口返贫风险预警指标体系所选的指标要有科学的依据，遵循客观的经济规律，能够客观地体现农村低收入人口的生活和发展状况。在选择指标时，更不能道听途说或凭借个人主观的判断，要采用科学的方法。同时，在构建指标体系过程中，要顺应国家对农村低收入人口的政策导向以及贫困标准的变动趋势，避免指标过于极端，对实证分析产生不利的影响。此外，农村低收入人口返贫风险预警指标体系必须具有严谨的基本概念，要具备合理的逻辑结构，不能含糊不清。

（2）动态性原则

事物的发展都是动态的，因此农村低收入人口返贫风险预警指标体系也不能一成不变，要随着国家贫困标准和帮扶政策的调整而变动。在选取指标时要抓住事物的动态发展特征，尽可能选取动态性指标。此外，动态性指标不仅能反映农村低收入人口各个方面的变化状况，也能从侧面体现国家相关政策的改变，还能为各级政府的决策提供更好的帮助与支持。

（3）可操作性原则

农村低收入人口返贫风险预警指标体系的构建，要考虑现实意义上的可操作性。可操作性包括指标的可量化性和实用性，可量化性指所设置的所有指标都能从相关的资料或调研中获取；实用性指标的选取应从实际出发，具有较强的实用功能。

（4）独立性原则

影响农村低收入人口返贫的因素较多，而不同因素之间可能存在不同程度的联系。因此，在构建返贫风险预警指标体系时，应该避免选取具有包含关系的指标，要选择能独立反映不同维度的风险特征的指标，从而保证预警指标体系的独立性。

2. 共同富裕视阈下农村低收入人口返贫风险预警指标体系构建

本书在第六章中已经比较全面地分析了农村低收入人口返贫现象的诱导因素，分为生计能力风险和发展能力风险。首先，生计能力风险包括农村低收入人口基本情况的变化（包括家庭消费收入水平的变化）、公共基础设施建设状况、扶贫政策的变化等。其次，发展能力风险包括身体健康水平、知识技能水平、应急能力等。目前，学术界并没有对农村低收入人口返贫风险预警展开大量的实证研究，也缺乏能够完全参考借鉴的指标体系，故本研究在分析返贫诱导因素的理论基础上，结合相关专业预警指标体系的设立方法，充分考虑数据的可获性和科学性，依据返贫风险预警指标的设立原则，大胆尝试构建返贫风险预警指标体系。

本研究将返贫预警指标体系进行调整，设置了生计能力风险和发展能力风险两个一级指标。根据返贫产生的根源与征兆，在这两个一级指标下设置共计6个二级指标和22个三级指标来构建农村低收入人口返贫风险预警指标体系。其中，反映生计能力风险的二级指标包括农村低收入人口基本情况、农户住房及家庭生活条件和公共基础设施建设；反映发展能力风险的二级指标包括耐用消费品拥有量、文化教育医疗和数字应用（具体的指标体系构成见表8-1）。

表8-1　农村低收入人口返贫预警指标体系

一级指标	二级指标	三级指标
生计能力风险	农村低收入人口基本情况	人均可支配收入（X_1）
		人均消费支出（X_2）
		转移支付依赖度（X_3）
		恩格尔系数（X_4）
	农户住房及家庭生活条件	居住竹草坯房的农户比重（X_5）
		使用经过净化处理自来水的农户比重（X_6）
		炊用柴草的农户比重（X_7）
		独用厕所的农户比重（X_8）
	公共基础设施建设	所在自然村能便利乘坐公共汽车的农户比重（X_9）
		所在自然村能集中处理垃圾的农户比重（X_{10}）
		所在自然村进村主干道路硬化的农户比重（X_{11}）
发展能力风险	耐用消费品拥有量	每百户电冰箱拥有量（X_{12}）
		每百户洗衣机拥有量（X_{13}）
		每百户汽车拥有量（X_{14}）

续表

一级指标	二级指标	三级指标
发展能力风险	文化教育医疗	所在自然村有卫生站的农户比重（X_{15}）
		人均医疗保健消费支出（X_{16}）
		人均教育文化娱乐消费支出（X_{17}）
		所在自然村上幼儿园便利的农户比重（X_{18}）
		所在自然村上小学便利的农户比重（X_{19}）
	数字应用	移动电话普及率（X_{20}）
		互联网普及度（X_{21}）
		计算机普及率（X_{22}）

（1）生计能力风险指标

①农村低收入人口基本情况。农村低收入人口基本情况可以较为全面客观地反映农村低收入人口维持日常生活的基本能力，也能从一定层面直观地反映其生活质量，包括农户收入情况、支出情况等方面。农村低收入人口在脱贫攻坚期享受到了国家大量的财政扶持，转移支付占可支配收入较大的比例。从可持续发展的角度看，较高的转移支付依赖度不利于农村低收入人口自我稳定的发展，可能会提高返贫风险。此外，食品支出比例能够反映家庭的生活水平，一般而言，家庭的收入越高，用于食品消费支出所占的比例越低，即能够从侧面反映农村低收入人口的生计能力。因此，本章选取"人均可支配收入"来反映农户收入情况，选取"人均消费支出"来反映农户支出情况，选取"转移支付依赖度"来反映农户获得救助资金情况，选取"恩格尔系数"来反映农户食品总支出情况。

②农户住房及家庭生活条件。住房及家庭设备提供了农村低收入人口基本的生活场所和生活条件，关系着一个家庭生活的稳定性，包括住房、饮水等方面。近年来，我国农村地区农户的居住条件不断改善，很多农民都住上了钢筋水泥房，但是贫困落后地区的少部分低收入人口在住房方面仍然存在安全隐患，农户的生命安全面临一定的威胁，是致贫返贫的重要诱因。此外，饮水设施的建设可以降低农民因水质不合格而引发疾病的概

率，对于减少因病致贫有着重要意义。因此，本章选取"居住竹草坯房的农户比重"来反映农户房屋条件，选取"使用经过净化处理自来水的农户比重"来反映农户饮水条件，选取"炊用柴草的农户比重"来反映农户生活能源使用条件，选用"独用厕所的农户比重"来反映农户卫生条件。

③公共基础设施建设。公共基础设施建设影响农户出行和居住的便利性、安全性、舒适性。例如，公共交通方便了农户出行，减少了农户购买农资、销售农产品的成本，带动了农户就地就业或异地就业，增加了农户的收益。因此，公共基础设施的改善可以提高人们的生活水平，并且可以帮助农村低收入人口降低生活成本，从而减轻返贫风险程度。本章选取"所在自然村能便利乘坐公共汽车的农户比重"来反映农户使用公共交通的便利度，选取"所在自然村能集中处理垃圾的农户比重"来反映农户生活垃圾的处理情况，选取"所在自然村进村主干道路硬化的农户比重"来反映农户拥有的基础交通设施情况。

（2）发展能力风险指标

①耐用消费品拥有量。耐用消费品是指使用时间至少超过一年的产品，包括电视机、电冰箱、洗衣机等。与非耐用消费品相比，耐用消费品的单位价格较高。农户在生活水平处于较低水平时，是没有多余的资金去置办耐用消费品的。因此，耐用消费品拥有量可以直接反映农村低收入人口消费水平的变化，也可用来考察其生活质量的改善状况，是衡量农户生活现代化水平的一个重要指标。此外，耐用消费品可以间接地对农户发展能力产生一定的影响。由于农村是一个相对封闭的场所，电视机、汽车等耐用消费品可以增加农户获取外界信息、资源的机会与途径。本章所选取的具体指标为"每百户电冰箱拥有量""每百户洗衣机拥有量""每百户汽车拥有量"。

②文化教育医疗。文化教育医疗情况反映了幼有所育、学有所教、病有所医等民生需求，也是影响农村低收入人口发展能力的重要维度。20世纪50年代，美国经济学家舒尔茨提出了人力资本理论，其中教育是提高人

力资本质量的必要支撑。农民自身的文化素质是影响其生产能力的关键因素。目前，我国农村居民受教育水平远远落后于城市居民。此外，农村地区各项经济活动的开展与农民身体健康状况有着密不可分的关系。农村居民最怕的是生病，因病返贫致贫的现象较多。因此，为了监测农村低收入人口的返贫风险，有必要对农村低收入人口所在区域的教育、医疗等情况进行了解。本章选取"所在自然村有卫生站的农户比重"来反映农户基本医疗条件，选取"人均医疗保健消费支出"来反映农户在医疗方面的支出情况，选取"人均教育文化娱乐消费支出"来反映农户在文化教育方面的支出情况，选取"所在自然村上幼儿园便利的农户比重"来反映农户享有的学前教育的情况，选取"所在自然村上小学便利的农户比重"来反映农户享有的义务教育的情况。

③数字应用。数字化应用可用于衡量农村地区信息化的发展程度，而农村信息化的发展程度会影响农户的经济决策行为，减少信息不对称的风险，因此可以侧面反映农村低收入人口发展能力风险。党的十八大以来，农村地区信息基础设施建设加快，数字化技术为农户的生产带来便捷。比如，互联网可以为农户提供及时、有效、准确的生产、运输、销售等方面的信息，农户可以通过手机、电脑等移动端口了解市场变化，从而有利于促进农村低收入人口增收。但是，数字应用的普及度仍存在地区差异。受限于数据的可得性，本章所选取的具体指标为"移动电话普及率""互联网普及度""计算机普及率"。

3. 数据来源与说明

（1）数据来源

本章实证分析所采用的数据来源于 2018~2020 年《中国农村贫困监测报告》中关于"贫困地区农村贫困状况"分省份的统计结果。我国东部沿海地区经济比较发达，经济发展水平普遍高于中西部的大多数省区市，故东部沿海农村地区与中西部农村地区不具有可比性。因此，为了确保风险划分结果更具有科学性和指导性，本章在研究农村低收入人口返贫风险时，把研究场域聚焦在我国中西部，包括河北、山西、内蒙古、吉林等22个省区市。

（2）数据说明

本章进行实证分析所选用的数据大部分直接来源于《中国农村贫困监测报告》，少部分数据经过了二次统计计算。需要说明的是，描述农村低收入人口基本情况中的"转移支付依赖度"指标以"转移支付净收入/人均可支配收入"为计算的基础；描述数字应用中的"移动电话普及率""互联网普及度""计算机普及率"指标分别以"每百户移动电话拥有量""所在自然村通宽带的农户比重""每百户计算机拥有量"为计算的基础。除上述指标外，其他指标均直接来源于监测报告。

二 共同富裕视阈下农村低收入人口返贫风险测度

1. 主成分分析法原理与步骤

在构建指标体系时，虽然尽量选取能反映事物不同侧面的指标，但是原始指标仍然不可避免地包含大量重复信息，会影响实证结果的有效性，因此需要进行多元统计分析。主成分分析法以信息损失率最小为原则，对原始指标进行降维，省略一些不相关的指标，将较多的原始指标转化为少数几个综合指标。因此，主成分分析法能避免个人设置指标的主观性，简化复杂的研究，提高研究的效率。具体计算过程包括以下几个部分。

（1）数据标准化处理

在本章所构建的农村低收入人口返贫风险预警指标体系中，有的评价指标为正向指标，而有的为负向指标，故需要进行标准化处理。具体方法如下。

当评价指标为正向指标时，

$$Y_{ij} = \frac{X_{ij} - \min X_{ij}}{\max X_{ij} - \min X_{ij}} \tag{8.1}$$

当评价指标为负向指标时，

$$Y_{ij} = \frac{\max X_{ij} - X_{ij}}{\max X_{ij} - \min X_{ij}} \tag{8.2}$$

在对原始数据按照（8.1）和（8.2）式进行线性变换处理后，得到标准化指标变量。其中，$i=1, 2, 3, \cdots, n$；$j=1, 2, 3, \cdots, m$。

（2）求相关系数矩阵 R

$$R = \begin{bmatrix} r_{11} & \cdots & r_{1m} \\ \vdots & & \vdots \\ r_{n1} & \cdots & r_{nm} \end{bmatrix} \tag{8.3}$$

其中，r_{ij} 为第 i 个指标与第 j 个指标的相关系数，计算公式为

$$r_{ij} = \frac{\mathrm{cov}(x_i, x_j)}{\sqrt{\mathrm{Var}(x_i)\,\mathrm{Var}(x_j)}} \tag{8.4}$$

（3）求特征值和特征向量

计算特征值 $\lambda_1 \geqslant \lambda_2 \geqslant \cdots \geqslant \lambda_m \geqslant 0$，及对应的特征向量 $u_1, u_2, \cdots, u_n$，并将特征向量标准化。

（4）选取 p（$p \leqslant m$）个主成分，计算综合评价值

各主成分贡献率 $b_j = \dfrac{\lambda_j}{\sum\limits_{k=1}^{p} \lambda_k}$ $\tag{8.5}$

各主成分累积贡献率 $\alpha_p = \dfrac{\sum\limits_{k=1}^{p} \lambda_k}{\sum\limits_{k=1}^{m} \lambda_k}$ $\tag{8.6}$

$$综合评价得分\ F_t = \sum_{j=1}^{p} b_j y_j \qquad (8.7)$$

2. 实证结果分析

本章选取 2018~2020 年《中国农村监测报告》中的相关数据。需要注意的是，由于当年的监测报告中的数据是对上一年发展状况的统计描述，所以 2018~2020 年《中国农村监测报告》实际上是对 2017~2019 年中国中西部农村低收入人口进行分析。同时，本章基于农村低收入人口返贫风险预警指标体系，对农村低收入人口基本情况、农户住房及家庭生活条件、公共基础设施建设、耐用消费品拥有量、文化教育医疗和数字应用六个方面的 22 个指标进行主成分分析。

首先，对 2017 年的数据进行统计分析，得到返贫风险预警指标成分矩阵（见表 8-2），然后根据各成分的方差累计贡献率，选取特征值大于 1 的成分共得到八个公共因子，分别为 f_1，f_2，f_3，f_4，f_5，f_6，f_7 和 f_8，其累积方差贡献率达到了 89%。其次，对 2018 年的数据进行统计分析，得到返贫风险预警指标成分矩阵（见表 8-3），并得到八个公共因子，累积方差贡献率达到 88%。最后，用同样的方法对 2019 年的数据进行统计分析，得出返贫风险预警指标成分矩阵（见表 8-4），累积方差贡献率达到 88%。

因此，本章所提取的八个主成分的累积贡献率均超过了 85%，并靠近 90%，能够较好地反映原始指标的综合特征，即本节能够利用这八个公共因子，对中西部地区农村低收入人口返贫风险状况作出全面科学的评价。

表 8-2　2017 年农村低收入人口返贫风险预警指标成分矩阵

变量	f_1	f_2	f_3	f_4	f_5	f_6	f_7	f_8
X_1	−0.15	0.65	0.02	0.38	0.49	0.06	0.07	−0.01
X_2	0.42	0.79	−0.27	0.02	0.22	0.1	0.05	−0.07
X_3	0.55	0.29	0.01	0.1	0.02	0.33	−0.43	−0.42

续表

变量	f_1	f_2	f_3	f_4	f_5	f_6	f_7	f_8
X_4	-0.87	-0.03	-0.09	0.09	0.3	-0.16	0.1	-0.2
X_5	0.43	-0.62	-0.15	-0.05	0.42	0.3	0.02	0.2
X_6	0.43	-0.28	0.46	0.21	-0.13	0.03	0.55	0.11
X_7	0.03	-0.12	-0.59	0.45	0.52	-0.03	0.07	0.21
X_8	0.83	-0.12	0.17	0.29	-0.13	-0.22	-0.13	-0.03
X_9	0.68	-0.46	0.23	-0.03	-0.03	0.41	0	-0.05
X_{10}	-0.26	0.44	-0.18	0.46	-0.34	0.34	-0.14	0.07
X_{11}	-0.13	0.1	0.23	0.64	-0.37	0.14	0.39	-0.36
X_{12}	0.64	0.57	0.11	0.19	0.29	-0.16	0.18	0.07
X_{13}	0.38	-0.1	0.47	-0.23	0.31	-0.37	0	-0.49
X_{14}	0.21	0.32	0.43	-0.64	0.23	0.21	0.26	-0.01
X_{15}	0.82	-0.18	0.32	-0.06	0.11	0	-0.24	0.11
X_{16}	0.8	0.16	-0.27	-0.09	-0.06	0.35	0.21	0.04
X_{17}	0.6	0.49	-0.41	-0.18	-0.21	-0.18	0	0.02
X_{18}	-0.07	0.29	0.83	0.28	0.13	0.08	-0.23	0.16
X_{19}	-0.28	0.36	0.78	0.18	0.03	-0.04	-0.07	0.3
X_{20}	0.12	0.61	-0.02	-0.54	-0.34	-0.16	0.03	0.25
X_{21}	0.64	-0.23	-0.01	0.5	-0.13	-0.37	-0.14	0.17
X_{22}	0.81	0.04	-0.28	0.14	-0.06	-0.25	0.12	-0.08

表 8-3   2018 年农村低收入人口返贫风险预警指标成分矩阵

变量	f_1	f_2	f_3	f_4	f_5	f_6	f_7	f_8
X_1	-0.13	0.68	0.09	0.36	0.5	-0.04	0.04	-0.22
X_2	0.39	0.72	-0.4	0.24	0.23	0.02	-0.02	0.04
X_3	0.52	0.27	-0.1	0.13	-0.17	0.11	0.61	-0.35
X_4	-0.66	0.16	0.1	0.46	-0.09	0	0.17	0.25
X_5	0.3	-0.65	-0.42	0.28	0.1	0.22	0.08	-0.04
X_6	0.49	-0.26	0.54	-0.1	-0.01	-0.33	-0.31	-0.13
X_7	0.04	-0.37	0.03	0.65	0.4	0.26	-0.24	0.15
X_8	0.82	0.06	0.28	-0.02	-0.22	0.33	-0.04	-0.01

续表

变量	f_1	f_2	f_3	f_4	f_5	f_6	f_7	f_8
X_9	0.65	-0.48	0.22	-0.17	0.16	-0.4	0.22	-0.03
X_{10}	-0.16	0.74	0.25	-0.01	-0.32	-0.26	0.20	0.16
X_{11}	0.39	0.19	0.36	0.54	0.08	-0.42	-0.04	-0.27
X_{12}	0.68	0.50	-0.01	-0.02	0.36	0.22	-0.05	-0.05
X_{13}	0.62	-0.24	-0.06	-0.49	0.27	0.22	0.08	-0.11
X_{14}	0.00	0.10	-0.37	-0.65	0.54	-0.27	0.07	0.10
X_{15}	0.81	-0.08	0.16	-0.09	-0.18	0.12	0.10	0.22
X_{16}	0.75	-0.03	-0.43	0.16	0.1	-0.26	-0.08	0.15
X_{17}	0.55	0.55	-0.30	0.09	-0.22	0.04	-0.38	-0.11
X_{18}	-0.21	0.29	0.59	-0.11	0.42	0.36	0.20	0.17
X_{19}	-0.13	0.39	0.71	-0.38	0.13	0.05	-0.21	0.00
X_{20}	-0.20	0.57	-0.46	-0.40	-0.28	0.16	-0.18	-0.10
X_{21}	0.82	0.00	0.34	0.07	-0.25	0.24	-0.03	0.07
X_{22}	0.73	0.33	-0.11	0.07	-0.01	-0.22	0.08	0.48

表 8-4 2019 年农村低收入人口返贫风险预警指标成分矩阵

变量	f_1	f_2	f_3	f_4	f_5	f_6	f_7	f_8
X_1	-0.19	0.71	0.12	0.37	0.05	0.37	0.09	0.04
X_2	0.35	0.8	-0.28	0.3	-0.08	0.06	0.07	0.09
X_3	0.65	0.08	-0.06	0.03	0.18	0.37	0.25	-0.4
$X4$	-0.74	-0.15	0.09	0.34	0.22	0.01	0.3	0.26
X_5	0.37	-0.63	-0.28	0.38	0.21	0.16	-0.02	-0.07
X_6	0.51	-0.17	0.53	0.02	0.14	-0.48	-0.06	-0.22
X_7	0.13	-0.27	0.21	0.8	-0.24	0.23	-0.12	0.13
X_8	0.88	0	0.27	-0.14	0	0.11	-0.24	0
X_9	0.49	-0.34	0.61	-0.06	0.26	-0.21	0.27	0.08
X_{10}	-0.23	0.62	0.32	-0.35	-0.42	-0.03	0.25	0
X_{11}	-0.17	-0.43	0.14	-0.42	-0.43	0.36	0.11	0.32
X_{12}	0.51	0.62	0.05	0.12	0.29	0.12	-0.24	0.29
X_{13}	0.22	-0.51	-0.02	-0.4	0.23	0.33	-0.13	0.36

续表

变量	f_1	f_2	f_3	f_4	f_5	f_6	f_7	f_8
X_{14}	-0.20	0.28	-0.37	-0.08	0.73	-0.14	0.29	0.22
X_{15}	0.80	-0.07	0.27	-0.18	0.18	0.08	-0.11	0.24
X_{16}	0.80	0.06	-0.20	0.24	-0.13	-0.15	0.26	0.08
X_{17}	0.58	0.50	-0.27	-0.11	-0.17	0.03	-0.28	-0.03
X_{18}	-0.42	0.30	0.73	0.18	0.15	0.07	-0.23	0.02
X_{19}	-0.39	0.40	0.75	0.00	0.12	-0.11	-0.19	0.07
X_{20}	-0.29	0.41	-0.47	-0.42	0.25	-0.03	-0.26	-0.07
X_{21}	0.02	0.16	0.45	-0.28	0.24	0.53	0.28	-0.33
X_{22}	0.64	0.39	0.08	-0.11	-0.24	-0.17	0.41	0.25

根据表 8-2、表 8-3 和表 8-4 可知，f_1、f_2、f_3、f_4、f_5、f_6、f_7 和 f_8 分别为主要载荷的影响因素，表明中西部地区农村低收入人口的返贫风险预警可以从这八个方面进行探究。此外，还可以明显看出，在 2017~2019 年，第一公共因子的特征值远远大于其他公共因子，说明第一公共因子在原始信息的综合表达方面能力最强（见表 8-5）。但是，经过主成分分析得到的公共因子是原始指标经过降维得到的，每个公共因子包含的信息不像原始指标那样清晰、明确，丢失了侧重点，使各主成分无明显的实际意义。

表 8-5　2017~2019 年特征值、方差贡献率与累积方差贡献率

主成分	2017 年			2018 年			2019 年		
	特征值	方差贡献率（%）	累积方差贡献率（%）	特征值	方差贡献率（%）	累积方差贡献率（%）	特征值	方差贡献率（%）	累积方差贡献率（%）
f_1	6.3	29	29	6.16	28	28	5.42	25	25
f_2	3.42	16	44	3.81	17	45	3.94	18	43
f_3	2.94	13	58	2.62	12	57	2.94	13	56
f_4	2.33	11	68	2.28	10	68	2.04	9	65
f_5	1.55	7	75	1.6	7	75	1.6	7	72
f_6	1.19	5	81	1.27	6	81	1.28	6	78
f_7	1	5	85	0.96	4	85	1.12	5	83
f_8	0.92	4	89	0.76	3	88	0.92	4	88

如表 8-6 所示，大部分省区市的位次都比较稳定，没有出现较大的波动。第一，在 22 个中西部省区市中，湖北、安徽和重庆的农村低收入人口综合发展状况最好，一直处于领先地位，表明其面临的返贫风险最小。第二，云南、西藏和海南三省区市的农村低收入人口综合发展状况较差，一直处于落后状态，虽然和其他省份的差距在不断缩小，但仍然面临着较大的返贫风险。第三，黑龙江和青海两省在 2019 年取得了非常明显的进步，农村低收入人口发展状况得到了显著改善，应该继续鼓足干劲，保持积极向上的发展势态。第四，江西和贵州两省综合发展质量有较为明显的退化现象，值得特别关注。第五，22 个中西部省区市的综合发展差距在不断缩小，并且总体朝着更高层次发展，需要保持这种稳中向好的状态，为实现共同富裕的远景目标创造良好的条件。

表 8-6　2017~2019 年农村低收入人口综合发展评价指数

省区市	2017 年 F_t	省区市	2018 年 F_t	省区市	2019 年 F_t
西藏	-6.024782062	西藏	-5.918729035	西藏	-4.859414167
云南	-3.978299458	云南	-3.874405047	云南	-2.907486334
海南	-3.319965423	海南	-3.243034164	海南	-2.405408892
甘肃	-1.403771759	甘肃	-1.409486961	甘肃	-1.047402213
四川	-1.136929408	四川	-1.142890478	贵州	-1.016688496
山西	-0.586899035	山西	-0.735539444	山西	-0.893264184
青海	-0.411774905	青海	-0.337643289	江西	-0.65014514
贵州	-0.358493798	贵州	-0.285722011	四川	-0.48691434
广西	-0.081997001	广西	0.016597209	广西	-0.463743119
陕西	0.161453231	陕西	0.129948729	陕西	-0.333021886
江西	0.179870526	黑龙江	0.168070554	新疆	0.038060845
新疆	0.286311132	新疆	0.211859176	宁夏	0.428487288
黑龙江	0.319083161	江西	0.216878055	湖南	0.526165262
宁夏	1.038655076	宁夏	1.023725432	青海	0.571892136
湖南	1.127906504	湖南	1.159547242	河北	0.803689747

续表

| 省区市 | 2017 年 | 省区市 | 2018 年 | 省区市 | 2019 年 |
	F_t		F_t		F_t
河北	1.514579363	河北	1.456906091	内蒙古	0.937237256
内蒙古	1.578550538	内蒙古	1.550526711	黑龙江	1.044167432
河南	1.661389227	河南	1.656676091	吉林	1.665255611
吉林	1.916704776	吉林	1.767877682	河南	1.675328982
安徽	2.279710846	安徽	2.336909321	湖北	2.261593154
重庆	2.503339199	重庆	2.543999576	安徽	2.402770399
湖北	2.735359269	湖北	2.70792856	重庆	2.708840658

三 共同富裕视阈下农村低收入
人口返贫风险类别划分

1. 系统聚类法原理与步骤

主成分分析法是将影响农村低收入人口返贫现象的公共因子提取出来，并对各省区市农村低收入人口综合发展水平进行了评价，但是无法进行分类分析。而本章的另一个研究目的是对中西部各省区市农村低收入人口面临的返贫风险进行类别划分，为在防返贫过程中实施分层分类的帮扶措施提供一定的指向。聚类分析是一种研究分类问题的方法，指将一个数据集按照特定的标准划分为不同的类或簇，使同一个簇的对象的相似度尽可能大，不同簇的对象的差异也尽可能大。

系统聚类又被称作"分层聚类法"，是 K 中心聚类算法的一种改进形式，消除了其必须预先确定聚类个数的缺点，利用系统算法自动得出最优的聚类数目，具有较强的客观性与科学性。具体步骤包括以下几个部分。①计算 n 个样本两两之间的距离。②将距离最近的两类合并为一个新类。

③重复计算新类与其他各类之间的距离，直到类别个数为 1 时停止。④画出系统聚类图，确定分类个数。

2. 证结果分析

在进行系统聚类分析时，本研究同样以中西部 22 个省区市的贫困地区农村低收入人口为研究对象，将本章所构建的农村低收入人口返贫风险预警指标体系中的 22 项指标作为系统运行的主要依据，构成一个 22 行 22 列数据矩阵。先计算本研究所选取的 22 个样本两两之间的距离，并将其不停地进行合并，构成不同的新类，直到类别数为 1 时停止。然后，系统聚类算法确定的最优聚类数目为 3（见图 8-1），故将农村低收入人口返贫风险划分为三个区间，并设定相应的预警级别：高风险区，预警级别为 Ⅰ；中风险区，预警级别为 Ⅱ；低风险区，预警级别为 Ⅲ。当一个地区处于高风险区时，代表该地区的农村低收入人口发展稳定性较差，综合发展水平较弱，极易产生规模性返贫现象，须引起相关政府职能部门的高度重视，需要进行 Ⅰ 级预警；当一个地区处于中风险区时，代表该地区的农村低收入人口发展稳定性不是很好，存在少量的返贫风险，相关政府职能部门应该对这一区域加强动态监测与帮扶力度，防范潜在返贫因子进一步演化升级，需要进行 Ⅱ 级预警；当一个地区处于低风险区时，代表该地区的农村

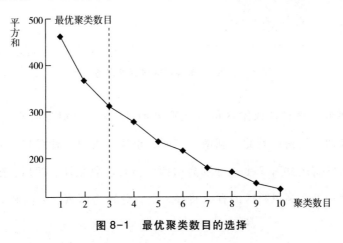

图 8-1　最优聚类数目的选择

低收入人口发展稳定性好，综合发展水平较强，相关政府职能部门只需进行定期监测，进行常态化Ⅲ级预警即可。

通过主成分分析和系统聚类法可将我国中西部 22 个省区市农村低收入人口返贫风险状况作出如下等级划分。

2017 年，处在低风险区的省区市共有 11 个，分别为四川、青海、贵州、广西、江西、宁夏、湖南、河南、安徽、重庆和湖北；处在中风险区的省区共有 8 个，分别为甘肃、山西、陕西、新疆、黑龙江、河北、内蒙古和吉林；处在高风险区的省区共有 3 个，分别为西藏、云南和海南（见图 8-2）。

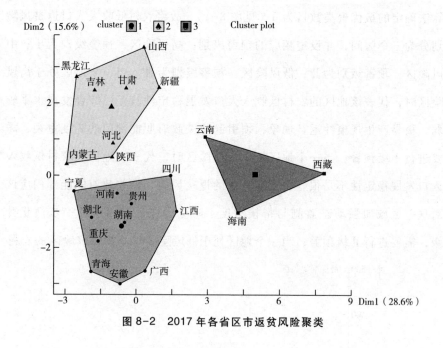

图 8-2　2017 年各省区市返贫风险聚类

2018 年，处在低风险区的省区市共有 12 个，分别为河北、内蒙古、安徽、江西、河南、湖北、湖南、广西、重庆、贵州、青海和宁夏；处在中风险区的省区共有 7 个，分别为山西、吉林、黑龙江、四川、陕西、甘肃和新疆；处在高风险区的省区共有 3 个，分别为西藏、云南和海南（见图 8-3）。

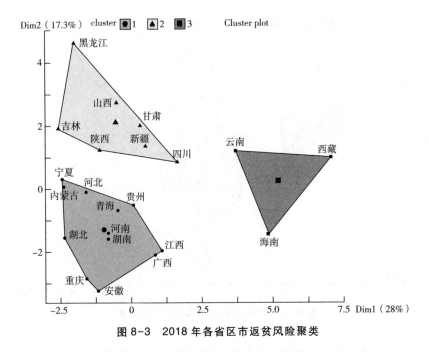

图 8-3 2018 年各省区市返贫风险聚类

2019 年，处在低风险区的省区市共有 12 个，分别为河北、内蒙古、安徽、江西、河南、湖北、湖南、广西、重庆、四川、贵州和青海；处在中风险区的省区共有 7 个，分别为山西、吉林、黑龙江、陕西、甘肃、宁夏和新疆；处在高风险区的省区共有 3 个，分别为西藏、云南和海南（见图 8-4）。

如表 8-7 所示，2017～2019 年各省区市返贫风险聚类结果显示，高风险区并没有随着时间的推移呈下降的趋势，且处在高风险区的省区市一直没有发生变化，均为西藏、云南和海南，表明这三个省区市农村低收入人口贫困问题解决不彻底，面临着较大的返贫风险，极容易产生规模性返贫的现象，政府、社会和各组织机构应该提高警惕性，加大防返贫排查范围与帮扶力度。

同时，处在低风险区和中风险区的省区市总数几乎没有什么变动，整体处于一种相对均衡的状态，只有少数几个省区市所处的风险区发生了些微变化。其中，四川地区的返贫风险处于一种波动的状态，其返贫预警工

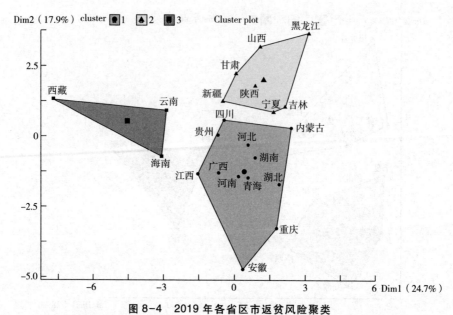

图 8-4　2019 年各省区市返贫风险聚类

表 8-7　农村低收入人口返贫风险等级与预警级别划分结果

省区市	2017 年		2018 年		2019 年	
	风险等级	预警级别	风险等级	预警级别	风险等级	预警级别
河北	中风险区	II	低风险区	III	低风险区	III
山西	中风险区	II	中风险区	II	中风险区	II
内蒙古	中风险区	II	低风险区	III	低风险区	III
吉林	中风险区	II	中风险区	II	中风险区	II
黑龙江	中风险区	II	中风险区	II	中风险区	II
安徽	低风险区	III	低风险区	III	低风险区	III
江西	低风险区	III	低风险区	III	低风险区	III
河南	低风险区	III	低风险区	III	低风险区	III
湖北	低风险区	III	低风险区	III	低风险区	III
湖南	低风险区	III	低风险区	III	低风险区	III
广西	低风险区	III	低风险区	III	低风险区	III
海南	高风险区	I	高风险区	I	高风险区	I
重庆	低风险区	III	低风险区	III	低风险区	III
四川	低风险区	III	中风险区	II	低风险区	III

续表

省区市	2017 年		2018 年		2019 年	
	风险等级	预警级别	风险等级	预警级别	风险等级	预警级别
贵州	低风险区	Ⅲ	低风险区	Ⅲ	低风险区	Ⅲ
云南	高风险区	Ⅰ	高风险区	Ⅰ	高风险区	Ⅰ
西藏	高风险区	Ⅰ	高风险区	Ⅰ	高风险区	Ⅰ
陕西	中风险区	Ⅱ	中风险区	Ⅱ	中风险区	Ⅱ
甘肃	中风险区	Ⅱ	中风险区	Ⅱ	中风险区	Ⅱ
青海	低风险区	Ⅲ	低风险区	Ⅲ	低风险区	Ⅲ
宁夏	低风险区	Ⅲ	低风险区	Ⅲ	中风险区	Ⅱ
新疆	中风险区	Ⅱ	中风险区	Ⅱ	中风险区	Ⅱ

作应该得到密切关注；宁夏地区返贫风险略有上升，应加强该地区的动态监测预警强度，并积极采取措施应对解决贫困问题的固有难题。此外，中西部地区农村低收入人口返贫风险呈现较为明显的区域差异化特征。从地理位置上来看，返贫风险具有由中部向西南和西北两侧递增的趋势，呈现较强的空间相关性。也就是说，如果不能及时有效地化解返贫风险，很有可能会发生大规模、区域性的集中返贫现象。

因此，相当一部分省区市的农村低收入人口存在返贫风险，而且在地理位置上具有较强的聚集性，为了守住防止规模性返贫的底线，推动共同富裕取得实质性进展，应构建返贫风险预警机制，从源头阻断返贫现象的发生。

第九章　共同富裕视阈下农村低收入人口返贫预警系统构建

在灾害或事故发生之前，利用各种现代技术、工具或手段，收集相关数据、资料、文件等，监测各种可能将主体置于危险之中的风险因子，有助于分析、判断、预测事物的发展方向。即以事物发展势态为指导依据，对潜在风险进行预警，将风险控制在前端，提前制定对应方案和措施，以此来防止危机的发生。从长期和全局来看，构建事前防范、事中控制和事后监测的返贫预警系统，有助于有效防止返贫，在一定程度上也能够帮助降低治理成本，并且能够避免主体陷入"扶贫—脱贫—返贫"的恶性循环。当前，我国各地农村低收入人口返贫预警工作尚处于初步探索阶段，低收入人口动态监测预警机制尚未完备。本章主要阐述共同富裕视阈下农村低收入人口返贫预警系统的框架构成和运行程序。[①]

一 共同富裕视阈下农村低收入人口返贫 预警系统的框架构成

从宏观层面来看，对农村低收入人口进行返贫预警分析，必须构建一个完整的组织预警系统，包括预警客体、预警主体和预警载体。其中，预警客体是信息监测系统中的监测对象，原则上应该做到"应监尽监"，包括脱贫巩固户、脱贫不稳定户和边缘户。我们参照现有的研究成果和某些已建立返贫预警监测机制县市的做法，将"脱贫巩固户"定义为"在正常

---

① 本章大部分内容引自彭玮、龚俊梅《基于系统聚类法的返贫风险预警机制分析》，《江汉论坛》2021 年第 12 期。

情况下无返贫风险，人均可支配收入大于国家扶贫标准的 1.5 倍但是小于国家扶贫标准 2 倍的脱贫户"，将"脱贫不稳定户"定义为"人均可支配收入大于国家扶贫标准但是小于国家扶贫标准 1.5 倍，且有返贫风险的脱贫户"，将"边缘户"定义为"人均可支配收入高于国家扶贫标准但是低于国家扶贫标准 1.5 倍，且有致贫风险的非建档立卡农户"。预警主体是帮助预警系统更好运行的外部力量，包括政府返贫预警办公室、专家顾问、社会组织以及个人。政府层面的干预主体主要是从宏观层面对干预客体提供决策指导，确保干预客体的发展方向正确；社会组织层面的干预主体主要是从中观层面对干预客体提供一定的技术支持和工作机会；个人层面的干预主体主要从微观层面对干预客体提供对口帮助。预警载体是帮助解决预警中出现问题的手段，包括信息管理系统、监测识别系统、应急管理系统和评价系统等。其中，信息管理系统主要是对监测客体的信息数据进行录入与更新；监测识别系统主要是根据预警值对监测客体进行警度判断，若无预警则继续进行日常的监测，若有预警则应区分出风险区，并识别警源；应急管理系统主要是对突发事件进行应急处理，避免重大事故的发生；评价系统主要是对受到干预的监测客体进行二次评价，判断其是否能够解除警告。

从微观层面来看，对农村低收入人口进行返贫预警分析，必然要打造一支高素质、高效率的组织预警队伍。本章建立了"省-市（州）-县-乡镇-村"五级常态化预警系统以及突发性风险预警系统，自上而下，层层推进，减少预警信号到预警主体的时间，最大限度地提高系统运作效率，实现早发现、早干预、早帮扶。分别以省、市（县）、乡镇和村为单位，建立省返贫预警监测中心、市（县）返贫预警监测中心、乡镇返贫预警办公室和村级返贫预警联络点，搭建四级预警网络系统，形成上下贯通的预警体系，帮助促进彼此之间信息的快速传递和工作的落实。其中，省级层面的返贫预警监测中心应负总责，制定总体方案；市县乡村一级应落实主体责任，充实保障基层工作力量（见图 9-1）。

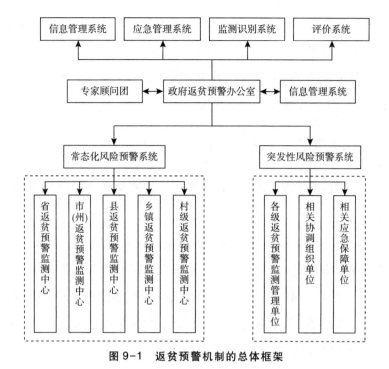

图 9-1 返贫预警机制的总体框架

二 共同富裕视阈下农村低收入人口返贫预警系统的运行程序

1. 信息管理系统收集信息

首先，信息的采集对象为脱贫巩固户、脱贫不稳定户和边缘户，并且需要进行分类管理。其次，信息管理系统需要打通各层级以及多部门之间的信息共享渠道。一般而言，各个单位或部门单独开展防止返贫工作可能造成投入成本高、信息不对称、工作重复、效果不佳，以"省-市（州）-县-乡镇-村"五级预警网络系统可以帮助实现信息共享共用。此外，以县（市）为单位，开展农业农村部门、民政部门、卫生部门、财政部门、工商部门等多部门信息共享试点。同时，依托平台和微信小程序等，对重点人群随时采集信息，实时监测分析，收集困难需求，有效地降低成本。另外，依托全国精准扶贫大数据平台在脱贫地区建立省级返贫预警监测中心，由乡村振兴局牵头对医保、教育、人社、残联等部门信息定期比对，对存在疑惑的对比结果再次核实确认。

2. 大数据平台执行警度判断

在接收到信息管理系统传输的数据后，大数据平台需要立即进行数据分析与处理，然后进行警度判断。这里借助前文所构建的返贫风险预警指标体系，通过系统聚类法对中西部各个地区返贫风险指标的阈值作出划分，得到两个临界值 a 和 b（a<b），将整个区间划分为三个部分。如果预警值 F_w>b，则 $F_w \in III$，红灯亮，该地区进入红灯区；如果预警值 a<F_w<b，则 $F_w \in II$，黄灯亮，该地区进入黄灯区；如果预警值 F_w<a，则 $F_w \in I$，绿灯亮，该地区进入绿灯区。

3. 入户排查筛选对象

在警度判断这一程序中，可从宏观层面初步找出存在返贫风险的省区市，但是尚未精确瞄准到特定省区市的特定监测对象。因此，需要统筹组织力量对照初步重点监测省区市名单，分别对处在红灯区和黄灯区的省区市进行入户排查筛选工作。

将所有处在红灯区和黄灯区的监测户均纳入排查筛选的对象中，并以村为单位开展进村入户走访工作。在对红灯区的监测户进行入户排查筛选时，填写"返贫致贫红色预警监测卡"，重点关注核实监测户在收入、支出、"两不愁三保障"、饮水安全等关乎基本民生方面的情况。在对黄灯区的监测户进行入户排查筛选时，填写"返贫致贫黄色预警监测卡"，重点关注核实监测户在遭受自然灾害、意外风险、重大变故等方面的情况，并综合考量监测户抵御这些风险的能力。对处在红灯区和黄灯区的监测对象的基本信息变化、救助帮扶措施落实等情况分别在预警系统中及时更新。

如果在走访过程中发现新的边缘户，应重点核查导致其在住房、教育、医疗及饮水安全等方面存在问题的原因，并出具书面排查结果，在村委会公示五天无异议后，将此结果上交至乡镇审查，再由乡镇汇总报县直相关部门进行信息比对和筛查预警，审查筛查通过后应将其纳入监测对象范围，然后将相关信息录入省返贫预警监测系统中，并在系统中标注新增监测对象。

4. 警兆识别

在返贫预警监测中心的数据更新后，监测识别系统就开始进入警兆识别程序。警兆识别分为"主动识别"与"被动识别"。其中，"主动识别"是农户自下而上主动进行返贫风险识别申报，不具有强制性，适用于处在绿灯区的监测户。"被动识别"是部门自上而下的筛查预警，具有强制性，适用于处在红灯区和黄灯区的监测户。在返贫治理过程中，也要像精准扶贫一样做到精准识别、精准施策。但是，识别警源是一个费时、费力、费资的事情。因此，一方面应该借助返贫预警指标体系中各个指标的权重，将各指标按权重大小重新排序，并将权重大的指标调为最优先级别，避免重大事故的发生。另一方面应该结合收入支出、"三保障"及饮水安全变化等方面的相关指标进行考察，对这些关乎基本民生保障的指标必须高度重视。例如，要结合特定区域内监测对象的收入支出、住房、医疗等基本民生指标进行研判。

5. 分类制定干预措施

对处在红灯区的地区，"省-市（州）-县-乡镇-村"预警中心必须提高警惕，认真分析返贫风险预警指标体系中的各个指标的变化，及时向上级政府部门报备相关情况。并设置临时救助基金，对符合临时救助标准的农户及时拨付救助款。同时，由住建、卫健、医保、教体、水利等部门分别针对"两不愁三保障"及饮水安全方面的致贫、返贫风险，进行"一站式"救助。

对处在黄灯区的地区，各级部门可以适当根据返贫风险预警指标体系的要求，对不达标的指标进行修正，不作系统性整改的要求，进行"点对点"帮扶。例如，当预警监测系统识别到干预客体的收入这一维度中的相关指标不达标时，如果工资性收入不达标，则政府或社会组织应有针对性地为其提供就业培训或就业岗位；如果经营净收入不达标，则由政府农业技术服务部门或龙头企业、农民合作社为其提供相关种养殖技术指导、农产品加工、市场衔接服务；如果财产性净收入不达标，则政府应采取相关改革措施增加农民财产性收入；如果转移性净收入不达标，则政府应根据实际情况适当提高相关政策补贴。但是，要对上级政府部门进行情况说明，做好档案记载。

对处在绿灯区的地区，继续进行日常监测，完善风险预警自主申报信息系统。农户本人（也可委托他人）通过全国防返贫监测信息系统以及APP 端口、"12317"防止返贫监测和乡村振兴咨询服务平台提出申报。系统接收到预警申报，则由村干部进行逐户走访排查，核实情况，在系统中提交乡镇审查审核，最后再交由县级相关部门复核。若最后的核查结果属实，则应在预警监测系统中及时更新，形成台账记录，并对新增监测户进行"零距离"监测和帮扶，特别是加强扶智方面的引导教育，及时提供农业技术、产业项目、金融扶持等方面的支持，加强生产经营技能培训，并实时动态关注，防止返贫风险的发生。

6. 开展事后评估工作

在政策实施后，要对脱贫户、边缘户等进行事后评估，并再次执行警度判别。同时，建立监测对象帮扶台账，所有享受了帮扶政策的脱贫巩固户、脱贫不稳定户以及边缘户都应被记入台账中，并对其进行动态跟踪和调整。此外，如果原来处在红灯区的地区经过干预后直接进入绿灯区，要对该区域标注"风险消除"，但不能立即停止监测和帮扶，要对返贫干预

客体设置一个"过渡期"，持续关注处在"过渡期"中的新增返贫人口或
难以实现持续稳定脱贫的不稳定户。如果原来处在黄灯区的地区经过干预
后解除了返贫风险预警，进入绿灯区，则可以对该地区解除特殊监测与管
理，只需进行日常监测即可。另外，如果处在红灯区或黄灯区的地区在经
过干预和调整后，仍然处在红灯区或黄灯区，则重复上述流程，直到进入
绿灯区为止。如有必要，需要启动应急管理系统，运行流程如图 9-2
所示。

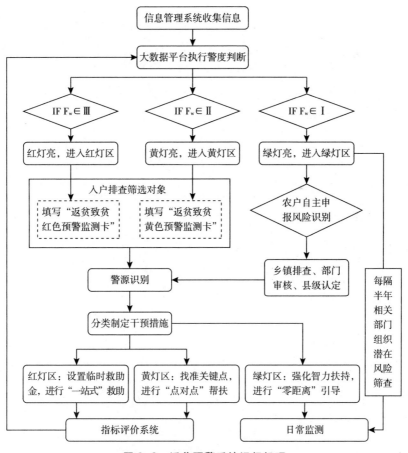

图 9-2　返贫预警系统运行机理

第十章 共同富裕视阈下农村低收入人口动态帮扶机制构建

2022 年《中共中央国务院关于做好 2022 年全面推进乡村振兴重点工作的意见》强调："要牢牢守住不发生规模性返贫的底线，完善监测帮扶机制。"党的十九大提出共同富裕的目标，促进全体人民共同富裕是一项长期任务。农村低收入人口的生计脆弱性是共同富裕的最大短板，相较于"调高""扩中"，"提低"的基础性作用更为凸显。探索建立共同富裕视阈下农村低收入人口防返贫动态帮扶机制，对巩固拓展脱贫攻坚成果，推动共同富裕取得实质性进展具有极其重要的现实意义。针对防返贫动态帮扶机制存在的监测识别困难、运行机制不完善、信息收集缺乏精准性等问题，本研究提出着眼"前端"，主动发现潜在风险，将风险控制在前端；立足"中端"，优化动态监测机制，及时预警潜在风险；围绕"末端"，完善分层分类帮扶，守住低收入人口保障底线；贯穿"系统"，强化监督反馈功能，保障帮扶体系的高效运作；紧扣"主线"，实现低收入人口增产增收目标，建立健全共同富裕视阈下农村低收入人口全周期动态帮扶机制。

一 着眼"前端"，主动发现潜在风险

从返贫现象的发生过程来看，农村低收入人口返贫的过程通常要经历潜伏、发展、爆发、恢复和消失五个阶段。如果能在返贫发生的潜伏阶段从多维度加强信息监测，将风险控制在前端，预防返贫现象的发生，贫困治理成本也能够得到有效降低。

一是构建"Web 端+手机端"线上预警载体。全国互联网设备使用数据显示，使用手机上网比例已超过 97%，远高于电脑、平板、电视等设备。根据近年《中国农村贫困监测报告》的相关数据，农村地区移动电话的普及率已经远远超过 200%。微信用户数量现已高达 10 亿，微信是普及率最高的移动端应用软件。因此，要充分利用微信小程序，形成有效的"手机端"预警载体。同时，要依托全国精准扶贫大数据平台在脱贫地区建立省级返贫预警中心，由乡村振兴局牵头对医保、教育、人社、残联等部门信息定期比对，特别是要及时排除"两不愁三保障"方面的隐患问题，对存在疑惑的对比结果再次核实确认。此外，加强各部门和单位之间的数据共享和对接工作，不断补充完善基础数据库，形成有效的"Web端"预警载体。

二是以民政部、国家乡村振兴局、农业部门等政府力量为主要预警主体，通过定期日常走访、随机抽查等方式开展入户调查。如果在走访过程中发现新的边缘户，应重点核查其教育、医疗、住房保障、就业等方面的状况，并出具书面排查结果，在村委会公示五天无异议后，将此结果上交至乡镇审查，再由乡镇汇总报县直相关部门进行信息比对和筛查预警，审查筛查通过后应将其纳入监测对象范围，然后将相关信息录入省返贫预警系统，并在系统中标注新增监测对象。另外，要配齐村级乡村振兴信息员，加强村级联络员队伍建设，分层分类开展防止返贫动态监测和帮扶工作业务培训，提高防返贫监测帮扶数据质量，扣好监测帮扶工作"第一颗纽扣"。其中，联络员主要负责村民的回访、记录和上报等工作，进一步提高监测工作的精准度。此外，可以委托高校组织专家进行监测质量评估。

三是畅通农户自下而上主动申报和部门自上而下筛查预警的双向监测渠道，做到早发现、早干预、早帮扶，防止出现突发事件，强化预警机制的"防错"和"防漏"功能。首先，要发放帮扶政策明白卡。加大到村到户帮扶政策宣传力度，向脱贫户和监测对象发放帮扶政策明白卡，确保群众全面了解帮扶政策并及时享受帮扶政策。其次，在农村地区安排适当数量的预警专员，预警专员要对农户的生活状况有较为全面的了解，要经常开展入户调查，特别是对于处在监测系统中的农户，要密切关注他们各个方面的变化，及时收集整理相关信息，并反馈到系统中。若农户有自主申报的要求，则可以通过微信小程序进行"一码申报"。大数据平台在收到申报请求后，立即组织基层干部入户调查走访、行业部门开展入户筛查。此外，申请人也可以选择进行线下自主申报，只需要携带相关证明材料到户籍所在地乡镇或街道办登记即可。在农户提交申报后，各部门进行相关信息比对，基层干部定期跟踪回访，通过村级评议、乡镇审核、县级确认后，将新的监测对象录入系统。同时，乡村建立台账，乡镇备案，县市区常态督导。

二 立足"中端"，优化动态监测机制

一是明确监测对象。加强脱贫人口收入动态监测，综合考虑"三保障"及饮水安全实现情况，重点研判因病、因学、因务工就业不稳、因发展产业失败、因突发事故等造成收入骤减或支出骤增情况，持续关注农村低保对象、特困对象、临时救助对象等困难群体，及时将符合条件的对象纳入防返贫监测范围。可借鉴安徽省"互联网+"模式，依托全省数据共享交换平台，搭建"省统筹、市县督、乡镇核"的低收入人口动态监测信息平台，快速对困难群众进行精准识别、精准纳入、精准退出、精准救助，实现省市县乡四级全覆盖。

二是拓展监测内容。共同富裕是人民对美好生活的向往，包括保障基本物质生活的生计需要和追求实现稳定可持续增长的发展需要。共同富裕具有让发展成果更多、更公平地惠及全体人民的共享性，包括满足农村低收入人口等弱势群体在公共服务设施、医疗养老服务等方面的共享需要。因此，应从生计、发展和共享三个维度开展动态监测，打造多维风险评估

模型。其中，从生计维度来看，要重点排查因病、因学、因务工就业不稳、收入骤减或刚性支出骤增等风险，兜牢民生底线；从发展维度来看，要重点考察劳动技能、务工状况、人均存款、人均投资等方面；从共享维度来看，要重点关注公共文化建设、数字应用、医疗健康、社会服务等方面。

三是明确监测重点。一方面，要了解农村低收入人口"两不愁三保障"和饮水安全保障成效巩固情况，以及相关政策措施调整落实情况、帮扶产业发展情况、务工就业情况、易地搬迁情况、第一书记和驻村工作队情况、乡村建设和乡村治理情况等。另一方面，要重点围绕农户家庭生活、健康、就业、教育等多项指标进行综合研判，得出农户家庭返贫致贫诱因，帮助其精准匹配个性化的帮扶措施。比如，医保部门每月推送医疗支出自费突增的农户名单。此外，针对不同地区的监测对象，要分类聚焦监测重点。比如，山区重点关注饮水安全和住房安全，平原丘陵地区重点关注收入支出状况、产业风险和主要劳动力就业等重点情况。

四是优化监测方式。针对当前乡村振兴部门和民政部门认定标准不一造成的监测对象重叠不清、多部门监测数据平台兼容性不强造成的线上数据比对滞后、返贫致因分析不细致造成的帮扶政策单一等现实问题，加强信息员队伍建设，优化"线上数据监测+线下入户调查"的双线监测方式，可学习借鉴江苏省"大数据+网格化+铁脚板"模式，通过监测预警等方式多渠道主动发现困难对象，变"人找政策"为"政策找人"，实现及时帮办，并推动"掌上办""指尖办"，最大限度方便困难群众。

五是规范监测程序。对生产性风险信号、消费性风险信号、流通性风险信号、辅助性风险信号等不同类型返贫风险信号进行前置管理、协同管理、触点管理、常态治理。基于信号识别系统的复杂性、风险控制流程的二维性（动态流程和静态流程）、风险关联管理的紧密性，对贫困"再发生"采取"触点管理"，从而清除激发贫困复发的潜藏因素，优化"农户自下而上主动申报+部门自上而下筛查预警"的双向监测程序。此外，适当简化监测流程。比如，在进行经济状况比对时可以适当缩短时间，突出"快"字。

六是严格风险消除程序。一方面，严格对照收入原则上稳定超过当年监测范围半年以上、"三保障"及饮水安全持续巩固、返贫致贫风险已经稳定消除或自然消失的标准，按照村级入户核实、民主评议公示、县级部门审核批准公告等程序进行"风险消除"标注。另一方面，强化党委农村工作领导小组牵头抓总职责，完善部门联席会议制度，明确行业部门防返贫职责分工，形成"谁采集谁负责、谁审核谁负责、谁录入谁负责、谁修改谁负责"的责任机制，推动形成各行业部门严格标准、全面履职、共同推进的工作机制。此外，要适当开展集中排查。各省区市要开展防止返贫动态监测帮扶集中排查，及时按程序识别认定新增监测对象。对已标注"风险消除"的监测对象开展"回头看"，确定风险是否消除。对未消除风险的监测对象的帮扶情况进行排查，精准落实针对性帮扶措施。

三 围绕"末端"，完善分层分类帮扶

贫有百种，困有千样，返贫原因也多种多样。农村低收入人口具有生计的脆弱性，极易因自然环境、政治经济、社会文化等外部条件的恶化徘徊在贫困边缘或成为新生贫困人口。要坚持"分类帮扶、因户施策、长短结合"的思路，采取"缺什么，补什么"的分类管理制度，全面开展农村基础设施建设、人居环境整治，完善分层分类帮扶机制。

一是划分监测对象的劳动能力。对于丧失劳动能力的农村低收入人口，要强化低保、医疗、养老保险和特困人员救助供养等综合性社会保障措施，确保应保尽保；对于有劳动能力的农村低收入人口，优先落实开发式帮扶，加大产业帮扶力度，强化技能培训，统筹用好公益性岗位，提升

稳定就业增收效果。但是要配合采用短期见效的保障性措施，确保返贫人口尽快脱贫；对于身体素质较差、劳动能力弱的农村低收入人口，要及时落实健康扶贫、临时救助等政策，保障其基本生活。此外，目前还没有对在贫困线上下徘徊、抗风险能力较弱的农村贫困边缘人口制定相应的医疗帮扶政策。这类群体一旦突发大疾或因意外事故造成残疾，必然给整个家庭造成负担。对这类群体来说，陷入贫困只是时间问题。因此，有必要将这类群体纳入医疗救助体系。还要完善从学前教育到研究生教育全学段的学生资助政策体系，对教育负担较重的监测对象做到精准资助、应助尽助。

二是对监测对象的发展潜力进行评估。对具有能力提升潜力的农村低收入人口，根据影响其返贫风险的主要能力制约因素，因人因户施策，开展预防返贫的干预。比如，为缺乏技能的低收入农户提供技术培训，支持其参加职业教育，提高从业技能；只有掌握了技术，才不会陷入"种了就毁""毁了又种"的恶性循环。对生产经营效率低、市场风险大的产业帮扶户，采取引入农业龙头企业、专业合作组织帮助等方式，发挥各主体之间的协同作用，建立紧密的利益联动机制，将农村低收入人口的经济权益和社会权利诉求等融入利益共享机制中。对就业不稳定人员，要加强其就业能力，提高就业稳定性。对不具有能力提升潜力的农村低收入人口，在做好综合性社会保障措施的同时，要防止其在思想上产生松懈，造成精神上的贫困。可以借鉴国外较为流行的"有条件现金援助"的帮扶形式，即获得援助的农村低收入人口在享受社会福利时，必须承担相应的责任与义务。

三是划分返贫风险类别。农村低收入人口往往由于自身的"脆弱性"、规避风险能力弱等原因不能妥善处理各种突发事件，进一步增加了返贫的风险。中国是世界上自然灾害最严重的国家之一，具有灾害种类多、发生率高、灾害严重等特点。对于自然灾害风险，各级政府应加快收集本地过去发生的灾害数据，增强对自然灾害预测的能力，及时向农户发出警报，不能等灾害来了才有所反应；对于市场风险，应关注脱贫人口的产业发展情况，从生产、管理和销售三个环节设立监测指标，对生产经营性收入占比较高的脱贫户进行重点关注，并在农产品流通、销售等环节给予适当帮助，确保农户获得可持续收入；对于政策性风险，应关注脱贫人口的后续巩固需求，压实帮扶责任，将其"扶上马"还要"送一程"，促进农村低保制度与脱贫攻坚、乡村振兴政策的有效衔接，避免出现"富人继续戴穷帽，返贫无人问津而更贫困"的现象；对于医疗费用风险，要强化高额医疗费用监测预警。医保部门可将稳定脱贫人口当年累计发生的医疗费用超过当地上年度农村居民人均可支配收入50%的人员纳入因病返贫预警范围，每月定期推送给乡村振兴部门，对经认定为监测对象的农户，及时跟进落实医疗救助和先诊疗后付费等特惠政策。对因病刚性支出过大、收入骤减的家庭，及时救助、兜底或纳入监测程序，做到早发现、早干预、早帮扶。

四是加快补齐乡村基础设施短板。立足村庄现有基础开展乡村建设，推动乡村产业发展与改善农村人居环境有机结合，协调有关部门推动教育、医疗、养老、社保等公共服务在县域内实现优化配置，抓好农村公路、农村供水、农村清洁能源等项目建设，推动乡村公共基础设施建设水平提档升级。开展农村供水问题大排查。将季节性缺水问题作为排查重点，完善农村供水应急预案，保障供水不间断；协调供水单位加强饮用水水源地巡查，抓好水质净化处理和消毒工作，维修养护供水设施，及时排除供水故障。

五是持续开展农村人居环境整治提升行动。保障农村人居环境整治提升投入，建立健全长效管护机制。深入开展美好环境与幸福生活共同缔造活动，尊重农民意愿，突出农民主体作用，激发群众改善农村人居环境的内生动力，推动农村人居环境提质升级。加大"农村改厕微信平台APP信息系统"推广应用，持续分类推进财政资金支持建改的农村问题户厕整改。开展农村厕所粪污与农村生活污水统筹治理试点，优先治理人口集中村庄，对不适宜集中处理的村庄，推进小型化生态化治理和污水资源化利用。健全农村生活垃圾收运处置体系，持续开展生活垃圾分类示范村创建活动、村庄清洁和绿化美化行动，持续引导村民养成良好的卫生习惯，全面改善农村环境。

六是用好用活医保政策。首先，要建立依申请救助和倾斜救助机制。稳定因高额医疗费用按程序认定为监测对象的脱贫人口，对其身份认定前发生的政策范围内个人自付医疗费用，按规定给予一次性医疗救助。对经基本医保、大病保险、医疗救助报销后，个人负担仍然较重的群体，给予倾斜救助，合理控制政策范围内自付费用比例，减轻救助对象医疗费用负担。其次，要完善"住院先诊疗后付费"政策。农村低收入人口在县域内定点医疗机构住院，持有效证件办理入院手续，入院时只需缴纳基本医保住院起付标准费用，不需缴纳住院押金，出院时支付医保报销后的自负医疗费用。此外，要督促引导医疗机构优先选择基本医保目录内安全有效、经济适宜的诊疗技术和药品、耗材，严格控制农村低收入人口住院治疗政策范围外医疗费用占医疗总费用的比例。与此同时，要积极发挥商业保险的作用。积极推广"防贫保"等商业保险，聚焦因病、因学、因突发事件等致贫返贫风险，重点关注农村人口、农村低收入人口以及未纳入农村低收入人口的脱贫人口，对达到救助标准的人员予以救助。

七是健全党建引领乡村治理体系。以党建引领乡村治理，健全自治、法治、德治相结合的乡村治理体系，进一步推动村民自我管理、自我服务、自我约束。立足区位条件和资源禀赋，优选经营发展模式，在有基础条件、有组织能力、有辐射带动作用的村率先组织实施新型村级集体经济扶持项目，探索发展新型集体经济的有效形式。对村集体经济进步明显的村予以奖励，发挥示范效应，促进集体经济发展。督促落实政策减免、金融优惠、以奖代补等措施。此外，要大力推广运用积分制、清单制、乡村治理数字化、村民说事等创新经验，结合实际探索建立小微权力、村级事项、公共服务等各类清单，规范村级组织运行。

四 贯穿"系统"，强化监督反馈功能

在一个复杂的经济系统中，信息反馈是一个杂乱、缓慢、难以把握的过程。特别是在一个开放的环境中，系统的高效运作受多种因素的影响。根据系统论的观点，系统中的每个部分并非孤立地存在于系统之中，每个部分之间存在不同程度的相互关联性。因此，为了保障防返贫动态监测帮扶体系的高效运作，需要强化监督反馈功能。监督反馈机制旨在通过广泛监督和意见反馈，避免弄虚作假、干部渎职、失职等情况的出现，包括人大监督和政协监督的内部监督体系，以及社会全体公民监督、社会组织监督等的外部监督体系。总体来说，应从宏观、中观、微观三个层面构建监督反馈机制。

一是宏观层面的监督反馈，主要是指要建立中央专项巡察机制，中央不定期派出工作组，深入一线，对各地的扶贫攻坚工作进行巡查，检查对应的返贫相关政策的落实情况。为了确保防返贫动态监测取得实效，应加大系统性督查，将防返贫动态监测帮扶工作纳入省市重点工作督查和乡村振兴实绩考核、各级党委书记抓基层党建工作述职评议重要内容，严格兑现考核奖惩。

二是中观层面的监督反馈，主要是指由市（县）相关部门，定期派出监督人员对农村低收入人口进行回访。组织卫健、应急、农业、人社等行业部门对脱贫人口开展因疫、因灾、因市场行情等影响的风险排查，每季度对脱贫户、监测户进行电话抽访，及时发现问题，严格落实帮扶措施，从源头上排除区域性、规模性返贫风险。此外，要收集群众对各项政策的意见，并对政策实施效果进行评估。例如，湖南省泸溪县纪委按照驻村干部单位预先驻村安排，对驻村干部每月驻村情况进行不定期巡查，以"白+黑"相结合的模式进行巡察。

三是微观层面的监督反馈，主要是指广泛利用村民和社会组织的力量，对乡镇和村级的各项政策落实情况进行监督反馈。一旦出现破坏发展稳定性的风险，村民可以迅速察觉，然后将信息反馈到上层。村民进行监督也可以从侧面保障其自我发展的稳定性。此外，可以利用网络新媒体，充分发挥基层群众的监督作用，使工作落实的信息能够传达到上层，从而保证各方能将返贫预警工作监督的声音及时准确地传达到相关部门，形成一个有效的反馈路径。

此外，为了促进系统的整体发展持续向好，应平衡主体与个体的关系，可建立由供体、载体、主体循环均衡联动的可持续发展机制。其中，供体实现帮扶资源的可持续供应与利用，避免政策断供、执行偏差与监管缺位；主体实现自我积累和发展能力的提高，避免自我发展认知能力不足的问题；载体是帮扶资源与主体之间交换的媒介，也是实现人与自然生态环境可持续循环发展的重要手段。最终实现"事前—事中—事后"管理无缝隙接轨。在事前预防阶段，建立返贫舆情监测中心，主要负责农村低收入人口的跟踪监测和识别瞄准，并强化对家庭收入状况、返贫潜在因素和后续帮扶措施的信息提取，严防突发事件导致返贫；在事中救助阶段，针对已经发生返贫现象的监测对象，要坚持分层分类的帮扶原则，开展梯度救助工作；在事后保障阶段，针对"二（多）次脱贫户"，保持政策的连续性，做到"再送一程"，并保持一定时间的跟踪监测。

五　紧扣"主线"，落实增产增收目标

一是完善"联农带农"机制。积极创建"以龙头企业牵头，联合农民合作社、家庭农场和农户"的产业化联合体，构建分工协作、共同发展的利益共同体。进一步强化龙头企业联农带农责任，开展龙头企业监测和认定工作，将企业带动能力作为重要认定标准，鼓励龙头企业带动农户就业增收。与此同时，将服务带动效果是否明显作为县级以上示范社评定与监测指标，结合示范社监测及评定工作，引导示范社进一步发挥服务带动作用，带动重点帮扶户增产增收致富。

二是要建立利益联结机制。包括土地流转、就业务工、带动生产、帮助产销对接、资产入股、收益分红等利益联结机制。乡镇党委政府研究审核通过村级和镇级项目，公示无异议后报县级行业主管部门论证审核；县级行业主管部门论证审核后，提交县级乡村振兴部门；县级乡村振兴部门审核利益联结机制、负面清单等情况，汇总行业部门意见，合理确定项目库规模，报县委农村工作领导小组（县实施乡村振兴战略领导小组）审批。各地要在当年四季度完成下一年度项目的申报、评审和入库工作，避免"钱等项目"。

三是坚持开展产业帮扶。加快全产业链开发，促进脱贫产业提档升级、提质增效。加大产业相关政策宣传，因人因类引导有意愿的脱贫户、监测户发展特色产业，不断提高农户发展产业的积极性。对耕地地力保护补贴、农机购置补贴等应到户资金坚持补贴到户。此外，各村要选准村级主导产业。要抓住产业发展这个关键，发挥好驻村干部的重要作用，精准选好主导产业。

四是加大配套基础设施建设。支持县级以上家庭农场、农民合作社、已登记的农村集体经济组织等新型农业经营主体建设农产品仓储保鲜设施，推动农村运输、邮政、快递、供销融合发展。加强农田水利建设工程运行维护，鼓励村集体经济组织、农户建设村内小型农田水利设施，有效缓解部分地区生产用水水源不足问题。

五是拓宽就业渠道。贯彻落实全国稳就业工作电视电话会议精神，进一步做好脱贫人口稳岗就业工作，保持脱贫人口外出务工规模总体稳定。深化省际省内劳务协作，提升在外务工人员的稳定性。统筹用好乡村各类公益性岗位，托底安置符合就业困难人员条件的弱劳动力、半劳动力和无法外出、无业可就的脱贫人口；推动就业帮扶车间健康发展，吸纳更多脱贫人口就业；扩大以工代赈支持范围，鼓励脱贫人口参与工程建设，实现就地就近就业。同时，要加大技能培训。开展适合脱贫人口和农民工就业的订单培训、定向培训。加强脱贫人口常态化跟踪监测，开展针对性创业就业培训。

六是推动政策落实。一方面，进一步完善脱贫人口就业帮扶政策，督促各地按规定落实好就业创业服务补助、交通费补贴、吸纳贫困劳动力就业奖补等政策，引导有劳动能力和就业意愿的脱贫人口实现就业，帮助已就业脱贫人口稳定就业。另一方面，建立脱贫人口稳岗就业"月调度、季通报、年考核"工作机制，常态化开展务工调度监测。将脱贫人口稳岗就业情况纳入全省巩固脱贫成果后评估范围。

第十一章　研究结论与展望

一 研究结论

我国脱贫攻坚已经取得全面胜利，接下来的主要任务是对易返贫人口加强监测，防止大规模返贫现象的发生，推动全体人民走向共同富裕。返贫预警机制可以及时将存在返贫风险的家庭纳入监测体系，并迅速精准地识别出警源，促进帮扶政策的有效落实，从而有效避免大规模返贫现象的发生。

本书从返贫风险的预警视角着手，基于共同富裕的内涵与特征，从生计能力风险和发展能力风险两个方面具体分析返贫现象的诱导因素，从返贫的演化过程和演变轨迹分析返贫现象的生成机理，以中西部地区农村低收入人口为研究对象，设计返贫风险预警指标体系，基于主成分分析法和系统聚类分析法，对中西部省区市的返贫风险进行综合评价与风险等级划分，最后提出构建返贫风险预警机制的相关政策建议。通过分析，本书得出以下研究结论。

第一，返贫并不是在某一时刻突然发生的，而是具有一定的前兆。同时，返贫具有一定的过程性，往往是由潜在的诱导因素慢慢积累，在达到质变的临界点后，表现为最严峻的势态。而现有的贫困治理研究大部分都是关注贫困发生之后的帮扶政策，贫困发生之后进行再治理往往会错过解决问题的最佳时机，也会增加贫困治理的成本，增加各级政府的财政负担。因此，要灵活应用各种技术，特别是大数据等现代信息科学技术，对各种诱导因素进行定期监测，判断并预测返贫现象的演化趋势与发展程度，选择特定的方式进行风险预警。存在一定返贫风险的地区应提前进入警戒状态，制定相关风险防范措施，避免突发性、规模性、频繁性的返贫现象。

第二，基于主成分分析法的实证研究结果显示：2017～2019 年，我国中西部 22 个省区市的综合发展差距在不断缩小，并且总体朝着更高层次发展。其中，湖北、安徽和重庆三省的农村低收入人口综合发展水平较高，一直处于领先地位，并且与其他省区市拉开了较大的差距；云南、西藏和海南三省区农村低收入人口综合发展水平处在一个较为落后的状态，虽然这三个省区与其他省区市的差距也在逐年缩小，但是短期内无法完全消除差距；黑龙江和青海两省的农村低收入人口综合发展水平在近两年得到了明显提高，但仍应保持积极赶超的发展势态；江西和贵州两省农村低收入人口综合发展水平在最近两年有较为明显的退化现象，应尽快找出原因进行突破发展。

第三，基于系统聚类法的实证研究结果显示：从时序上看，我国中西部不少省区市存在"脱贫-返贫"的风险，高风险省区市的数量也并没有随着时间的推移呈减少的趋势，且一直是西藏、云南和海南三省区。该研究结果表明，这三个省区农村低收入人口贫困问题解决不彻底，面临着较大的返贫风险，各级政府应该加大对这三个省区的监测与帮扶力度。从地理位置上来看，中西部地区农村低收入人口返贫风险呈现较为明显的区域差异化特征，具有较强的空间相关性。也就是说，如果不能及时有效地化解返贫风险，很有可能会发生大规模、区域性的集中返贫现象。从发展的角度看，除了少数几个省区市所处的风险区发生了变化，其他地区所处的风险区没有发生改变。其中，四川的返贫风险处于由"低风险-中风险-低风险"循环波动的状态，宁夏的返贫风险有上升势态，应加强对这两省区的动态监测预警强度，并积极采取措施应对难题。

二　研究展望

在党中央的坚强领导下，我国脱贫攻坚战取得了全面胜利。但是，"脱贫摘帽不是终点，而是新生活、新奋斗的起点"，在向第二个百年奋斗目标迈进的历史关口，"三农"工作重心发生了历史性转移，要推动发展目标的转向、战略任务和投入重点的转移，以及工作体系、政策体系的转型和完善。特别是要关注农村低收入人口这一弱势群体，坚决守住防止规模性返贫底线。返贫是一种动态变化的现象，具有突发性、频繁性和区域性等特征，由于实现脱贫的人口自身仍具有较大的脆弱性，很容易因经济、社会、环境等方面的变化而重返贫困。因此，贫困治理之路任重而道远。

"十四五"期间，扎实推进共同富裕是一项重点工作。党的十八大突出强调了共同富裕的根本地位，并指出必须坚持走共同富裕道路，共同富裕是中国特色社会主义的根本原则。党的十九届五中全会旗帜鲜明地突出了共同富裕的时代价值，并指出中国特色社会主义的突出特点和巨大优势是，坚持不懈地走人民群众共同富裕的道路，始终把改善民生，把增强人民的幸福感、获得感和安全感，摆在党和国家各项工作的重要位置，作为改革开放的出发点和落脚点。[①] 需要再次强调的是，共同富裕是包括农村低收入人口等弱势群体的全体富裕。当前占比较大的农村低收入人口则是推进这一工作的重点。若不解决农村低收入人口的返贫问题，从短期来看会对脱贫攻坚与乡村振兴之间的有效衔接造成较大的障碍，从长期来看则会阻碍共同富裕的进程，使得共同富裕无法取得实质性进展。

推动并实现共同富裕是一项历史性的伟大工程，所要解决的问题和所要实现的目标是中华民族期盼了数千年的、尚未实现的夙愿。推动并实现共同富裕并非一朝一夕之功，要有历史的耐心，要有久久为功的决心。推动并实现共同富裕是一项跨越性的伟大工程。共同富裕的实践与探索，有历史的规律、历史的根源可循，有前进的紧迫与压力、奋斗与动力，但没有可供参考的经验可学、模式可仿。

---

① 本书编写组：《中国共产党第十九届中央委员会第五次全体会议文件汇编》，人民出版社，2020，第 23 页。

因此，在共同富裕视阈下，无论是基于理论研究层面还是现实发展层面的需要，对农村低收入人口返贫风险进行监测预警研究都具有重要意义。其中，构建科学、全面、有效的返贫风险预警指标体系是进行风险预警的基础。事物是动态发展的，故返贫预警指标体系也并不是一成不变的，应根据各个阶段的社会发展现状，不断完善、调整预警指标体系。

参考文献

包国宪、杨瑚：《我国返贫问题及其预警机制研究》，《兰州大学学报》（社会科学版）2018 年第 6 期。

蔡昉：《共同富裕三途》，《中国经济评论》2021 年第 9 期。

蔡昉：《实现共同富裕必须努力扩大中等收入群体》，《经济日报》2020 年 12 月 7 日。

《陈独秀文集》第一卷，人民出版社，2013。

陈磊、胡立君、何芳：《长江经济带发展战略对产业集聚的影响》，《中南财经政法大学学报》2021 年第 1 期。

陈丽君、郁建兴、徐铱娜：《共同富裕指数模型的构建》，《治理研究》2021 年第 4 期。

陈诗一、刘文杰：《要素市场化配置与经济高质量发展》，《财经问题研究》2021 年第 9 期。

陈卫东、叶银丹、刘晨：《共同富裕：历史演进、国际对比与政策启示》，《西南金融》2022 年第 3 期。

陈锡文：《实施乡村振兴战略，推进农业农村现代化》，《中国农业大学学报》（社会科学版）2018 年第 1 期。

陈正伟、张南林：《基于购买力平价下共同富裕测算模型及实证分析》，《重庆工商大学学报》（自然科学版）2013 年第 6 期。

陈宗胜：《试论从普遍贫穷迈向共同富裕的中国道路与经验——改革开放以来分配激励体制改革与收入差别轨迹及分配格局变动》，《南开经济研究》2020 年第 6 期。

陈宗胜、康健：《中国居民收入分配"葫芦型"格局的理论解释——基于城乡二元经济体制和结构的视角》，《经济学动态》2019 年第 1 期。

程恩富、伍山林：《促进社会各阶层共同富裕的若干政策思路》，《政治经济学研究》2021 年第 2 期。

程国强、伍小红：《抓紧做好农村低收入人口识别工作》，《中国发展观察》2021 年第 Z1 期。

程明、钱力、吴波：《"后扶贫时代"返贫治理问题研究》，《重庆理工大学学报》（社会科学版）2020 年第 3 期。

代志新、高宏宇、程鹏：《促进共同富裕的税收制度与政策研究》，《财政科学》2022 年第 1 期。

邓大松、张晴晴：《农村贫困地区返贫成因及对策探析》，《决策与信息》2020 年第 6 期。

邓国胜：《第三次分配的价值与政策选择》，《人民论坛》2021 年第 24 期。

《邓小平文选》第三卷，人民出版社，1993。

邓永超：《乡村振兴下精准扶贫中防治返贫的优化机制》，《湖南财政经济学院学报》2018 年第 4 期。

杜润生：《中国的土地改革》，当代中国出版社，1996。

范从来：《益贫式增长与中国共同富裕道路的探索》，《经济研究》2017 年第 12 期。

范和生：《返贫预警机制构建探究》，《中国特色社会主义研究》2018 年第 1 期。

高海波：《消除贫困和促进共同富裕的中国智慧——基于〈资本论〉反贫困理论的经济哲学解读》，《大连理工大学学报》（社会科学版）2022

年第 1 期。

高强、曾恒源：《中国农村低收入人口衡量标准、规模估算及思考建议》，《新疆师范大学学报》（哲学社会科学版）2021 年第 4 期。

高中华：《耕者有其田：中国土地改革及深远影响》，《中国政党干部论坛》2021 年第 5 期。

龚云：《论邓小平共同富裕理论》，《马克思主义研究》2012 年第 1 期。

何干强、蔡万焕：《论公有制是共同富裕的经济基础》，《社会科学辑刊》2013 年第 2 期。

贺立龙、刘丸源：《决战脱贫攻坚、决胜全面小康的政治经济学研究》，《政治经济学评论》2021 年第 3 期。

洪银兴：《以包容效率与公平的改革促进共同富裕》，《经济学家》2022 年第 2 期。

侯银萍：《农地"三权分置"改革对共同富裕的制度保障》，《中国特色社会主义研究》2021 年第 5 期。

黄承伟：《共同富裕进程中的中国特色减贫道路》，《中国农业大学学报》（社会科学版）2020 年第 6 期。

黄泰岩、刘宇楷：《共同富裕的理论逻辑与价值取向》，《理论导报》2021 年第 9 期。

《建国以来重要文献选编》（第一册），中央文献出版社，1992。

《江泽民文选》第一卷，人民出版社，2006。

《江泽民文选》第二卷，人民出版社，2006。

金双华、于洁、田人合：《中国基本医疗保险制度促进受益公平吗？——基于中国家庭金融调查的实证分析》，《经济学》（季刊）2020 年第 4 期。

蓝庆新、童家琛：《共同富裕目标下的公平与效率》，《长安大学学报》（社会科学版）2022 第 1 期。

李春玲：《迈向共同富裕阶段：我国中等收入群体成长和政策设计》《北京工业大学学报》（社会科学版）2022 年第 2 期。

《李大钊全集》第四卷，人民出版社，2006。

《李大钊全集》第五卷，人民出版社，2006。

李丹：《河北省精准扶贫背景下返贫预警评价研究》，河北大学硕士学位论文，2017。

李会琴、张婷：《基于风险因素识别的返贫预警机制构建》，《国土资源科技管理》2020 年第 4 期。

李剑芳、钱力：《连片特困地区贫困风险预警机制构建及防范措施》，《合肥工业大学学报》（社会科学版）2019 年第 3 期。

李实：《共同富裕的目标和实现路径选择》，《经济研究》2021 年第 11 期。

李周：《中国走向共同富裕的战略研究》，《中国农村经济》2021 年第 10 期。

厉以宁：《股份制与现代市场经济》，江苏人民出版社，1994。

刘国光：《进一步重视社会公平问题》，《经济学动态》2005 年第 4 期。

刘昱洋：《中国五大要素市场化配置的制约因素及完善策略》，《区域经济评论》2021 第 6 期。

卢洪友、彭小准：《税收对财产性收入不平等的再分配效应》，《统计与决策》2019 年 23 期。

罗贤娇：《包容性增长：共同富裕实现的新方式》，《长白学刊》2011 年第 4 期。

《马克思恩格斯选集》第一卷，人民出版社，2012。

《马克思恩格斯选集》第三卷，人民出版社，2012。

《毛泽东年谱（1893—1949)》（中卷），中央文献出版社，2013。

《毛泽东文集》第六卷，人民出版社，1999。

缪小林、王婷、高跃光：《转移支付对城乡公共服务差距的影响——不同经济赶超省份的分组比较》，《经济研究》2017 年第 2 期。

潘斌：《马克思共同富裕思想的哲学逻辑及其当代价值》，《南京师大学报》（社会科学版）2022 年第 2 期。

彭玮、龚俊梅：《基于系统聚类法的返贫风险预警机制分析》，《江汉论坛》2021 年第 12 期。

彭玮、吴海涛、李志平：《不负时代，不负人民——中国减贫奇迹的湖北答卷》，湖北人民出版社，2021。

任路：《新中国成立以来工农城乡关系的变迁》，《西北农林科技大学学报》（社会科学版）2019 年第 6 期。

沈权平：《"后扶贫时代"东北边疆民族地区返贫预警机制研究》，《北方民族大学学报》2020 年第 6 期。

宋锦、李实、王德文：《中国城市低保制度的瞄准度分析》，《管理世界》2020 年第 6 期。

宋群：《我国共同富裕的内涵、特征及评价指标初探》，《全球化》2014 年第 1 期。

檀学文：《走向共同富裕的解决相对贫困思路研究》，《中国农村经济》2020 年第 6 期。

檀学文、谭清香：《面向 2035 年的中国反贫困战略研究》，《农业经济问题》2021 年第 12 期。

檀学文、吴国宝、杨穗：《构建农村低收入人口收入稳定较快增长的长效机制》，《中国发展观察》2021 年第 8 期。

唐文浩、张震：《共同富裕导向下低收入人口帮扶的长效治理：理论逻辑与实践路径》，《江苏社会科学》2022 年第 1 期。

汪彬：《探索共同富裕的实现路径》，《中国金融》2021 年第 20 期。

汪晨、万广华、吴万宗：《中国减贫战略转型及其面临的挑战》，《中国工业经济》2020 年第 1 期。

王曙光、郭凯：《要素配置市场化与双循环新发展格局——打破区域壁垒和行业壁垒的体制创新》，《西部论坛》2021年第1期。

王先明、徐勇：《从"工业先行"到"优农发展"的战略转变——中华人民共和国建设路向的选择与调整》，《河北学刊》2019年第4期。

王小林、冯贺霞：《2020年后中国多维相对贫困标准：国际经验与政策取向》，《中国农村经济》2020年第3期。

魏后凯：《从全面小康迈向共同富裕的战略选择》，《经济社会体制比较》2020年第6期。

魏后凯：《"十四五"时期中国农村发展若干重大问题》，《中国农村经济》2020年第1期。

习近平：《在省部级主要领导干部学习贯彻党的十八届五中全会精神专题研讨班上的讲话》，《人民日报》2016年1月18日。

习近平：《扎实推动共同富裕》，《求是》2021年第20期。

薛宝贵：《共同富裕的理论依据、溢出效应及实现机制研究》，《科学社会主义》2020年第6期。

薛宝贵、何炼成：《先富带动后富实现共同富裕的挑战与实现路径》，《马克思主义与现实》2018年第2期。

颜杰峰：《新中国建立初期的土改运动再评说》，《党史文汇》2012年第7期。

阳义南、肖建华、黄秀女：《我国养老金不平等对家庭代际经济交换的影响》，《社会保障研究》2019年第4期。

叶兴庆、殷浩栋：《从消除绝对贫困到缓解相对贫困：中国减贫历程与2020年后的减贫战略》，《改革》2019年第12期。

易行健、李家山、张凌霜：《财富不平等问题研究新进展》，《经济学动态》2021年第12期。

郁建兴、任杰：《共同富裕的理论内涵与政策议程》，《政治学研究》2021年第3期。

岳希明、张斌、徐静：《中国税制的收入分配效应测度》，《中国社会科学》2014 年第 6 期。

张广科、王景圣：《初次分配中的劳动报酬占比：演变、困境与突破》，《中州学刊》2021 年第 3 期。

张建刚：《新的历史条件下共同富裕实现路径研究》，中国社会科学出版社，2018。

张全红、周强：《中国农村多维贫困的动态变化：1991—2011》，《财贸研究》2015 年第 6 期。

张世贵、陈桂生：《公共财政再分配偏差及其政府责任研究》，《新视野》2019 年第 5 期。

张文：《关于建立相对贫困治理长效机制的制度性思考》，《中国发展观察》2020 年第 24 期。

章文光：《建立返贫风险预警机制化解返贫风险》，《人民论坛》2019 年第 23 期。

郑联盛：《深化金融供给侧结构性改革：金融功能视角的分析框架》，《财贸经济》2019 年第 11 期。

郑瑞强、曹国庆：《脱贫人口返贫：影响因素、作用机制与风险控制》，《农林经济管理学报》2016 年第 6 期。

钟春平、魏文江：《共同富裕：特征、成因及应对措施》，《特区实践与理论》2021 年第 6 期。

朱梦冰、李实：《中国城乡居民住房不平等分析》，《经济与管理研究》2018 年第 9 期。

左停、苏青松：《农村组织创新：脱贫攻坚的经验与对乡村振兴的启示》，《求索》2020 年第 4 期。

左停、赵梦媛：《农村致贫风险生成机制与防止返贫管理路径探析——以安徽 Y 县为例》，《西南民族大学学报》（人文社会科学版）2021 年第 7 期。

Anthony Shorrocks, Guang Hua Wan, " Ungrouping Income Distributions: Synthesising Samples for Inequality and Poverty Analysis, "2008: 5−25.

Bank, Asian Development, "Special Chapter: Green Urbanization in Asia, " 2012: 1−46.

Bank, Asion Development, "Key Indicators for Asia and the Pacific 2014, " *Med J Malaysia*, 55(4), 2014: 557−567.

Buhong Zheng, "Statistical inference for poverty measures with relative poverty lines, "*Journal of Econometrics*, 2001(101): 337−356.

Chen Wang, Guanghua Wan, "Income Polarization in China: Trends and Changes, "*China Economic Review*, 2015(36): 58−72.

David Brady, "Structural theory and relative poverty in rich Western democracies, 1969 − 2000, " *Research in Social Stratification and Mobility*, 2006 (24): 153−175.

Erzo F. P. Luttmer, "Neighbors as Negatives: Relative Earnings and Well− Being, "*Quarterly Journal of Economics*, 2005(120): 963−1002.

Guanghua Wan, Iva Sebastian, "Poverty in Asia and the Pacific: An update, "*Asian Development Bank Economics Working Paper*, 2011(267): 1−48.

Gustafsson Bjrn, and D. Sai, "Growing into Relative Income Poverty: Urban China, 1988−2013, "*Social Indicators Research*, 147(5), 2020: 73−94.

HarveryLeibenstein, "Economic Backwardness and Economic Growth: Studies in the Theory of Economic Development, "Olaf Van Vliet, Chen Wang, "Social Investment and poverty Reduction: A Comparative Analysis across Fifteen European Countries, "*Journal of Social Policy*, 44(3), 2015: 611−638.

Programme, United Nations Developent, "Human Development Report 1997, " *Oxford University Press*, 46(2), 1997: 430.

Ravallion, Martin, and Shaohua, Chen, "Weakly Relative Poverty, "*The Review of Economics and Statistics*, 93(4), 2011: 1251−1261.

Roland Benabou, Efe A . Ok, "Social Mobility and the Demand for Redistribution: The Poum Hypothesis, "*Quarterly Journal of Economics.* (2)2001: 447−487.

Rudolf Teekens, Bernard M. S. van Praag, "Analysing Poverty in the European Community, "Policy Issues, Research Options and Data Sources Office for official publications of the Earopean Communities 1990.

Sen, Amartya, "Poor, Relatively Speaking, "Oxford Economic Papers, *New Series*, 35(2), 1983: 153−169.

The World Bank Group, "World Development Report 2019: The Changing Nature of WorK, "2018.

Vittorio Daniele, "Socioeconomic inequality and regional disparities in educational achievement: The role of relative poverty, " *Intelligence*, (84), 2021: 1−11.

Yanlong Zhang, Xiaoyu Zhou, Wei Lei, "Social Capital and Its Contingent Value in Poverty Reduction: Evidence from Western China, " *World Development,* (93), 2017: 350−361.

附录一：国家层面关于防止返贫监测
和帮扶机制的相关文件

- 2020 年，《国务院扶贫开发领导小组关于建立防止返贫监测和帮扶机制的指导意见》。

- 2020 年，《生态环境部办公厅、农业农村部办公厅关于以生态振兴巩固脱贫攻坚成果进一步推进乡村振兴的指导意见（2020—2022 年）》。

- 2021 年，《住房和城乡建设部、财政部、民政部、国家乡村振兴局关于做好农村低收入群体等重点对象住房安全保障工作的实施意见》。

- 2021 年，《人力资源社会保障部、国家发展改革委、财政部、农业农村部、国家乡村振兴局关于切实加强就业帮扶巩固拓展脱贫攻坚成果助力乡村振兴的指导意见》。

- 2021 年，《中共中央、国务院关于实现巩固拓展脱贫攻坚成果同乡村振兴有效衔接的意见》。

- 2021 年，《中共中央、国务院关于全面推进乡村振兴加快农业农村现代化的意见》。

- 2021 年，《国务院关于新时代支持革命老区振兴发展的意见》。

- 2021 年，《中共中央办公厅、国务院办公厅印发〈关于加快推进乡村人才振兴的意见〉》。

- 2021 年，《中华人民共和国乡村振兴促进法》。

- 2021 年，《中共中央办公厅印发〈关于向重点乡村持续选派驻村第一书记和工作队的意见〉》。

- 2021 年，《自然资源部国家发展改革委等关于保障和规范农村一二三产业融合发展用地的通知》。

- 2021 年，《国家医保局联合民政局、财政部、国家卫健委、国家税务总局、银保监会、乡村振兴局印发〈关于巩固拓展医疗保障脱贫攻坚成果有效衔接乡村振兴战略的实施意见〉》。

- 2021 年，《关于继续支持脱贫县统筹整合使用财政涉农资金工作的通知》。

- 2021 年，《中国银保监会办公厅关于 2021 年银行业保险业高质量服务乡村振兴的通知》。

- 2021 年，《中国银保监会、财政部、中国人民银行、国家乡村振兴局联合印发〈关于深入扎实做好过渡期脱贫人口小额信贷工作的通知〉》。

- 2021 年，《财政部农业农村部、国家乡村振兴局、中华全国供销合作总社发〈关于深入开展政府采购脱贫地区农副产品工作推进乡村产业振兴的实施意见〉》。

- 2021 年，《农业农村部办公厅〈关于做好 2021 年高素质农民培育工作的通知〉》。

- 2021 年，《农业农村部办公厅 国家乡村振兴局综合司印发〈社会资本投资农业农村指引（2021 年）〉》。

- 2021 年，《农业农村部关于全面推进农业农村法治建设的意见》。

- 2021 年，交通运输部印发《农村公路中长期发展纲要》。

- 2021 年，民政部印发《特困人员认定办法》。

- 2021 年，《人力资源社会保障部 国家发展改革委财政部农业农村部国家乡村振兴局印发〈关于切实加强就业帮扶巩固拓展脱贫攻坚成果助力乡村振兴的指导意见〉》。

- 2021 年，《教育部等四部门印发〈关于实现巩固拓展教育脱贫攻坚成果同乡村振兴有效衔接的意见〉》。

- 2022 年，《国家医保局办公室 民政部办公厅 财政部办公厅 国家卫生健康委办公厅 国家乡村振兴局综合司关于印发〈坚决守牢防止规模性返贫底线 健全完善防范化解因病返贫致贫底线 健全完善防范化解因病返贫致贫长效机制〉的通知》。

附录二：部分省份关于防止返贫监测和帮扶机制的相关文件

湖北省：《关于健全防止返贫动态监测和帮扶机制的工作方案》①

一　明确监测对象和范围

（一）监测对象

以家庭为单位，对脱贫不稳定户、边缘易致贫户，以及因病因灾因意外事故等刚性支出较大或收入大幅缩减导致基本生活出现严重困难户（以下简称"突发严重困难户"）进行监测。重点关注有大病重病和负担较重的慢性病患者、重度残疾人、失能老年人口等特殊群体的家庭。监测对象家庭成员原则上以公安部门户籍管理信息为准，对"人在户不在""户在人不在"的情况，按照居住在同一住宅内，常住或者与户主共享开支或收入的家庭成员为准。

（二）监测范围

2021年以家庭年人均纯收入（收入测算周期为纳入前一个月往前倒推一年）低于脱贫攻坚期国家扶贫标准的 1.5 倍（6000 元）为参考，综合分析收入支出状况、"两不愁三保障"及饮水安全巩固状况等因素，研判返贫致贫风险，确定监测对象，对符合条件的对象应纳尽纳。过渡期内，每年根据全省物价指数变化、农村居民人均可支配收入增幅和农村低保保障标准调整等因素，合理调整年度监测范围。

---

①　资料来源为湖北省人民政府扶贫开发办公室。

（三）规模性返贫风险监测

以县为单位开展规模性返贫风险排查，相关行业部门要实时监测水旱灾害、气象灾害、地震灾害、地质灾害、生物灾害、森林火灾，以及传染病疫情、动物疫情等各类重大突发公共事件影响，全力防范大宗农副产品价格持续大幅下降、农村转移劳动力失业明显增多、乡村产业项目失败等经济风险隐患，关注大中型易地扶贫搬迁集中安置区（800人以上）搬迁人口就业和社区融入等社会风险，评估禁捕退捕、禁养野生动物等政策调整影响，发现解决因工作、责任、政策落实不到位造成的返贫现象。各地要结合本区域特点，及时排查预警区域性、规模性返贫风险，制定防范措施，落实帮扶举措，坚决守住不发生规模性返贫底线。

二　优化监测方式和程序

（一）监测方式

以县为单位组织实施，通过农户自主申报、基层干部摸排、部门筛查预警等方式进行监测，及时掌握分析新闻媒体、网络舆情、信访投诉等社会监督信息，拓展风险预警信息获取渠道，实现监测对象的快速发现和响应。农户自主申报：进一步加强政策宣传，提高农户政策知晓存在返贫致贫风险的农户，可向村（居）委会提出纳入监测对象申请，或者农户本人（也可委托他人）通过全国防返贫监测信息系统以及 APP 端口、"12317"防止返贫监测和乡村振兴咨询服务平台提出申报。基层干部摸排：乡村干部、驻村干部、乡村网格员、村民小组长等基层力量结合日常入户走访掌握情况，开展常态化摸排。部门筛查预警：各级相关行业部门根据职能职责，制定风险筛查预警标准，建立健全部门筛查预警机制，加强数据共享比对。省、市（州）两级预警信息统一由县级相关行业部门汇总，提交县级乡村振兴部门，由县级乡村振兴部门分发乡（镇）村核实。

（二）监测程序

对新识别的监测对象，按照"承诺授权、入户核查、村级评议、乡镇审核、县级确定、录入系统"的程序纳入监测帮扶范围。承诺授权：通过农户自主申报、基层干部摸排、部门筛查预警等监测方式获得预警信息后，村"两委"指导农户填写"承诺授权书"，获得依法查询家庭资产等信息的授权。入户核查：村"两委"组织村干部和驻村干部开展入户核查，如实采集家庭基本情况、收入支出、"两不愁三保障"及饮水安全巩固状况等信息。村级评议：召开村民代表大会进行民主评议，逐户研判致贫返贫风险，形成初选监测对象和帮扶措施意见，经村内公示（公示时间不少于5天）无异议后上报乡镇人民政府审核。乡镇审核：乡镇对各村上报的初选监测对象进行逐户复核，形成初审监测对象名单，并上报县级乡村振兴部门审定。县级确定：由县级乡村振兴部门牵头，组织对初审监测对象信息数据进行逐户比对，确定最终监测对象，分别在县级人民政府门户网站和所在行政村公告（公告期不少于5天）。录入系统：由县级乡村振兴部门组织乡村信息员将监测对象相关信息录入全国防返贫监测信息系统，并将监测对象名单共享给县级相关行业部门开展帮扶。公示公告应注意保护监测对象个人隐私，进行相应脱敏处理。

三　实行动态管理和风险消除

（一）坚持集中排查与常态化预警相结合

按照国家乡村振兴局统一安排部署，省级每年至少开展一次集中排查。各地常态化开展预警监测，及时将符合条件的监测对象按程序识别纳入，录入全国防返贫监测信息系统。

（二）监测信息更新

及时更新监测对象收入支出、"两不愁三保障"及饮水安全变化、帮扶措施、家庭成员变更等信息，为开展针对性帮扶、风险消除认定等工作奠定基础。

（三）严格风险消除

对收入持续稳定、"两不愁三保障"和饮水安全持续巩固，返贫致贫风险已经稳定消除的监测对象，在全国防返贫监测信息系统中标注"风险消除"，不再按"监测对象"进行监测帮扶。对风险消除稳定性较弱，特别是收入不稳定、刚性支出不可控，取消帮扶措施可能出现风险反弹的监测对象，相关行业部门在促进稳定增收等方面继续给予帮扶，确认风险稳定消除后再履行相应程序进行"风险消除"标注。对无劳动能力或丧失劳动能力的监测对象，在落实社会保障措施后，暂不标注"风险消除"，持续跟踪监测。对拟消除风险的监测对象，按照"村级评议、乡镇审核、县级确定"的程序分类开展风险消除认定。由县级乡村振兴部门组织乡村信息员在全国防返贫监测信息系统对风险消除监测对象进行标注。

四 完善帮扶政策措施

（一）加大政策支持力度

过渡期内，各地要保持主要帮扶政策总体稳定。坚持预防性措施与事后帮扶相结合，可使用行业政策、各级财政衔接推进乡村振兴补助资金等，对所有监测对象开展精准帮扶。

（二）强化针对性帮扶

按照"缺什么补什么"的原则，精准分析返贫致贫原因，根据监测对象发展需求和能力，分层分类落实针对性帮扶措施。对风险单一的，实施单项措施，防止政策盲目叠加，出现泛福利化；对风险复杂多样的，因人因户施策落实综合性帮扶措施。对有劳动能力且具备发展产业就业条件的，坚持开发式帮扶方针，加强生产经营、劳动技能培训，提供小额信贷贴息，动员龙头企业、专业合作社等带动，深化劳务合作、统筹用好公益岗位，多渠道促进就业，促进稳定增收；对无劳动能力或部分丧失劳动能力且无法通过产业就业获得稳定收入的，进一步强化低保、医疗、养老保险和特困人员救助供养等综合性保障措施，确保基本生活不出问题；对内生动力不足的，坚持扶志扶智，加强教育引导，不断激发勤劳致富的内生动力。

（三）落实监测联系人

由乡村干部、驻村干部等作为监测联系人，做好跟踪回访，掌握监测对象家庭情况变化。

（四）鼓励社会力量参与

以县为单位，统筹发挥好乡村振兴省内区域协作、中央单位和省直单位定点帮扶以及驻村帮扶等制度优势，加大对监测对象产业、就业、消费等帮扶。坚持实施"万企兴万村"行动，动员公益组织、爱心人士等社会力量积极参与，对监测对象持续开展帮扶。

五　强化组织保障

（一）加强组织领导

各级各部门要把防止返贫、巩固拓展脱贫攻坚成果摆在突出位置，认真执行"中央统筹、省负总责、市县乡抓落实"的工作机制，严格落实"四个不摘"要求，坚决守住不发生规模性返贫的底线。市（州）、县、乡党委政府对本区域健全防止返贫动态监测和帮扶工作负主体责任，主要负责同志要亲自过问，分管负责同志要具体抓，充实保障基层工作力量，切实做好监测帮扶工作。各级党委农村工作领导小组牵头抓总，各级乡村振兴部门履行工作专责，发改、教育、公安、民政、人社、住建、水利、农业农村、卫健、应急管理、医保、信访、残联等行业部门根据职责做好信息预警、数据比对和行业帮扶，确保防止返贫动态监测和帮扶机制有效运行。

（二）强化工作推进

各地要建立"月统计、季调度"的工作推进机制，定期集中研判规模性返贫风险隐患，研究制定具体方案，及时调度解决倾向性问题，确保工作与国家和省步调一致。建立部门协作机制，强化行业部门预警监测数据共享。加强监测和帮扶力量配备，强化业务培训，打造政治过硬、业务精通、群众欢迎的监测帮扶干部队伍。

（三）严格考核评估

将防止返贫动态监测和帮扶工作成效纳入推进乡村振兴战略实绩考核和巩固脱贫成果后评估范围，强化考核结果运用。对弄虚作假、工作落实不力造成规模性返贫的地区和责任人进行约谈、通报，依纪依规追究责任。

（四）健全长效机制

各地要健全防止返贫动态监测和帮扶长效机制，抓好责任落实、政策落实和工作落实。依托全国防返贫监测信息系统，运用好脱贫攻坚普查结果，统筹利用信息资源，进一步完善监测对象基础数据库。按照统一安排部署开展集中排查，避免重复填表报数，切实减轻基层负担。

河北省：《健全防止返贫监测帮扶四项机制，坚决巩固拓展脱贫攻坚成果》①

一 预警监测机制

进一步健全监测对象快速发现和响应机制，完善监测方式，强化动态管理。一是部门筛查预警。统筹农户申报、基层排查和部门预警3种监测方式，建立省市县纵向互通、多部门横向互联、全流程动态管理的预警监测系统，按照"部门筛查、集中交办、入户核查、结果反馈、跟踪盯办"的程序，省级教育、民政、人社、住建、水利、农业农村、卫健、应急管理、扶贫、医保等10个部门，每月推送预警信息，市县组织入户核查，符合条件的及时纳入监测。河北省扶贫办等10个部门联合印发了《关于做好防贫监测部门筛查预警工作的通知》。2021年1月至4月，10个部门累计反馈预警信息16.02万条，经核查纳入监测1091户，占新增监测户的71%，在预警监测中发挥了重要作用。二是全程民主公开。建立全省统一的监测帮扶和信息核查台账，按照"入户核查、民主评议、村级公示、乡镇审核、县级审定"的程序，用好民主公开手段，保证群众知情权。三是开展信息比对。发挥各级

审计、民政、公安等部门信息核查平台作用，建立"六不入"负面清单，有公职人员、经商办企业、高价房、豪华车、大额存款、子女收入高等情况的家庭，一般不纳入监测。四是动态风险消除。省级细化风险消除四项指标，即"落实针对性帮扶措施、稳定实现三保障和饮水安全、收入持续稳定、支出负担问题稳定解决"，全部达标的按程序标注风险消除，避免出现反复。

---

① 资料来源为中华人民共和国中央人民政府。

二 帮扶带动机制

将发展产业、带动就业作为防止返贫的根本之策，健全产业就业帮扶带动长效机制，持续巩固拓展脱贫攻坚成果，有效防止规模性返贫。一是摸清底数。对全省 62 个脱贫县、7746 个脱贫村脱贫后的产业就业和科技帮扶情况再进行一次全面梳理，逐县逐村建立台账清单。二是分析研判。通过产业就业和科技帮扶的数据信息比对分析，深入查找脱贫村产业就业和科技帮扶存在的短板和薄弱环节，监测农副产品价格下跌、劳动力规模性失业、产业项目发展失败等风险。三是巩固提升。按照"缺什么补什么"的原则，持续深化产业培育、产销帮扶、劳务协作、科技帮扶等重点工作，推进"一乡一业、一村一品"，加强产业就业联动，促进就地就近就业，逐村逐项采取针对性措施，不断拓宽脱贫群众增收渠道，增强脱贫地区发展能力。四是防范风险。制定《河北省防止规模性返贫的指导意见》，针对摸底分析发现的短板问题，逐项研究制定风险防范措施，落实帮扶举措，坚决守住防止规模性返贫的底线。

三 社会救助机制

逐户逐人分析返贫致贫风险，充分发挥社会救助兜底作用，夯实筑牢基本生活保障底线。一是兜底保障。统筹用好低保、特困和各类救助措施，构建多层次保障救助体系。全省 4.7 万户监测对象中，实施综合保障性帮扶 3.5 万户，确保应保尽保、应救尽救。二是基金救助。省市县逐级建立社会救助基金，筹集初始引导资金 9.53 亿元，接收社会捐赠 2.04 亿元，构建了社会力量参与防止返贫的长效机制。目前累计救助 691 人，发放救助资金、物资 467 万元。三是保险理赔。2018 年，河北省在邯郸市率先开展"防贫保"试点，经过几年探索，已建立完善了"财政投入、群体参保、基金管理、社会经办、阳光操作"的防贫保险救助机制。

四　组织保障机制

落实国家乡村振兴局关于实行季调度的工作部署，建立"周统计、月分析、季调度、年考核"的常态化分析研判和调度机制。一是每月分析研判。省直各部门每月报送预警信息和行业帮扶成效，市县每月报送监测帮扶工作进展，省扶贫办每周提取系统数据，每月汇总研判，及时向省政府分管领导专题报告。二是每季度督导调度。每季度开展专题督导和会议调度，传达学习国家乡村振兴局调度会精神，通报问题，提出要求。三是年底考核评估。将防止返贫监测帮扶作为后评估重点内容，纳入省委乡村振兴战略考核指标，对发现问题定期通报、重点约谈，切实压实各级党委政府和行业部门责任。

江西省：《以"三抓三促"推动监测帮扶机制落实》①

一 抓三线预警力，促动态监测扎实

在原有省级巩固拓展脱贫攻坚成果大数据管理平台基础上，开发"江西省防返贫监测平台"，并于2021年4月上线运行，实现农户自主申报、基层干部排查、部门筛查预警三线并行监测，为及时发现认定监测对象、及时核实信息、监测风险、有效帮扶提供信息支撑。一是农户扫码报诉求。实行农户书面申请的同时，在乡村场所广泛张贴宣传全省统一的二维码，让农户通过手机扫码自主申报帮扶诉求，实现"一码申报"，拓展预警渠道。二是干部走访核实情。摸排发现脱贫不稳定户、边缘易致贫户，以及因病因灾因意外事故等刚性支出较大或收入大幅缩减导致基本生活出现严重困难户。同时，对自主申报农户和行业部门筛查预警农户，开展上门核查。三是部门比对抓预警。省监测平台已实现医保、教育、住建、民政、残联、人社等部门定期数据共享，通过合理设置预警标准，对数据筛查比对发现的疑似生活困难户作出风险预警，反馈基层核实。

二 抓排查整改力，促脱贫基础夯实

聚焦脱贫基础更加稳固、成效更可持续。一是突出排查重点。集中排查防止返贫政策落实和监测帮扶情况，具体涉及"三保障"和饮水安全、产业就业帮扶、搬迁后扶、返贫监测与帮扶等13项内容。二是严格工作要求。坚持"不落一户、不漏一人、不存盲区、不留死角"，逐村逐户逐人逐项排查，建立问题清单，逐个整改到位。三是强化组织领导。要求各地各部门在党委和政府统一领导下，细化实施方案，精心组织推进，确保问题排查清、措施制定实、整改落实好。

---

① 资料来源为中国扶贫网。

三 抓调度暗访力，促工作机制落实

建立省市县三级扶贫部门双月调度推进机制。内容上，重点调度监测对象收支状况、"三保障"和饮水安全状况、监测帮扶情况等。形式上，采取全省视频会方式，调度进展、通报问题、交流经验、提出要求，既摸底数、把进度，又抓培训、强推进。成效上，通过调度推进，2021年全省107个县（市、区和功能区）中，98个有监测对象新增识别或自然增减，针对性帮扶措施持续落实，监测对象已有87.7%即2.26万户7.67万人消除风险。开展2021年巩固拓展脱贫成果暗访督导，传导压力、压实责任，确保监测帮扶机制落实。建强力量，从省市县三级抽调业务骨干组建8个暗访组，由省扶贫办处长任组长，确保暗访督导业务精、力量强。创新方式，采取不发通知、不打招呼、不要陪同、不听汇报和直奔基层、直接入户的"四不两直"方式，进村入户抽查核实监测对象排查预警、识别认定、落实帮扶、风险消除等情况，发现问题督促指导立行立改。用好结果，落实一期一方案、一动员、一台账、一通报"四个一"制度，对暗访发现问题"点对点"下发《督办函》，并通报各市县，压实主体责任抓整改；抄送各厅局，发挥主管职能促整改，实现暗访成果省市县三级共享。

广西壮族自治区：念好"快准实"三字诀织密防贫监测帮扶网①

一 念好"快"字诀，做到风险预警"即时性"

（一）强化数据比对，做到发现快

自治区、市、县乡村振兴（扶贫）部门牵头，建立教育、医保、住建、水利、民政、交通、农业等部门参与的防止返贫动态监测帮扶工作联席会议，加强部门数据共享，围绕"两不愁三保障"，设置了医疗费用支出较大、交通意外事故、产业失败等 11 项监测指标，通过广西防止返贫监测信息平台，定期开展数据比对筛查风险户，并通过平台向所在的市县乡村发出预警。

（二）强化实地核查，做到响应快

实行集中排查、常态化排查和不定期核实相结合的风险核查机制。县级每季度组织一次集中排查，乡镇干部、第一书记、驻村队员、村干部等结合入户走访开展常态化排查，对数据比对筛查发现的疑似风险户，随时入户、随时核实，并通过扶贫 APP 上报风险信息。

（三）强化上下联动，做到调度快

自治区加强防止返贫信息动态监测和分析，每月对市县防止返贫工作情况进行调度。建立市县工作交流机制，每周收集市县反馈的问题，通过调研暗访、数据监测、编印"问与答"手册等方式，及时分析和解决工作中的问题。

二 念好"准"字诀，确保监测对象"精准性"

（一）严格认定程序，确保纳入准

实行农户申请、入户核实、财产检索、行政村评议、乡镇复核、县级

---

① 资料来源为广西壮族自治区乡村振兴局。

审定六步认定程序，明确要求农户签署真实可靠的家庭情况说明和授权家庭经济状况核对的委托书，对所有拟纳入监测农户，由县级组织民政部门开展经济状况核查以及与有关部门数据比对进行财产检索，并规定了有大额货币存款、有房有车、家庭有公职人员等8种不宜纳入的具体情形，有效防止错纳。

（二）实行分类评估，确保监测准

根据返贫致贫风险类型、风险严重程度、农户自身能力等，将监测对象划分为因突发事件等导致生活出现严重困难的重点风险户、老弱孤残等需要长期兜底保障的特殊风险户以及其他普通风险户等3种类型，并在系统上进行分类标识、监测，实行分类管理和帮扶。

（三）强化动态管理，确保信息准

将原1.7万名扶贫信息员转为覆盖市县乡村的防止返贫监测信息员，具体负责监测对象信息的采集、录入、更新工作，同驻村干部等一起入户核实信息。探索制定监测对象数据清洗规则，依托大数据平台对监测对象的基础数据等进行清洗、监测、分析和运用，定期开展风险消除评估认定，确保监测对象有进有出、信息精准。

三 念好"实"字诀，确保帮扶工作"有效性"

（一）实行分类帮扶，确保帮扶措施实

对纳入的监测对象，由县级乡村振兴（扶贫）部门组织相关行业部门集中会审，根据风险类型和返贫致贫原因，以"一过线两不愁三保障"为基本标准，针对增收、减支"两条线"发力。对于有劳动能力、有意愿的监测对象，加大产业就业帮扶，落实产业奖补、稳岗补贴等帮扶政策，支持他们通过发展产业、外出或就地就近就业增加收入。对于因患病、残疾等没有劳动能力的监测对象，及时落实医保、特困救助、低保兜底等帮扶政策，减少医疗、教育、生活等方面支出，加强人文关怀，确保基本生活有保障。

（二）全面系统梳理，确保政策落得实

在抓好国家新出台的巩固拓展脱贫攻坚成果有关政策落实的基础上，组织区直相关行业部门，对脱贫攻坚期间出台的帮扶政策逐个进行梳理，根据巩固脱贫成果、加快有效衔接的要求进行修订完善，并根据需要制定新的支持政策，确保政策供给充足。通过信息技术建立政策基础库，针对监测对象的返贫致贫类型，智能推荐可享受的政策，并筛查疑似落实不到位、"应享未享"的监测对象，确保政策落实到户到人。针对政策落实中的部门"脱节"问题，采取"捆绑式"组合施策，进行联动办理、联动审批、联动跟踪，探索形成"住房保障+临时救助""低保+医疗救助""低保+临时救助"等捆绑模式，提高政策落实的协同性。

（三）强化跟踪管理，确保帮扶工作实

对所有监测对象，落实干部跟踪帮扶半年以上，主要了解政策享受、措施落实等情况。对于一些特殊风险户，除安排帮扶干部以外，还要求监测对象所在村的定点帮扶单位定期走访慰问，及时关心监测对象的身体状况、生活情况等，帮助解决生产生活方面的困难。

新疆维吾尔自治区：坚持未贫先防，强化突贫速扶①

一 建机制、抓常态，加强组织领导

一是建立工作领导机制。自治区党委、政府主要领导亲自部署安排、推动落实，分管领导专抓专管、定期调度，61 名省级领导对 93 个县（市、区）实行全覆盖联系督导指导，有力推动防返贫监测和帮扶机制的建立完善和高效运行，区地县乡村上下联动、协同推进。二是建立政策推进机制。先后出台防止返贫致贫监测预警和动态帮扶的办法、实施方案等规范性文件，积极适应巩固拓展脱贫攻坚成果的新需要，优化制度政策供给，更加精准地开展风险监测。三是建立工作考核机制。加强考核督导，将防返贫监测和帮扶工作纳入地县党政班子和领导干部实施乡村振兴战略实绩考核范围，建立日常督办机制，强化考核结果运用。

二 严标准、把程序，规范对象监测

一是严格监测标准。紧盯源头监测纳入和末端风险消除两个关键环节，以脱贫攻坚期扶贫标准 1.5 倍为底线，综合南北疆发展差距和区域物价指数、地区人均收入差异等因素，确定"123"（一收入、两达标、三保障）6 项刚性指标，以地（州、市）为单位，制定地区差异化监测标准，科学合理、实事求是确定监测群体范围，做到早发现、早干预、早帮扶，坚决守住不发生规模性返贫底线。二是拓宽监测渠道。采取农户自主申报、基层干部排查、部门筛查预警、社会信息补充等四种方式，充分利用乡村网格化治理体系、互联网平台、大数据技术等手段，开展实时监测预警，及时发现纳入监测对象。三是规范监测程序。把好监测纳入和风险消除关口，监测纳入实行农户对标提出一申请、村级党组织评议一公示、乡

---

① 资料来源为新疆维吾尔自治区扶贫办。

镇入户核查一核准、县级扶贫部门核实一确认、扶贫与行业信息校核一比对、信息系统录入一标注"六个一"程序；风险消除采取村级党组织提名公示、乡镇入户核查核准、县级扶贫部门核实确认、社会公告及信息系统标注风险消除"四个步骤"，推进监测工作规范化标准化。

三　多举措、求实效，推进工作创新

一是开展排查常态化。结合"访惠聚"驻村工作，充分发挥 1.2 万个"访惠聚"驻村工作队、7 万余名驻村工作队员、3 万余名村级扶贫专干、40 余万名帮扶责任人熟悉基层的优势，开展日常帮扶走访，实施常态风险排查，每季度对重点监测对象进行一次集中摸排，每年对所有乡村人口进行一次全面排查。二是推进监测信息化。升级改造自治区脱贫攻坚大数据平台，建成了"静态信息及时更新、动态信息实时管理、部门信息及时比对、预警信息快速反馈"的自治区防止返贫监测和帮扶信息化平台，横向实现了与自治区厅局信息资源同频共振，纵向做到了区地县乡村五级互联互通，大幅提升了防止返贫监测信息化水平。三是实施帮扶精准化。综合运用三个方面 14 项帮扶措施，一户一策、精准施策。采取安排公益岗位、安全住房保障、饮水安全保障、健康帮扶、教育帮扶、搬迁后扶、社会帮扶等 7 项措施，加强脱贫成果巩固，确保监测对象可持续发展；采取发展产业、稳岗就业、金融支持、生产生活条件改善、基础设施提升等 5 项措施，增强监测对象发展动力和活力，促进发展能力提升；采取综合保障兜底等措施，全力保障特殊困难监测对象基本生活。

四　明职责、聚合力，开展信息交换

一是压实行业部门责任。全面压实扶贫部门工作专责和网信、发改、教育、公安、民政、卫健等 20 个部门行业主管责任，梳理 56 条具体职责，每月更新数据、比对分析。二是推进信息实时共享。依托大数据平台，在监测预警和帮扶功能模块中增加行业部门数据信息字段，在后台设置关联

程序，打通监督比对、动态管理、监测预警、精准帮扶关联通道，将行业部门提供的有返贫风险和致贫风险的信息直接关联到监测对象基础信息中，只要行业部门信息有变化，即可在监测预警模块中反映出结果。三是建立信息交换机制。完善数据交换制度，扩大交换信息字段，建立数据表结构，通过前置机做到实时交换信息，实现各个风险点数据信息能够及时更新，实时监测，即时预警。

山东省：《关于进一步健全防止返贫动态监测和帮扶机制的工作方案》①

一　总体要求

健全防止返贫动态监测和帮扶机制是从制度上预防和解决返贫问题、巩固拓展脱贫攻坚成果的重要举措。各地各部门要把健全防止返贫动态监测和帮扶机制摆在重要位置，提高政治站位，强化责任担当，进一步明确防止返贫监测范围，建立多渠道监测预警机制，精准发现存在返贫致贫风险的困难群众，及时纳入监测帮扶范围，实行定期检查、动态管理，分层分类开展针对性帮扶，做到早发现、早干预、早帮扶，坚决防止出现规模性返贫。

二　监测范围

（一）监测对象

以家庭为单位，监测脱贫不稳定户、边缘易致贫户，以及因病因残因学因灾因意外事故等存在返贫致贫风险的农户（包括脱贫享受政策户和一般农户）。重点关注低保家庭、分散供养特困人员、大病重病患者、重度残疾人、失能困难老年人等特殊群体。

（二）监测标准

2021年省定监测线确定为6500元。对年人均可支配收入低于省定监测线，且符合以下条件之一的农户，应当纳入监测范围：

1. 因病、因残、因学等原因引发的刚性支出明显超过上年度收入，导致"两不愁三保障"和饮水安全受到影响的；

2. 因灾、因意外事故等原因引发的收入大幅缩减，导致家庭生活出现

---

① 资料来源为山东省人民政府。

临时性困难的。

符合以上条件，但家庭成员存在以下情形之一的，原则上不纳入监测范围：

1. 拥有并经常使用高档乘用车辆的；

2. 在城镇购买商品房的（易地扶贫搬迁、黄河滩区居民迁建、移民避险解困通过货币化安置的除外）；

3. 注册公司、企业并雇佣他人从事经营性活动且收益较高的；

4. 法定赡养、抚养、扶养人有赡养、抚养、扶养能力，但不依法履行义务或履行义务不到位的；

5. 县级以上扶贫部门规定的其他情形。

过渡期内，每年根据物价指数变化、农村居民可支配收入增幅和农村低保标准等因素，对省定监测线进行调整。人均可支配收入的计算口径与建档立卡贫困户相同，计算周期为农户发现月份的上年度本月到本年度上月。

（三）监测内容

根据国家防止返贫动态监测指标体系，重点监测农户收入支出、"两不愁三保障"和饮水安全、家庭成员变化、帮扶政策落实以及返贫致贫风险变化等情况。各地要坚决守住防止规模性返贫的底线，实时监测自然灾害、火灾、疫情等各类重大突发公共事件，以及大宗农副产品价格持续大幅下跌、外出务工农村劳动力规模性失业、乡村产业项目发展失败、易地扶贫搬迁群众稳不住等情况，及时排查预警区域性、规模性返贫风险，科学制定防范措施，确保不出现规模性返贫。

三　完善发现机制

拓宽监测预警信息来源，建立农户自主申请、基层干部排查、部门筛查预警、信访信息处置相结合的监测对象发现和预警机制，精准发现存在返贫致贫风险的困难群众，及时纳入监测范围。

（一）农户自主申请

进一步加大防止返贫政策宣传力度，提高政策知晓度，通过开设受理网点、服务热线等方式，畅通帮扶申请渠道，引导困难群众主动提出帮扶申请。

（二）基层干部排查

坚持定期全面排查与实时重点发现相结合。按照国家统一安排，每年四季度集中开展一次全面排查。压实村"两委"、第一书记、驻村工作队、乡村网格员、帮扶责任人等责任，随时关注、主动了解村内困难群众家庭生活情况，及时发现返贫致贫风险。

（三）部门筛查预警

各县（市、区）扶贫部门进一步加强与民政、住房城乡建设、卫生健康、医疗保障、公安、残联等部门单位的数据比对共享，每月将新增低保、特困供养、临时救助、住危房、大额医疗支出、刑事处罚、重度残疾人等预警信息反馈乡镇，分析研判返贫致贫风险。

（四）信访信息处置

注重利用媒体、信访、12317 等渠道，及时收集、规范处理返贫致贫风险预警信息，确保应纳尽纳。

逐步推进防止返贫动态监测机制与农村低收入人口监测机制有效衔接，支持社会保障水平较高、监测对象高度重合的市县开展衔接试点。

四　严格认定程序

对发现的可能返贫致贫困难群众，以县为单位，依托全国防返贫监测信息系统（原全国扶贫开发信息系统，以下简称"系统"），严格按照"核实—评议—比对—公示—录入"程序，纳入监测范围。

（一）入户核实

乡镇扶贫部门组织人员 5 个工作日内开展入户调查，采集、核实相关信息。

（二）民主评议

组织召开村民代表会议，根据入户采集信息进行民主评议。乡镇扶贫部门指导农户签订授权核查家庭资产信息承诺书，报县级扶贫部门审核。

（三）信息比对

县级扶贫部门与公安、住房城乡建设、市场监管等部门开展信息比对（对存在返贫风险的脱贫享受政策户，可不再开展信息比对）。对不符合监测标准的群众，由乡镇扶贫部门书面告知审核结果，并做好沟通解释工作，积极协调解决实际困难。

（四）村级公示

审核通过后，将名单在村内进行公示，公示期5天。

（五）录入系统

县级扶贫部门在系统中将存在返贫风险的脱贫享受政策户标注为"脱贫不稳定户"，将存在致贫风险的一般农户录入"边缘易致贫户"模块。

五　开展精准帮扶

坚持预防性措施和事后帮扶相结合，根据监测对象的家庭状况、风险类别和帮扶需求，按照"缺什么补什么"的原则，采取针对性帮扶措施。对脱贫不稳定户，要进一步加大帮扶力度，强化政策落实，确保稳定脱贫不返贫。对边缘易致贫户，可使用行业政策、各级财政衔接推进乡村振兴补助资金进行帮扶，对风险单一的，实施单项措施，防止陷入福利陷阱；对风险复杂多样的，落实综合性帮扶措施。对有劳动能力的，坚持开发式帮扶方针，采取免费培训指导、推荐就业岗位、提供扶贫小额信贷等方式，支持其发展产业、转移就业，通过劳动增收致富；对劳动能力较弱的，可统筹使用衔接推进乡村振兴补助资金和扶贫资产收益，适当增加公益岗位数量，帮助其就近务工，拓宽增收渠道；对无劳动能力的，符合条件的纳入农村低收入人口常态化帮扶范围，做好兜底保障，并在扶贫资产收益分配方面予以倾斜；对内生动力不足的，持续扶志扶智，增强发展能力。

六　加强动态管理

（一）采集更新信息

充分发挥村"两委"、第一书记、驻村工作队、帮扶责任人等作用，通过入户走访、电话询问等方式，持续跟踪监测对象的收入支出、"两不愁三保障"和饮水安全、家庭成员变化、帮扶政策落实以及返贫致贫风险变化等情况，定期采集相关数据信息，报乡镇扶贫部门。乡镇扶贫部门负责将采集的信息更新录入系统，并根据监测对象风险变化情况，及时调整优化帮扶措施。

（二）及时评估风险

按照省里统一安排，县级扶贫部门每年四季度组织开展监测对象返贫致贫风险变化情况评估。对返贫风险已经消除的脱贫不稳定户，由县级扶贫部门在系统中标注"返贫风险消除"，作为脱贫享受政策户继续进行管理和帮扶。对致贫风险已经消除的边缘易致贫户，按照"民主评议—乡镇审核—村级公示（公示期5天）"的程序退出监测和帮扶范围，由县级扶贫部门在系统中标注"致贫风险消除"。

七　强化组织保障

（一）加强组织领导

各地各部门要高度重视防止返贫动态监测和帮扶工作，严格落实"四个不摘"要求，树牢底线思维，压实政治责任。实行省负总责、市抓推进、县乡抓落实工作机制，省扶贫开发领导小组各成员单位要加强对市县的业务指导，督促政策落实到位；各市要推进健全监测帮扶机制，督促指导所辖县（市、区）做好相关工作；县乡要落实主体责任，充实保障基层工作力量，加强对基层干部的培训指导，做好监测帮扶工作。建立防止返贫动态监测和帮扶议事协调工作机制，各级扶贫部门履行工作专责，相关部门根据职责做好信息预警、数据比对和行业帮扶工作，定期集中研判规模性返贫风险隐患，研究制定应对举措，共同推动政策措施落实落地见效。

（二）严格考核评估

将防止返贫动态监测和帮扶工作成效作为巩固拓展脱贫攻坚成果的重要内容，纳入巩固脱贫成果后评估以及市县党政领导班子和领导干部推进乡村振兴战略实绩考核范围，强化考核结果运用。加强监督检查，创新工作方式，及时发现解决突出问题，对弄虚作假、失职失责，造成应纳入监测帮扶而未纳入甚至出现规模性返贫的，严肃处理，追究责任。省扶贫开发办每季度对各市防止返贫动态监测和帮扶工作开展情况进行调度和通报。

（三）减轻基层负担

依托全国防返贫监测信息系统开展动态监测工作，不重复建设，不另起炉灶。优化监测指标体系，提升监测数据质量，统筹利用信息资源，加强部门间信息共享，避免重复填表报数、采集信息，切实减轻基层负担。按照国家统一安排开展集中排查，坚决防止层层加码。

附录三：防止返贫监测信息采集的相关附件

附件1：

农户承诺授权书（参考文本）

_____村委会：

本人（姓名：_____身份证号：_____）为_____村村民，目前因_____，导致生活困难，现申请纳入监测对象。本人代表全家成员郑重做出以下承诺及授权：

1. 本人已知晓申报防止返贫动态监测对象有关政策和程序。

2. 本人承诺提供的申报信息客观真实，如有虚假、隐瞒，自愿承担一切法律责任。

3. 本人授权相关部门核查比对家庭（包括家庭成员）基本信息、收入支出信息、财产信息，授权公示身份信息，配合核查工作。

4. 本人承诺尊重、接受核查结果。

承诺人：（签章、手印）

_____年_____月_____日

附件2：

防止返贫监测对象信息采集表

填报日期：

一、基本信息
家庭住址：省（区、市）市（州）县（市、区）乡（镇、街道）村（社区）自然村（村民小组）联系电话：
A1 居住在大中型易地扶贫搬迁集中安置区（800人以上）：□是□否 A2 省（区、市）市（州）县（市、区）乡（镇、街道）村（社区）（小区） A3 监测对象类别：□脱贫不稳定户□边缘易致贫户□突发严重困难户 A4 脱贫户（身份证比对生成）：□是□否

二、家庭成员信息

序号	A5 姓名	A6 性别	A7 居民身份号号码/残疾人证号码	A8 与户主关系	A9 民族	A10 政治面貌	A11 文化程度	A12 在校生状况	A13 健康状况	A14 劳动技能	A15 务工区域	A16 务工时间	A17 是否参加城乡居民/职工基本医疗保险	A18 是否参加大病保险	A19 是否参加城乡居民/职工基本养老保险	A20 是否享受城乡居民最低生活保障	A21 是否特困供养人员	A22 是否易地扶贫搬迁人口/同步搬迁人口/系统对比
1																		
...																		

三、三保障和饮水安全状况

A23 是否住房出现安全问题	□是 □否	A24 是否义务教育阶段适龄儿童少年失学辍学	□是 □否
A25 是否饮水出现安全问题	□是 □否	A26 是否有家庭成员未参加城乡居民（职工）基本医疗保险（A17指标生成）	□是 □否

续表

四、风险类型			
A27 风险类型：□因病 □因学 □因残 □因自然灾害 □因意外事 □因产业项目失败 □因务工就业不稳 □缺劳动力 □其他（文字备注）			
A27a 因自然灾害：□洪涝灾害 □地质灾害 □旱灾 □生物灾害（虫灾）　□气象灾害 □地震灾害 □其他（森林草原火灾、海洋灾害等）			
五、收支情况			
A28 工资性收入（元）		A29 生产经营净收入（元）		A30 财产净收入（元）	
A31 转移净收入（元）		A32 生产经营性支出（元）		A33 家庭纯收入（系统生成）（元）	
A34 家庭人均纯收入（系统生成）（元）		A35 理赔收入（元）		A36 合规自付支出（元）	
A37 纳入监测对象的收入（参考范围系统生成）（元）		A38 纳入监测对象的人均收入（参考范围系统生成）（元）			

六、帮扶措施			
增收类	A39 产业帮扶	□种植业 □林果业 □养殖业 □加工业 □乡村旅游消费帮扶 □其他
	A40 就业帮扶	□技能培训 □劳务输出 □外出务工补贴 □以工代赈 □经营主体就业 □其他（人社厅：技能培训、劳务输出、就业帮扶车间等经营主体就业、公益性岗位、其他，以工代赈放入产业帮扶）
	A41 金融帮	□小额信贷 □其他
	A42 公益岗位帮扶	□护林员 □护草 □保洁员 □其他

续表

	A43 住房安全保障	□危房改造 □其他
三保障和饮水安全类	A44 饮水安全保障	□
	A45 健康帮扶	□参加城乡居民基本医疗保险个人缴费补贴□大病保险 □医疗救助 □其他
	A46 义务教育保障	□劝返 □送教上门 □寄宿生活补助 □其他
	A47 教育帮扶	□雨露计划 □助学贷款 □助学金 □其他
兜底保障类	A48 综合保障	□低保 □特困供养 □临时救助 □残疾人补贴 □防贫保险 □其他
其他类	A49 社会帮扶	□社会捐助 □其他
	A50 搬迁	□
	A51 生产生活条件改善	□
	A52 基础设施建设	□

七、风险消除	
A53 风险消除方式	□帮扶消除 □自然消除
A54 风险消除时间	
A55 监测联系人：	联系电话：

注：1. $A33 = A28 + A29 + A30 + A31 - A32$　　$A37 = A33 + A35 - A36$

2. A38 是确定监测对象的参考，A34 是区分前两类还是第三类对象的参考。

3. 家庭成员如出现因病因灾因意外事故等刚性支出较大后，在识别监测对象过程中突发死亡，录入系统后将其标注为死亡。

附件 3：

防止返贫监测对象信息采集表
填表说明和指标解释

一　填表说明

1. 本表包括基本信息、家庭成员信息、"三保障"和饮水安全状况、风险类型、收支情况、帮扶措施，以及风险消除信息等七个部分。填表需分三个阶段完成。第一阶段：入户采集表中基本信息、家庭成员信息、"三保障"和饮水安全状况、风险类型、收支情况五项内容；第二阶段：确定监测对象后，按实际帮扶情况录入第六项帮扶措施；第三阶段：当达到消除标准后，及时更新收支变化情况，录入消除风险情况。填表日期等内容为纸质版采集表归档使用，不录入系统。

2. 指标类型及填写说明

（1）字符型：填写数字或汉字，如家庭住址、联系电话、证件号码等。

（2）数值型：需填写数字，如务工时间、收支情况等。

（3）选择项：需要勾选，如帮扶措施、风险类型等。无选择项情况可不勾选。

（4）是否项：需填写"是"或"否"，如是否参加城乡居民（职工）基本医疗保险、是否享受农村居民最低生活保障等。

3. 本表无选填项，所有指标项均不得为空。如没有外出务工的贫困人口，"务工时间"填"0"。

二　指标解释

（一）基本信息

家庭住址按照监测对象的户籍所在地填写（原则上以户口簿为准），

联系电话一般为户主电话号码，也可以填写能够联系该户主的家庭成员、亲戚、邻居、村负责人电话。若为固定电话，需填写区号。

1. A1 居住在大中型易地扶贫搬迁集中安置区（800 人以上）（选择项）大中型易地扶贫搬迁集中安置区是指在同一安置点内安置 800 人及以上建档立卡搬迁群众的安置方式。

2. 安置区地址（字符型）是指大中型易地扶贫搬迁集中安置区所在的具体位置，按实际情况如实填写，要求精确到安置区或安置点。

3. A3 监测对象类型（选择项）监测对象以家庭为单位，包括脱贫不稳定户、边缘易致贫户，以及因病因灾因意外等刚性支付较大或者收入大幅缩减导致基本生活出现严重困难户（突发严重困难户）。此项为单一选择项。

4. A4 脱贫户（身份证对比生成）（选择项）脱贫户在全国防返贫监测信息系统中可直接查询该户相关信息，确保无误情况下可对比生成。

（二）家庭成员信息

1. A5 姓名（字符型）

填写家庭成员的姓名，以本人身份证登记的名字为准，如无身份证，则以户口簿上登记的名字为准。家庭成员是指居住在同一住宅内，常住或者与户主共享开支或收入的成员。包括由本家庭供养的在外学生、未分家农村外出从业人员或随迁家属、轮流居住的老人、因探亲访友等原因临时外出人员；不包括不再供养的在外学生、已分家子女、出嫁人员、挂靠人员或寄宿者、帮工、已应征入伍者。

2. A6 性别（字符型）

在系统中根据填写人提供的身份证号码可直接生成性别。

3. A7 居民身份证（残疾人证）号码（字符型）

采用二代身份证或户口簿提供的身份证号码（18 位）填写，无证者需经当地公安户籍部门甄别并出具身份证号码证明，方可填入系统。

持有中华人民共和国残疾人证（二代），直接填写二代残疾人证号码

（第二代《残疾人证》采用全国统一编码，由 18 位身份证号加 1 位残疾类别代码和 1 位残疾人等级代码，由 18 位身份证号加 1 位残疾类别代码和 1 位残疾人等级代码共 20 位代码组成）。遗失后补办的残疾人证，在 20 位代码后存在 "B+数字" 的现象，共 22 位代码。

4. A8 与户主关系（字符型）

指监测对象家庭成员与户主之间的关系，具体关系如下，填写汉字。

代码	名称	代码	名称
1	本人或户主	12	之母
2	配偶	13	之岳父
3	之子	14	之岳母
4	之女	15	之公公
5	之儿媳	16	之婆婆
6	之女婿	17	之祖父
7	之孙子	18	之祖母
8	之孙女	19	之外祖父
9	之外孙子	20	之外祖母
10	之外孙女	21	之兄弟姐妹
11	之父	99	其他

5. A9 民族（字符型）

以本人身份证登记的民族为准，如无身份证，则以户口簿上登记的民族为准。

代码	名称	代码	名称
01	汉族	07	苗族
02	满族	08	彝族
03	回族	09	壮族
04	蒙古族	10	布依族
05	藏族	11	朝鲜族
06	维吾尔族	12	侗族

续表

代码	名称	代码	名称
13	瑶族	36	毛南族
14	白族	37	仡佬族
15	土家族	38	锡伯族
16	哈尼族	39	阿昌族
17	哈萨克族	40	普米族
18	傣族	41	塔吉克族
19	黎族	42	怒族
20	傈僳族	43	乌孜别克族
21	佤族	44	俄罗斯族
22	畲族	45	鄂温克族
23	高山族	46	德昂族
24	拉祜族	47	保安族
25	水族	48	裕固族
26	东乡族	49	京族
27	纳西族	50	塔塔尔族
28	景颇族	51	独龙族
29	柯尔克孜族	52	鄂伦春族
30	土族	53	赫哲族
31	达斡尔族	54	门巴族
32	仫佬族	55	珞巴族
33	羌族	56	基诺族
34	布朗族	99	其他
35	撒拉族		

6. A10 政治面貌（字符型）

指监测对象的政治面貌，具体指标代码如下，填写汉字。

代码	名称	代码	名称
01	中共党员	04	民主党派人士
02	中共预备党员	05	无党派民主人士
03	共青团员	06	群众

7. A11 文化程度（字符型）

指监测对象受教育程度，具体指标代码如下，填写汉字。

代码	名称	代码	名称
01	文盲或半文盲	05	高中
02	小学	06	高职
03	初中	07	大专
04	中职	08	本科及以上

8. A12 在校生情况（字符型）

指监测对象目前在学校就读的情况，具体指标代码如下，填写汉字。

代码	名称	代码	名称
01	学龄前儿童	06	中职
02	学前教育	07	高职
03	小学	08	大专
04	普通初中	09	本科
05	普通高中	10	硕士研究生及以上

技师学院是在原高级技工学校基础上发展而成的技工院校，是技工院校的最高层次。其主要任务是培养高级工以上的高技能人才，可招收相关专业中职或高中毕业生，亦可招收初中毕业生。

9. A13 健康状况（字符型）

具体指标代码如下，填写汉字。"健康"是指过去一个月身体健康状况良好；"长期慢性病"是指需要长期吃药治疗的疾病，如肝炎、肺炎、糖尿病；"大病"是指如心脏病、癌症等需要经常住院治疗的疾病。

10. A14 劳动技能（字符型）

劳动技能本质上是人的劳动能力，这种劳动能力包括人的体力能力、智力能力和心理能力。具体指标代码如下，填写汉字。普通劳动力是指16~60周岁具有劳动能力，但没有取得执业资格证书的人员；技能劳动力指经过技能等级考试合格后获得人社部门统一颁发相应等级职业资格证书或经过培训按规定获得人社部门发放合格证书的、有劳动能力的人；16～60岁丧失劳动力是指由于疾病、残疾而丧失劳动能力；无劳动力是指16岁以下未成年人和超过劳动年龄已经无劳动能力；弱劳动力或半劳动力是指16～60岁之间有劳动能力的病人以及60岁以上的健康人群，能够从事一些简单劳动的人员。

对残疾人有劳动力的界定应根据残疾人本人在生活生产中的实际情况准确判断，并在村民大会讨论和村委会核实中据实评判残疾人有无劳动力，避免主观上将残疾人直接列入无劳动能力的救助对象。原则上除一、二级肢体残疾人、精神残疾人、智力残疾人之外，其他类别和登记的成年残疾人都应视为有劳动力。

11. A15 务工区域（字符型）

在县内、省内县外、省外务工，选择务工企业所在的地区，如果在家务农、学生、军人等情况可选"其他"。务工区域包括务工所在省、市、县、乡。

12. A16 务工时间（数值型）

指在调查年度内累计务工时间，填写月数，范围为0～12。如外出务工三个半月填写3.5；如果是在家务农、学生、军人等情况，务工时间填0。

13. A17 是否参加城乡居民（职工）基本医疗保险（是否型）

代码	名称	代码	名称
01	是	02	否

14. A18 是否参加大病保险（是否型）

代码	名称	代码	名称
01	是	02	否

15. A19 是否参加城乡居民（职工）基本养老保险（是否型）

代码	名称	代码	名称
01	是	02	否

16. A20 是否享受城乡居民最低生活保障（是否型）（民政厅：是否城乡居民最低生活保障对象）

代码	名称	代码	名称
01	是	02	否

17. A21 是否特困供养人员（是否型）

代码	名称	代码	名称
01	是	02	否

特困供养贫困户：农村中无劳动能力、无生活来源、无法定赡养扶养义务人或虽有法定赡养扶养义务人，但无赡养扶养能力的老年人、残疾人和未成年人。

18. A22 是否易地扶贫搬迁（同步搬迁）人口（系统比对）

代码	名称	代码	名称
01	是	02	否

（三）家庭成员信息

19. A23 是否住房出现安全问题（是否型）

代码	名称	代码	名称
01	是	02	否

20. A24 是否义务教育阶段适龄儿童少年失学辍学（是否型）

代码	名称	代码	名称
01	是	02	否

21. A25 是否饮水出现安全问题（是否型）

代码	名称	代码	名称
01	是	02	否

22. A26 是否有家庭成员未参加城乡居民（职工）基本医疗保险（A17 指标生成）（是否型）

代码	名称	代码	名称
01	是	02	否

A26 项区别于 A17 项在于 A17 为单人分项，在家庭成员信息中直接填写是否即可，而 A26 指家庭成员中只要有一人未享受即选择是，整户全部享受城乡居民（职工）基本医疗保险才选择否。

（四）风险类型

23. A27 风险类型（选择项）

代码	名称	代码	名称
01	因病	06	因产业项目失败
02	因学	07	因务工就业不稳
03	因残	08	缺劳动力
04	因自然灾害	09	其他（文字备注）
05	因意外事故		

24. A27a 因自然灾害（选择项）

代码	名称	代码	名称
01	洪涝灾害	05	气象灾害
02	地质灾害	06	地震灾害
03	旱灾	07	其他（森林草原火灾、海洋灾害等
04	生物灾害（虫灾）		

（五）收支情况

25. A28 工资性收入（元）（数值型）

主要指调查年度该户所有人外出务工的所有工资收入。

26. A29 生产经营净收入（元）（数值型）

主要指农户以家庭为生产经营单位通过生产经营活动取得的收入。分为农业、林业、牧业、渔业、工业、建筑业以及第三产业。

27. A30 财产净收入（元）（数值型）

也称资产净收入，指通过资本、技术和管理等要素参与社会生产和生活活动所产生的收入。即家庭拥有的动产（如银行存款、有价证券）和不动产（如房屋、车辆、收藏品等）所获得的收入。包括出让财产使用权所获得的利息、租金、专利收入；财产营运所获得的红利收入、财产增值收益等。

28. A31 转移净收入（元）（数值型）

是指国家、单位、社会团体对居民家庭的各种转移支付和居民家庭间的收入转移。包括计划生育补贴、低保金、特困供养金、养老保险金、生态补偿金。除以上各类补贴外，还包括政府、非行政事业单位、社会团体对农户转移的退休金、社会救济和补助、救灾款、经常性捐赠和赔偿等；住户之间的赡养收入、经常性捐赠和赔偿以及农村地区（村委会）在外（含国外）工作的本住户非常住成员寄回带回的收入等。

29. A32 生产经营性支出（元）（数值型）

主要指农户以家庭为生产经营单位通过生产经营活动的支出。包括家庭经营费用支出、生产性固定资产折旧、税金和上交承包费用等。

30. A33 家庭纯收入（系统生成）（元）（数值型）

家庭纯收入计算周期是指纳入监测对象上个月倒推一年的收入。如：某农户 2021 年 5 月纳入监测对象，收入周期为（2020 年 5 月 1 日至 2021 年 4 月 30 日）。

A33 = A28 + A29 + A30 + A31 - A32

31. A34 家庭人均纯收入（系统生成）（元）（数值型）

A34 是区分前两类还是第三类对象的参考。A34 等于 A33 除以家庭人口数。

32. A35 理赔收入（元）（数值型）

理赔收入指因农业保险、医疗保险、大病保险、农业保险、防贫保险、意外事故等理赔后所得收入。

33. A36 合规自付支出（元）（数值型）

指因意外事故、大病住院等保险报销后自付的部分，以结报后参保人员实际支付的费用为准。

34. A37 纳入监测对象的收入参考范围（系统生成）（元）（数值型）

A37 = A33 + A35 - A36

35. A38 纳入监测对象的人均收入参考范围（系统生成）（元）（数值型）

A38 是确定监测对象的参考。

A38 = A37 ÷ 家庭人口数

A37、A38 为参考指标。以脱贫攻坚期间国家扶贫标准的 1.5 倍为底线，综合物价所指变化、农村居民人均可支配收入增幅和农村低保保障标准调整等因素，合理确定监测范围，实事求是确定监测对象规模。

（六）帮扶措施

增收类

36. A39 产业帮扶（选择项，可多选）

代码	名称	代码	名称
01	种植业	05	乡村旅游
02	林果业	06	消费帮扶
03	养殖业	07	其他
04	加工业		

37. A40 就业帮扶（选择项，可多选）

代码	名称	代码	名称
01	技能培训	04	以工代赈
02	劳务输出	05	经营主体就业
03	外出务工补贴	06	其他

经营主体就业指企业、专业合作社、扶贫车间等经营主体带动农户就业，收入计入工资性收入范围。

38. A41 金融帮扶（选择项，可多选）

代码	名称	代码	名称
01	小额信贷	02	其他

39. A42 公益岗位帮扶（选择项）

代码	名称	代码	名称
01	护林员	03	保洁员
02	护草员	04	其他

"三保障"和饮水安全类

40. A43 住房安全保障（选择项）

代码	名称	代码	名称
01	危房改造	02	其他

41. A44 饮水安全保障（是否型）

代码	名称
01	是则勾选

42. A45 健康帮扶（选择项，可多选）

代码	名称	代码	名称
01	参加城乡居民基本	03	医疗救助
	医疗保险个人缴费 补贴	04	其他
02	大病保险		

43. A46 义务教育保障（选择项，可多选）

代码	名称	代码	名称
01	劝返	03	寄宿生生活补贴
02	送教上门	04	其他

44. A47 教育帮扶（选择项，可多选）

代码	名称	代码	名称
01	雨露计划	03	助学金
02	助学贷款	04	其他

兜底保障类

45. A48 综合保障（选择项，可多选）

代码	名称	代码	名称
01	低保	04	残疾人补贴
02	特困供养	05	防贫保险
03	临时救助	06	其他

残疾人补贴包括困难残疾人生活补贴、重度残疾人护理补贴等。

其他类

46. A49 社会帮扶（选择项，可多选）

代码	名称	代码	名称
01	社会捐助	02	其他

47. A50 社会帮扶（是否型）

代码	名称
01	是则勾选

48. A50 搬迁（是否型）

代码	名称
01	是则勾选

49. A51 生产生活条件改善（是否型）

代码	名称
01	是则勾选

50. A52 基础设施建设（是否型）

代码	名称
01	是则勾选

（七）风险消除

51. A53 风险消除（选择项）

代码	名称	代码	名称
01	帮扶消除	02	自然消除

52. A54 风险消除时间（字符型）

填写风险消除时间，精确到日（如 2021.01.01）。

53. A55 监测联系人（字符型）

必填项，监测联系人为入户采集信息人员，需要录入监测联系人的姓名和联系电话。

附件 4：

行业部门预警监测反馈信息分工

一　预警监测反馈信息分工

发改、乡村振兴部门：反馈大中型易地扶贫搬迁集中安置区搬迁人口就业和社区融入等方面的风险隐患信息。

教育部门：反馈义务教育适龄儿童（残疾儿童）少年失学、辍学信息以及因学所产生的刚性支出较高的农户信息。

公安部门：反馈因交通事故致伤，各类刑事案件造成家庭重要劳动力失去能力的农户信息。

民政部门：反馈农村低保对象、特困人员、临时救助对象信息。

人社部门：反馈农户就业失业信息。

住建部门：反馈存在住房安全隐患的农户信息。

水利部门：反馈存在饮水安全隐患的农户信息。

农业农村部门：反馈产业失败、大宗农副产品价格持续大幅下降等风险隐患信息。

卫健部门：反馈发生重大突发疫情、慢性病、地方病等风险隐患信息。

应急管理部门：反馈水旱灾害、气象灾害、地震灾害、地质灾害、生物灾害、火灾等风险隐患信息

医保部门：反馈经基本医保报销后个人自负费用仍然较高的患者信息。

信访部门：反馈农户投诉信息。

残联部门：反馈残疾人新增办证有关信息。

其他部门：根据部门职能职责，及时反馈存在风险隐患农户信息。

各部门反馈信息统一由县级乡村振兴部门汇总，分发乡（镇）村组织

村两委、驻村干部入户核实。

二　数据比对分工

由县级乡村振兴部门牵头，借助民政部门居民家庭经济状况核对中心大数据平台对拟识别监测对象开展大数据比对，并对存疑比对结果再次核实确认。

图书在版编目（CIP）数据

共同富裕视阈下农村低收入人口返贫预警机制构建 /
彭玮，龚俊梅著 . -- 北京：社会科学文献出版社，
2024.4

ISBN 978-7-5228-2981-4

Ⅰ.①共… Ⅱ.①彭… ②龚… Ⅲ.①农村-扶贫-
研究-中国 Ⅳ.①F323.8

中国国家版本馆 CIP 数据核字（2023）第 249086 号

共同富裕视阈下农村低收入人口返贫预警机制构建

著　　者 / 彭　玮　龚俊梅

出 版 人 / 冀祥德
责任编辑 / 宋　静
文稿编辑 / 秦　丹
责任印制 / 王京美

出　　版 / 社会科学文献出版社·皮书分社 （010）59367127
　　　　　　地址：北京市北三环中路甲 29 号院华龙大厦　邮编：100029
　　　　　　网址：www.ssap.com.cn
发　　行 / 社会科学文献出版社 （010）59367028
印　　装 / 三河市尚艺印装有限公司

规　　格 / 开　本：787mm×1092mm　1/16
　　　　　　印　张：17.25　字　数：231 千字
版　　次 / 2024 年 4 月第 1 版　2024 年 4 月第 1 次印刷
书　　号 / ISBN 978-7-5228-2981-4
定　　价 / 128.00 元

读者服务电话：4008918866